Hanna Strack

Spirituelle Reise zur Gebärmutter

Hanna Strack

Spirituelle Reise zur Gebärmutter

Entdecken – Staunen – Würdigen

ATE

Umschlagbild:
Sabine Kunz: *Fruchtbarkeitsgöttin*, Farbholzschnitt im Handabrieb. 240 × 120 cm, aus dem Kunstprojekt „Weiblichkeit-Sinnlichkeit-Fruchtbarkeit“ von Sabine Kunz /www.kunz-art.de.
Foto: Jörg Riemke

www.hanna-strack.de

Bibliografische Information der Deutschen Nationalbibliothek
Die Deutsche Nationalbibliothek verzeichnet diese Publikation in der Deutschen Nationalbibliografie; detaillierte bibliografische Daten sind im Internet über http://dnb.d-nb.de abrufbar.

ISBN 978-3-89781-231-4

AT Edition Münster 2014

Auslieferung/Verlagskontakt:
Fresnostr. 2 D-48159 Münster 0251-20079610
E-Mail: ate@at-edition.de http://www.at-edition.de

Inhaltsverzeichnis

Vorwort 9

Einführung 13
Heimat und Grund 13
Hinführende Fragen 14
Abwehrhaltungen gegenüber dem Thema 15
Mutterschaft und Mütterlichkeit 17
Die kulturelle Prägung des Körpers 17
Sprache, Bilder und Medien 20
Zum Aufbau des Buches 21

Anatomie und Funktion der Gebärmutter 23
Aufbau und Biografie der Gebärmutter 23
Empfängnis, Schwangerschaft und Geburt 24
Krankheiten der Gebärmutter 24
Manipulationen an der Gebärmutter 25
Sterben und Tod in der Gebärmutter 26
Gewalt gegen die Gebärmutter 26
Hysterie: die vermeintlich von der Gebärmutter verursachte Krankheit 27

Das seelische Erleben mit und in der Gebärmutter 31
Das seelische Erleben von Frauen 31
Die seelischen Prägungen des pränatalen Kindes 32

Gebärmuttermotive in archetypischen Bildern 37
Das Bergende oder die Höhle 37
Paradies und Ausgestoßensein 38
Wandlung 39
Grab-Mutterschoß-Gleichung 40

Gebärmuttersymbole in alten Kulturen **47**
Alt Europa 47
Alt Ägypten, Vorderer Orient 49
Die Vagina als Tor zur Gebärmutter 53

Die Einstellung zur Gebärmutter in verschiedenen Ethnien **55**
Fidschi-Inseln und Papua-Neu-Guinea 55
Vietnam 56
Lateinamerika 57
Die Kabylinnen Nordafrikas 59

Die Gebärmutter in der Kunst, Kunsttherapie und Musik **61**
Malerei und Kunsttherapie 61
In der Musik 75

Die Gebärmutter in der Dichtung **77**

Die Gebärmutter in der Philosophie **89**
Plato 89
Descartes, Hobbes, Kant 90
Peter Sloterdijk 91
Zeitgenössische Philosophinnen 94

Die Gebärmutter in der Theologie **99**
Zur Hermeneutik der Bibel 100
Die zeitgenössische Quellenforschung 102
Weibliche Gottesbilder aus der Symbolik
von Schwangerschaft und Geburt 119
Schriften der Gnosis 121
Verschiedene Theologien der frühen Kirche 125
Hildegard von Bingen 133
Islam: Texte aus dem Koran 145
Jüdischen Mystik: die Kabbalah 147
Zeitgenössische jüdische Theologinnen 148
Zeitgenössische christliche Theologinnen 153

Entdecken – Staunen – Würdigen: Zwischenergebnis 163

Spiritualität auf Grund von Gebärmuttererfahrungen 167
Transzendenz und Spiritualität 167
Erste Transzendenzerfahrungen des Kindes in der Gebärmutter 170
Transzendenzerfahrungen mit und wegen der Gebärmutter 174
Aspekte gelebter Spiritualität 175
Hoffnung und Vertrauen *176*
Grenzen der Machbarkeit *177*
Sich dem Wandel öffnen *178*
Die Schöpfungskraft der Frau *178*
Grenzbereich zwischen Leben und Tod *179*
Wunder des Lebens *180*
Dankbarkeit *181*
Große Gefühle leben *182*
Gemeinschaft: Tragen und Getragenwerden *183*
Die Symbolwürdigkeit der Gebärmuttererfahrungen für das Göttliche 184
Das Beständige, Tragende, Nährende: Die Liebe 188

Ergebnis 191

Literaturverzeichnis 193

Verzeichnis der Abbildungen 203

Vorwort

Worauf wir unser Augenmerk lenken müssen,
ist die Armut des menschlichen Geistes, der zweierlei ignoriert:
das Menschsein der Frauen als Personen, geschaffen nach dem Bilde Gottes,
und das Menschsein der Mütter als Mitschöpferinnen Gottes
und als Nachahmerinnen der göttlichen Verwaltung
und Behandlung der Schöpfung.

Mercy Amba Oduyoye, Pastorin in Ghana

Es ist faszinierend, sich mit der Gebärmutter zu beschäftigen. Dazu muss dieses besondere Organ aber herausgelöst werden aus der gegenwärtigen Verkapselung in die Medizin und in die private Sphäre der einzelnen Frau. Es geht mir um die Sicht auf die Gebärmutter als Herkunft aller Menschen und als Symbol in künstlerischen Darstellungen, in Philosophie und Theologie.

Die Gebärmutter ist ein kraftvolles Organ, sie hat einen großen Einfluss auf das Leben von Frauen, gibt ihnen einen Rhythmus. Auch Männer nehmen daran teil. Die Gebärmutter ist der Ort, an dem Leben und Sterben geschehen kann. Vor allem aber: Sie war unser aller erste Heimat. Nicht alle Frauen haben eine Gebärmutter, sei es nach einer Operation, sei es nach einer Geschlechtsumwandlung. Die Geschichte zeigt, dass es auch immer ein drittes Geschlecht gegeben hat: Menschen mit Gebärmutter, aber mit männlichem Habitus, Menschen ohne Gebärmutter, die sich als weiblich empfinden. Ich will nicht Frau auf Gebärmutter festlegen.

Erstaunlich und erschreckend zugleich ist die große Bandbreite dieser Thematik von negativen, ja vernichtenden Urteilen bis zur Symbolfähigkeit für das Göttliche. So ist nebenbei eine Sammlung von Ausdrücken für die Gebärmutter entstanden, die ihresgleichen an Gegensätzlichem sucht. Die Internetadresse dafür steht am Ende des Literaturverzeichnisses.

Das Buch zeigt, dass die Gebärmutter mehr ist als ein Körperteil, sie ist auch ein Ur-Bild, ein Sehnsuchtsort und Sehnsuchtswort, eine Metapher für den Kosmos, ein Symbol für Gottes Sein.

Die in diesem Buch vorgestellten Einstellungen zur Gebärmutter sind beispielsweise:

Die Gebärmutter ist

- Ausdruck von Weiblichkeit: Judentum, Gioconda Belli, Sabine Kunz
- Garant der Fruchtbarkeit: Alt-Europa, verschiedene Ethnien, Bibel, Medizin heute
- Erfahrung von Leiden, Fehlgeburt: Frida Kahlo, Egon Schiele
- Ort der Sehnsucht nach der besseren Welt, Wunsch nach Rückkehr: Romantiker
- Bild für den Kosmos, in dem wir leben: Alt-Ägypten, Gnosis, Paracelsus, Henry Miller
- Symbol für Auferstehung und Hoffnung: Nelly Sachs
- Symbol für das Göttliche, Gott, Liebe, Kirche: Bibel, Hildegard von Bingen, ZeitgenossInnen

Ziel dieser Arbeit ist es nicht, matriarchale Vorstellungen und Fruchtbarkeitskulte wieder zu beleben. Es sollen vielmehr die tief greifenden Erfahrungen mit, in und wegen der Gebärmutter für eine postmoderne Spiritualität fruchtbar gemacht werden.

In vielen Jahren ist der Stoff für dieses Buch zu mir gekommen aus Büchern, Aufsätzen und in Gesprächen, bei Kongressen und durch Emails, die ich als Reaktion auf mein Buch zur Theologie der Geburt und auf meine Internetseite bekam.

Drei Netzwerke, deren Mitglieder mich inspirierten und kritisch begleiteten, seien hier genannt:

a) Die Europäische Gesellschaft für Theologische Forschung von Frauen (ESWTR), auf deren Kongressen und Tagungen ich generationenübergreifend Kontakte knüpfen konnte, Anregungen und Kritik bekam. Theologinnen aller christlichen Konfessionen, des Judentums und Islams sind so meine Gesprächspartnerinnen.

b) Die Hebammenverbände, deren Zeitschriften, Tagungen und Kongresse mir schon für mein Buch „Die Frau ist Mit-Schöpferin“ wichtige Erkenntnisse gegeben haben, darunter auch viele einzelne Hebammen.

c) Die Internationale Studiengemeinschaft für prä- und perinatale Psychologie und Medizin (ISPPM), durch die ich engagierte Frauen und Männer kennen lernte, auch in anderen europäischen Ländern, in Russland und in den USA.

Das Buch möchte dazu beitragen, der Gebärmutter nach Jahrhunderten der Missachtung und Verteufelung gerade durch die Religion wieder die ursprüngliche Würde zurück zu geben. Der Schwerpunkt liegt auch deshalb auf Theologie und Spiritualität, weil diese Symbolträgerinnen für die Fragen des Woher und Wohin sind. So kann die existentielle und symbolische Bedeutung dieses Organs für die Spiritualität der Postmoderne, der Zeit nach der Aufklärung, fruchtbar gemacht werden.

Damit verbinde ich auch die Hoffnung, dass die so gewonnene Sicht auf Schwangerschaft und Geburt den Blick schärft für die z.T. desolate Situation der Frauen in vielen Ländern der Welt, die während der Zeit der Schwangerschaft, Geburt und Stillzeit sterben oder deren Kinder mit bleibenden Mangelerscheinungen zur Welt kommen.[1]

Pinnow/Schwerin, Februar 2014 Hanna Strack

[1] Nicholas D. Kristof/Sheryl WuDunn, *Die Hälfte des Himmels*, 143.

Einführung

Der weibliche Grund ist das umfassende Behältnis,
das empfängt, hält und trägt.
Es gebiert und nährt und ermutigt uns, zu glauben.
Dieser Grund ruft uns freundlich heim
zu uns selbst, gerade so, wie wir sind.

James Hillmann

Heimat und Grund

Alle Menschen beginnen ihren Lebensweg in der Gebärmutter und alle haben in der Gebärmutter ihre ersten Erfahrungen gemacht, die sowohl für ihr persönliches Leben als auch für die Symboltätigkeit der Kulturen von grundlegender Bedeutung sind. So ist der Innenraum der Gebärmutter die Urerfahrung, die die körperlichen, seelischen und religiösen Einstellungen prägt. Deshalb heißt die Gebärmutter auch Matrix, das Grundmuster.

In Volksliedern wird die Herkunft als Grund und Tal besungen: „Im schönsten Wiesengrunde steht meiner Heimat Haus." Von dort geht der Mensch in die Welt hinaus. Oder: „Es steht eine Mühle im Schwarzwälder Tal", an dessen junge Bewohnerin der Sänger sich immer wieder erinnert und sich so rückversichert, „wo ich geh und steh." Oder: „Kein schöner Land in dieser Zeit", in dessen Tal wir uns noch „so viel hundert Mal" treffen wollen, denn das Tal eint uns, gibt uns Geborgenheit.

Die Herkunft-Heimat ist ein Ort, das Haus im Dorf oder der Wiesengrund. Menschen wünschen sich ihre Heimat bergend, schützend und nährend und jeder und jede kann sich zur Heimat in Beziehung setzen. Wir sind also eingeladen, Heimat für uns zu erschließen als Sinn-Horizont, als Raum für Transzendenzerfahrungen und eine Spiritualität, die verbindet und Gemeinschaft stiften kann.

In den verschiedenen Kapiteln dieses Buches wird sich zeigen, dass die Gebärmutter als Organ und als Symbol diese Bedeutung und diese Wirkung haben kann.

Hinführende Fragen

Die Leitfragen, die dieses Buch durchziehen, lauten:

- Wie antwortet unsere Kultur, unsere Gesellschaft, Politik und Religion darauf, dass alle Menschen in dem Frauenorgan heranwuchsen und von einer Frau geboren wurden?
- Welche Einstellung gegenüber dem Körper der Frau entspricht dieser Bedeutung der Gebärmutter?
- Welche tief greifenden existentiellen Erfahrungen von Leben und Tod werden aufgenommen und bekommen ein Echo?
- Wie sieht eine Spiritualität aus, die diese Erfahrungen ernst nimmt und in den Deutehorizont des Religiösen stellt?

An die Antworten müssen bestimmte Anforderungen gestellt werden:

- Sie dürfen Frauen nicht auseinander dividieren in solche, die Kinder haben und solche, die nicht empfangen und geboren haben, sei es aus eigenem Entschluss, sei es als schicksalhafte Fügung.
- Sie müssen die Beziehungs- und Dialogstruktur des Menschseins aufzeigen.
- Sie müssen den Unterschied von Frau und Mann im Körperlichen ernst nehmen.
- Sie dürfen keiner Ideologie Vorschub leisten, sondern müssen den existentiellen Erfahrungen gerecht werden.
- Sie sollen den Boden dafür bereiten, dass die Gebärmutter wieder als symbolwürdig für das Göttliche anerkannt werden kann.

Es geht heute gesellschaftspolitisch um Geld für Familien, um medizinische Unterstützung, um Ausbau der Kinderbetreuung. Nur wenige kulturelle Ansätze der Gestaltung des Gebärens und der Familiengründung sind zu erkennen. Nehmen Theologie und Kirchen diese Herausforderungen an und versuchen der Vielfalt der existentiellen Erfahrungen in der Familiengründungsphase gerecht zu werden, so werden sie sprachlich und gestalterisch neue Wege gehen müssen. Dies kann zu einer postmodernen Spiritualität führen, d. h. einer Religiosität der persönlichen Erfahrungen und nicht der Unterwerfung unter Lehrsätze.

Abwehrhaltungen gegenüber dem Thema

Der Blick auf die Gebärmutter ist uns heute aus verschiedenen Gründen mehrfach verstellt:

- Die Gebärmutter gehört ausschließlich in den Intimbereich jeder Frau.
- Sie wird in unserer Gesellschaft überwiegend als Objekt des medizinischen Bereichs gesehen.
- Die Geburt wird trotz der Diskussionen um Embryonenschutz, Pränataldiagnostik und Abbruch als der Eintritt in das Leben, als Lebensanfang gesehen. Dadurch wird der Ort des vorgeburtlichen Lebens nur im Blick auf medizinische Risiken wahrgenommen. Die Gebärmutter ist „Reproduktionsapparat".
- Auch die Taufe hat Schwangerschaft und Geburt verdrängt. Während in den ersten christlichen Jahrhunderten nur Erwachsene getauft wurden, führte die Lehre von der Erbsünde, die die Mutter an das Kind weitergebe, dazu, die Gebärmutter als Organ der Sünde zu verdammen. Jetzt wurde die Säuglingstaufe aus Sorge um das Seelenheil der Kinder heilsnotwendig. Auf der Synode im Jahr 418 wurde dies angeordnet. Bis heute nimmt die Kirche in ihrer Theologie und in ihren Angeboten den Menschen erst von der Taufe an wahr.
- Das Abendland ist geprägt von der einseitigen Auffassung, dass der Mensch ein Sterblicher sei. Hannah Arendt definierte zum ersten Mal die Geburtlichkeit, die Natalität, als anthropologische Kategorie neben der Mortalität.[2] Adriana Cavarero nennt dieses Unsichtbarmachen der Herkunft aller Menschen „Muttermord": „... der Blick auf die Geburt weist gleichzeitig auf *den* Ort, von dem sich der männliche Blick hat abwenden wollen, um stattdessen angsterfüllt den Tod als Maßstab der menschlichen Existenz zu fixieren."[3] Christina Schües schreibt, die Geburt sei *„vereinnahmt, missachtet oder vergessen."*[4]
- Die Einstellung zur Gebärmutter in allen Ländern ist eng verknüpft mit der Einstellung zur Erde, die wir weltweit ausbeuten.
- Die Zusammenschau von Gott, Körper und Frau ist ein Tabu-Thema. Diese Haltung ist heute noch prägend in Theologie und Kirche.

[2] Hannah Arendt, *Vita Activa- oder vom tätigen Leben*, passim, zu den hier zitierten Philosophinnen siehe das Kapitel über zeitgenössische Philosophinnen.

[3] Adriana Cavarero, *Platons Töchter*, 17.

[4] Christina Schües, *Philosophie des Geborenseins*, 13, kursiv im Original.

- Das Unheimliche, Gefahrvolle und Grenzüberschreitende der Frau besteht darin, dass sie in ihrem Körper Leben geben kann, aber auch in ihrem Körper Sterben stattfinden lassen muss oder kann.
- Für viele Frauen ist ihr eigenes Organ ein ungeliebter Teil ihres Körpers. Sie haben einen unbewussten Widerstand, sich damit zu befassen. Gründe für diese ablehnende Haltung sind:
  - Hass auf oder Konflikt mit der eigenen Mutter
  - unerfüllter Kinderwunsch
  - bewusste oder vom Partner verlangte Entscheidung gegen ein Kind
  - traumatische Erfahrungen von Gewalt
  - traumatische Schwangerschafts- oder Geburtserfahrungen
  - Blick auf den eigenen Körper mit den Augen des Mannes
  - Erinnerung an die Mutterschaftsideologie des Nationalsozialismus
  - Schuldgefühle wegen Abtreibung

Annegret Stopczyk nennt eine weitere Begründung: „Dadurch, dass das Gebären auch von Feministinnen oft nur als ‚animalischer Akt' abgetan wird und die Mutter in vernunftlose Triebnähe gerückt wird, wagen es Frauen kaum, ihre eigenleiblichen Erfahrungen während der Schwangerschaft und Geburt zu intellektualisieren und zu kultivieren. ... diese Bauchregion ist in unserer westlichen Kultur tabuisiert.“[5]

Dasselbe gilt für andere Erfahrungen mit der Menstruation. So schreibt eine Frau über ihr Vorhaben, ein Segensritual für die Menopause zu feiern: „Bei den Gesprächen insbesondere mit älteren Frauen wurde mir schnell klar, dass mein Thema auch eine starke Abwehr hervorrufen kann. Die Befremdungen bedienen ein sehr breites Spektrum von ‚Ist doch gut, dass wir's hinter uns haben, da braucht es doch kein Fest' bis zu Assoziationen zu einem Neu-Heidentum der Nazis. ... Widerspricht denn ein solches Ritual oder Teile davon der christlichen Lehre? Eine ‚Segensfest'-Tradition für einen solchen Übergang wie Menopause auf christliche Art im engeren liturgischen Sinne ist mir einfach nicht bekannt.“[6]

[5] Annegret Stopczyk, *Nein Danke, ich denke selber*, 198.
[6] Email im April 2012

Mutterschaft und Mütterlichkeit

Zwischen Mutterschaft und Mütterlichkeit muss unterschieden werden. Mutterschaft bezieht sich auf leibliche oder angenommene Kinder. Mütterlichkeit ist eine Tugend, die unter dem Namen Care-Ethik bekannt ist. Das Englische kennt die Worte motherhood, auch maternity und motherliness. Manche sprechen von nicht-biologischer Mutterschaft. Darin liegt jedoch zu viel Negierendes.

Alle Frauen und Männer können diese Form von Beziehung pflegen, auch Frauen, die kein Kind empfangen haben. Hildegard von Bingen (1098-1179) fordert Mütterlichkeit auch von Männern. Sie schreibt an Abt Berwulf: „Biete den Deinen das Licht dar in mütterlicher Zärtlichkeit und trockne ihre Wunden ohne den Geruch der Tyrannei.“ [7] Auch von der Mütterlichkeit Gottes kann gesprochen werden, die sich entfaltet als Liebe, Kreativität und Gerechtigkeit.[8]

Jeder Mann und jede Frau kann in seinem/ihrem Leben Phasen haben, in denen sie die Tugend der Mütterlichkeit leben. Die neue Generation von Vätern praktiziert dies bereits.

Die kulturelle Prägung des Körpers

Wir nehmen unseren Körper so wahr und verstehen ihn so, wie ihn unsere Kultur vorstellt und wie er uns vermittelt wird. Wird der Frau unter der Geburt gesagt, die Gebärmutter sei ein unwillkürlicher Muskel, dessen Tätigkeit sie ertragen muss, dann werden die Schmerzen unerträglich. Sagt aber die Hebamme, die Gebärmutter sei ein kraftvoller Muskel und die Frau könne auf den Wehen wie auf Wellen surfen oder sie seien wie ein Fluss, der zu einer großen Strömung voller Lebenskraft wird, dann wird die Frau in der Ekstase hindurch getragen und kann die Schmerzen der Wehen als Hingabe für das Neue, das Kind erleben.

Der Körper ist kulturell vermittelt, ein „Kreuzungsort verschiedenster Einschreibungen, von Begehren und Machtinteressen.“[9] Er ist „ein Knoten-

[7] Hildegard von Bingen, *Briefwechsel*, 154.

[8] Sally McFague,: Models of God. Theology for an Ecological, Nuclear Age; dies.: Mutterschaft in religiöser Sprache und Symbolik.

[9] Gertraud Ladner, *FrauenKörper in Theologie und Philosophie*, 93.

punkt, ein Vernetzungsort von Zuschreibungen, Normen, Werten und Macht."[10] War er Jahrhunderte lang ein beseelter Leib, wird er seit der Neuzeit als eine Maschine gesehen und behandelt, ein komplexer Apparat, der funktionieren muss und ggf. repariert wird. „Menschen sehen, was sie glauben, vor sich zu haben: entweder einen fötalen Parasiten, entstanden aus männlichem Sperma und angesiedelt in einem unzuverlässigen, anfälligen Wirtsorganismus oder eine Frau bei voller Gesundheit, die das tut, wozu ihr Körper geschaffen ist."[11]

Die Sicherheit des naturwissenschaftlichen Denkens ist zwar auch immer ein Befreiungsschlag gegen Angst und Unterdrückung. Der Ausdruck Maschine für den Körper kann insofern auch positiv gewertet werden, denn er betont den erwartbaren regelgerechten Prozess. Die Ausdrücke „Geburtsapparat, Geburtsmechanismus, Fruchtwalze" der medizinischen Fachsprache belegen jedoch, dass diese mechanistische Auffassung der Gebärfähigkeit und dem Geburtsereignis nicht gerecht wird.

Der Körper ist eingebettet in das Weltbild und in das Frauenbild der jeweiligen Gesellschaft. Die folgende Tabelle zeigt dies an einigen Beispielen:

Epoche	Weltbild	Frauenbild	Denk-Bild Gebärmutter
Matriarchat	Fruchtbarkeit von Pflanzen, Tieren, Menschen	Frauen sind stark, leiten die Gemeinschaft, haben die Definitionsmacht	Schwein wegen seiner Fruchtbarkeit, Sheela-na-Gigs
China	Kosmische Verwobenheit des Körpers	Trägerin des neuen Lebens	Palast des Kindes
Ägypten	Der Himmel ist der Körper der Göttin	Der Körper ist der Mikrokosmos, der den Makrokosmos abbildet	Sonne, weil sie nachts durch die Gebärmutter wandert und morgens wiedergeboren wird, Omega-Zeichen
Plato	Welt der Ideen ist reale Welt, der Körper Gefängnis der Seele	Frauen und Sklaven sind unfrei, nicht Menschen	Wildes Tier, das Krankheiten verursacht

10 A. a. O., 235.

11 Barbara Katz Rothman, *Schöne neue Welt der Fortpflanzung*, 27. Ein Beispiel für die kulturelle Prägung ist die Verwendung getrockneter Gebärmütter in der alten chinesischen Medizin. Noch heute, so berichtet eine Reisende, kann man sie auf dem Markt in Kanton kaufen. Sie werden gekocht oder gemörsert, um Frauen zur Fruchtbarkeit zu verhelfen.

Fortsetzung der Tabelle

Epoche	Weltbild	Frauenbild	Denk-Bild Gebärmutter
Altes Israel	Schöpfung im Bild von Schwangerschaft, Geburt	Die Frau wirkt mit bei der Schöpfung	Symbol für Barmherzigkeit, bedingungslose Zuwendung
Gnosis	Fremdheit in der gefallenen Welt	Frauen sind lüstern	Die böse Welt wird als Gebärmutter vorgestellt
Kirchenväter	Leben im Diesseits ist Vorbereitung auf Jenseits	Frauen sind nur teilweise Gottes Ebenbild, dem Mann untergeben	Einfallstor der Sünde in die Welt
Hildegard von Bingen	Im Mikro- und Makrokosmos wirkt die Grünkraft	Frauenkörper symbolwürdig für das Göttliche	Gefäß für das Kind und Ort des göttlichen Wirkens
Hexenverfolgung	Eine Heerschar von Teufeln fliegt über Europa	Frauen sind anfällig für Geschlechtsverkehr mit Teufeln	Unersättliches, gefährliches Organ, das vernichtet werden muss
Pietismus	Die sündhafte Menschheit muss erlöst werden	Die Frau ist schwach, muss diszipliniert werden	Körper von Mutter und Kind sind von Erbsünde behaftet
Aufklärung	Welt und Körper sind wie Maschinen	Mann ist Modell, Frau ist anders, krank	Funktions-Objekt, Teil der Körpermaschine, reparaturbedürftig
Biowissenschaft	Die Natur ist Gegenstand wissenschaftlicher Forschung	Frauen sind Forschungsobjekt	Gebärmutter als Rohstofflieferantin
Frauenspiritualität der Gegenwart	Alt-europäische Weisheit, Einsicht in die Verwobenheit von allem mit allem	Frauen sind Mit-Schöpferinnen	Kraftvoller Muskel, Schöpfungsorgan, in ihr geschieht Leben und Sterben
Pränatale Psychologie	Kulturelle Bedeutung von prä- und perinatalen Erfahrungen	Körperlich-seelischer Dialog mit dem Ungeborenen, beziehungsorientiert	Schule des Lebens, Lebensraum
Sloterdijk	Uterodicee: Wiederherstellung der Bedeutung der Herkunft aus dem Mutterleib	Das Frauenorgan scheint wichtiger als die Frau	Gebärmutter ist Herkunftsort aller Menschen und Ursprung der Mythen

Sprache, Bilder und Medien

Das deutsche Wort Gebärmutter für das Frauen-Organ legt Frauen zu einseitig auf das Gebären fest und der Begriff Uterus = das Hintere bezieht sich auf die Form und die Lage im Unterleib. Die Verwendung eines männlichen Wortes, dessen wissenschaftlicher Gebrauch international ist, verhindert die wertschätzende Bezeichnung für ein zentrales Organ weiblicher Selbsterfahrung.

Die ästhetisch ansprechenden Fotos von Embryonen und Föten von Lennart Nilsson haben neben der Ultraschalldiagnositk die pränatale Entwicklung zum visuellen Allgemeingut gemacht.

Diese Fotos kommen machtvoll daher, sind jedoch eine dreifache Täuschung:

- Sie stellen den Embryo ohne Gebärmutter, meist ohne Plazenta dar, unterstreichen also die Unsichtbarmachung des Frauenkörpers.
- Sie leuchten, während das reale Kind im Dunkeln liegt.
- Sie wurden an toten Föten gemacht, die im Labor ausgeleuchtet wurden, dies gilt zumindest für die zweite Fotoserie. Bei der ersten ist zu fragen, wie unverantwortlich mit einer Sonde im Frauenkörper gearbeitet wurde.

Die Fotos, die die Embryonen von ihrer Heimat, dem Frauenkörper, trennen, werden von militanten Abtreibungsgegnern gerne übernommen, denn auch sie sehen nur das Kind, nicht die Mutter und ihre Probleme.[12]

Das Ultraschallbild, das eigentlich der Diagnose von Fehlbildungen dient, wurde zum „Baby-Fernsehen" und zur ersten Begegnung mit dem Kind. Es vollzieht sich eine tief greifende kulturelle Wandlung. Das Unsichtbare wird nicht mehr über das Fühlen sondern über das Sehen wahrgenommen, wobei sich auch das Verhältnis zum Bauch der Frau ändert, es wird sekundär gegenüber dem Bild. Auch diese Bilder sind unwahr, es sind keine Fotos vom Kind sondern optische Wiedergaben der erzeugten Schallwellen. Barbara Duden spricht vom „Nilsson-Effekt, dem Sehen auf Befehl".[13]

[12] Claudia Wiesemann, *Von der Verantwortung*, 78, 185.

[13] Barbara Duden, *Der Frauenleib als öffentlicher Ort*, 23ff.

Zum Aufbau des Buches

Die Tatsachen des Körperlichen, Anatomie und Funktion, werden im ersten Kapitel nur kurz dargestellt, da sie nicht Gegenstand dieses Buches sind. Auch Krankheiten, Manipulationen und Gewalt gehören hierhin.

Anschließend wird die Frage nach dem seelischen Erleben gestellt: Was erleben Frauen mit ihrer Gebärmutter, ihrem Frauenorgan? Was erleben Kinder darin? Das seelische Erleben von Frauen und ungeborenen Kindern in ihrer „ersten Heimat" ist in den letzten Jahrzehnten dank der Arbeiten und Erkenntnisse der prä- und perinatalen Psychologie und Medizin (ISPPM) zunehmend erkannt worden und kann für eine neue Spiritualität fruchtbar gemacht werden. Hysterie als Frauenkrankheit war eine auf Abwertung der Frau beruhende Fehldiagnose.

Nun folgen Darstellungen der Gebärmutter in verschiedenen Kulturen, Philosophien und Theologien.

So enthält ein Kapitel Beispiele für die Gebärmutter als Stifterin archetypischer Bilder des Bergenden, der inneren Wandlungen, der Paradiesmythen und der Mutterschoß-Grab-Gleichung.

Einstellungen und Bedeutungsgehalte der Gebärmutter erweitern den Denk-Horizont, das zeigen alte Kulturen und Ethnien, wie die alt-europäische „Sprache der Göttin" oder die Symbole Alt-Ägyptens und Darstellungen der Vagina als Tor zur Gebärmutter.

In Kunst und Dichtung werden Beziehungen zur Gebärmutter künstlerisch gestaltet als Sehnsucht nach Geborgenheit, Angst vor dem Unheimlichen, Schöpfungsfreude und Trauer.

Es folgen philosophische Systeme von Plato bis Sloterdijk und Ansätze einer Anerkennung des Frauenkörpers bei zeitgenössischen Philosophinnen.

Drei weitere Kapitel sind der Theologiegeschichte gewidmet, beginnend mit Texten der Bibel unter dem Aspekt zeitgenössischer Forschungen und fortgeführt mit Beispielen aus der Gnosis, der frühen Kirche, des Hexenhammers bis zu Theologinnen der Gegenwart. Dabei gebührt Hildegard von Bingen eine Sonderstellung, da sie in der Kirchengeschichte eine frauengerechte Theologie entworfen hat. Judentum und Islam sind mit verschiedenen Autorinnen und dem Koran vertreten.

Die bisher gewonnenen Einsichten öffnen nun den Blick auf Transzendenzerfahrungen des pränatalen Kindes, auf die Lebenszusammenhänge und die existentiellen, psychischen, sozialen und transzendentalen bzw. spirituellen Erfahrungen, die Frauen im Laufe ihres Lebens bewegen.

Es hat sich bisher gezeigt, dass die vielschichtigen Erfahrungen mit der Gebärmutter von großer Bedeutung für die Theologie und Spiritualität sind. In der Familiengründungsphase stehen Frauen und Männer heute in der Spannung von medizinisch-technischem Können und Verheißungen für Sicherheit einerseits und Erfahrung der Unverfügbarkeit von Leben und Tod, der Wandlung der Identitäten, der Schöpfungskraft der Frau andererseits. In allem ist die Liebe die beständige, tragende und nährende göttliche Wirkkraft. Hier ist die Spiritualität eine Möglichkeit der Erdung und Orientierung.

Damit ist der Weg geöffnet für eine geschlechtergerechte postmoderne Spiritualität, die zum Abschluss in Grundzügen vorgestellt wird.

Anatomie und Funktion der Gebärmutter

Ihr Körper ist eine Maschine.

Ärztin zur Patientin

Die Gebärmutter ist ein leistungsfähiges,
ungeheuer flexibles und kraftvolles weibliches Organ.

Gunhild Buse

Aufbau und Biografie der Gebärmutter

Die Gebärmutter ist ein Hohlmuskel wie das Herz oder der Darm und dennoch ist sie in vieler Hinsicht ein anderes, ein besonderes Organ der Frauen. Der in der Medizin und im öffentlichen Diskurs verwendete männliche Ausdruck Uterus verwischt den Blick auf die Besonderheit dieses Organs. Deshalb wird der Ausdruck Uterus in diesem Buch nicht verwendet. Das deutsche Wort „Gebärmutter“, es kommt von „Bärmutter“, ist auch irreführend, denn das Tragen und Gebären sind nicht die einzig bedeutsamen Aufgaben dieses Organs.

Die Gebärmutter liegt im Unterleib der Frau und sieht aus wie eine platt gedrückte Birne. Dieser Hohlmuskel hat sehr elastische Wände, deren Fasern mehrfach quer übereinander verlaufen, so dass sie sich mit Blut füllen oder extrem weiten und äußerst kräftige Wehenarbeit leisten können.

Die Gebärmutter ist das Organ, das eine eigene Biografie innerhalb der Biografie der Frau hat: Angelegt schon im embryonalen Mädchen ruht sie etwa bis zum 12. Lebensjahr. Dann wird sie aktiv, sammelt Blut und gibt es nach 28 Tagen wieder ab. So bestimmt sie den Lebensrhythmus der Frau bis zur Menopause, den so genannten Wechseljahren. In etwa 40 Jahren hat sie über 500mal dieses Blut aufnehmen und wieder fließen lassen. Dann schrumpft sie zusammen und ruht.

Die Gebärmutter kann Milliarden männlicher Spermien in sich aufnehmen und absorbieren. Sie kann die sexuelle Lust miterleben. In der Gebärmutter können sich Leben und Sterben, Schöpfung und Tod ereignen.

Empfängnis, Schwangerschaft und Geburt

Die Gebärmutter kann eine befruchtete Eizelle aus den Eileitern aufnehmen und in ihrer Wand einnisten lassen. Dann wird sie zu dem Organ, nach dem sie benannt ist. In ihr ereignet sich die Entstehung eines neuen Menschen.

Lässt sie das neue Leben in sich wachsen, dann bildet sie eine Fruchtwasserblase und eine Plazenta, den Mutterkuchen, und die Nabelschnur in ihrem Innern. Es beginnt ein lebhafter und vielschichtiger Dialog zwischen Mutter und Kind durch den Austausch von Blut, Hormonen aber auch Giftstoffen. Manche sprechen vom Tauziehen zwischen Mutter und Kind. Auch im seelischen Erleben sind Mutter und Kind „das genuine Zwei in Einer".[14]

Nach neun Monaten schiebt die Gebärmutter durch enorm starke Muskelarbeit das Kind, das mithilft, durch die Scheide hinaus wie durch einen sich dehnenden Pulloverrollkragen. Sie lässt die Plazenta nachfolgen. Dann zieht sie sich rasch wieder zusammen.

Beim Kaiserschnitt wird die Gebärmutter mit der Bauchdecke zusammen horizontal durchschnitten, das Kind und die Plazenta entnommen, Hohlmuskel und Bauchdecke werden geschlossen. Eine Narbe bleibt lebenslang. Beim primären Kaiserschnitt fehlen dem Kind die durch die Wehenarbeit hervorgerufenen Hormone. In jedem Fall, erwünscht oder als Notmaßnahme, ist es für das Kind eine Schockgeburt durch das plötzliche aus Dunkelheit und Wärme ins Licht, in die Kälte Treten.

Krankheiten der Gebärmutter

Wie alle Organe kann die Gebärmutter krank werden, sei es aus sich selbst wie bei Myomen oder Krebs, sei es angesteckt durch Viren auf dem Penis des Partners, die Syphilis, Tripper, AIDS. Auch radioaktive Bestrahlungen machen sie krank. So schädigt Plutonium 239 das Gewebe, Strontium, Ruthenium und Barium beeinflussen die Blutbildung, Tritium lagert in den Keimdrüsen.

Das neuzeitliche Verständnis des Körpers als Maschine oder Apparat schlägt sich bis heute nieder in Fachausdrücken wie „Fortpflanzungsapparat" oder „Geburtsobjekt" (Kind). Ein Arzt spricht von „verendeten Embryos".[15]

[14] Ina Praetorius, Das Ungedachte. Zwei in Einer. Ein Essay zur Theologie der Schwangerschaft, 30.

[15] Süddeutsche Zeitung vom 28.11.2011, 30.

In diesem geistigen Rahmen wurde die kranke Gebärmutter zum bevorzugten Objekt der medizinischen Forschung, besonders auffallend bei dem Interesse der Mediziner an Syphiliserkrankungen. Dagegen wurde das natürliche Gebären oder das seelische Erleben der Frauen bei Menstruation, Schwangerschaft, Geburt, Wochenbett vernachlässigt, ebenso die psychosomatische Entwicklung des pränatalen Kindes. So konnte es auch zu übermäßig vielen Gebärmutteroperationen, Hysterektomien kommen.

Manipulationen an der Gebärmutter

Aus der Einstellung zum Frauenkörper als Maschine und Objekt entstand eine neue Macht, das Zusammenwirken von Forschenden, Pharmakonzernen und Geräteherstellern, der Frauen heute ausgeliefert sind. Diese sind dabei das letzte Glied in der Wirkungskette: sie sollen entscheiden, ob sie die von dieser Macht zu Verfügung gestellten Angebote annehmen, obwohl sie darüber nur unzureichend informiert sein können. Den diagnostisch oft unnötigen, Ängste hervorrufenden Ultraschallaufnahmen des Embryo und Fötus kann sich nur die gut informierte, selbst bewusste Frau entziehen. Die Anti-Baby-Pille empfinden viele Frauen dagegen als große Hilfe.

Die Verheißungen der fälschlicherweise so genannten Reproduktionsmedizin – die Gebärende schafft neues Leben und reproduziert nicht – sind durch die wirtschaftliche Gewinnmaximierung der Ärzte vom Werbungs- und Profitdenken vereinnahmt. Dabei werden z.B. die psychotherapeutischen Hilfen bei unerfülltem Kinderwunsch zurückgedrängt. Hohe Quoten der Erfolglosigkeit werden verschwiegen, ebenso die große Belastung des Körpers der Frau durch Hormonspritzen. Die Sprache verschleiert die Realität, z. B. wenn von Eizellen- oder Samenspenden gesprochen wird. Es wird nichts gespendet, Eizellen werden ge- und verkauft mit hohen körperliche Risiken der Verkäuferin, weshalb sie in Deutschland verboten sind, Samenzellen produzieren Männer ohne Risiken für ihr eigenes Kind oder für Geld. Die Frage, wie es dem Kind gehen wird, wird nicht gestellt. Und dennoch: von wenigen Ausnahmen abgesehen machen künstlich befruchtete Kinder ihre Eltern glücklich und sie leben gerne.

Die ethische Haltung der Forschenden ist oft scheinheilig. Mit der Begründung, das Heil der Frauen zu wollen, wurden nicht informierte Frauen zu Versuchszwecken gewonnen, so bei Robert Edwards, dem „Vater“ der künstlichen Befruchtung.

Sterben und Tod in der Gebärmutter

Es ist ein kaum vorstellbares Denkbild, dass sich Leben und Sterben, Schöpfung und Tod in der Gebärmutter ereignen. Sterben und Tod in der Gebärmutter geschieht jedoch millionenfach. Dies bedarf einer differenzierenden Betrachtung: Die befruchtete Eizelle kann schon im Eileiter absterben oder sie kann sich nicht einnisten. Andere wieder nisten an falschen Stellen ein, wie in den Eileitern oder im Bauch der Mutter. Oder die Plazenta bildet sich ohne Einnistung der befruchteten Eizelle, das so genannte Windei.

Neben diesem für die Frau sehr gefährlichen Absterben gibt es so genannte Aborte. Dabei stirbt die frühe Zelle, ohne dass es die Frau bemerkt. Besonders häufig enden so Zwillingsschwangerschaften. Psychologische Untersuchungen haben gezeigt, dass der überlebende Zwilling den Verstorbenen vermisst oder nach ihm sucht.

Trotz der hohen medizinischen Leistungen sind Fehlgeburten wie zu allen Zeiten auch heute noch häufig. Gesundheitliche Ursachen mögen vielfältig sein, auch psychosozialer Druck. Anlass dagegen ist oft Gewalt, sei es durch den Partner, durch Grausamkeiten im Krieg, bei Folter oder in den Konzentrationslagern.

Sterben geschieht auch bewusst herbeigeführt durch den Schwangerschaftsabbruch, eine für Frauen oft Not abwendende Handlung, die dennoch zu Trauer führen kann. Die medizinischen Techniken sind nie harmlos, doch sind sie heute so, dass sie das Leben der Mutter nicht mehr gefährden im Gegensatz zu den Praktiken dort, wo sie illegal durchgeführt werden. Eindrücklich zeigt dies der Film „4 Monate, 3 Wochen und 2 Tage," der in Rumänien unter Ceausescu spielt. Wie müsste eine Gesellschaft aussehen, in der Abbrüche nicht sein müssen?

Gewalt gegen die Gebärmutter

„Der Körper der Frauen als Schlachtfeld," so fasst Andrea Böhme ihre Reportage in der ZEIT über den Krieg im Kongo zusammen.[16]

In keinem anderen Krieg, weder in Bosnien noch im Irak oder in Darfur, wurde sexuelle Gewalt so systematisch und so brutal als Kriegswaffe einge-

[16] Andrea Böhm, *Wenn Frieden Männersache ist. Gegen die Frauen im Kongo wird immer noch Krieg geführt*, 12.

setzt. Und in keinem anderen „Frieden" geht die Gewalt gegen Frauen so unvermindert weiter. „Fast die Hälfte der Befragten wurde vor den Augen von Mann und Kindern vergewaltigt und gefoltert", sagt Bisimwa, eine Ärztin, die Frauen im Krieg behandelt. Die Frau ist das Symbol der Moral und Ehre. Eine *femme violée,* eine Vergewaltigte, gilt als „beschmutzt" – für den Mann, die eigenen Kinder, die Gemeinschaft. ... Risse zwischen Vagina, Blase und Darm, hervorgerufen durch gewaltsames Einführen von Stöcken, Bajonetten oder Gewehrläufen. Dass dies schon immer geschah, zeigt ein Satz aus der Bibel: *„Die den Schoß der Jungfrau zerstörten, um sie zu entrechten, und ihre Gebärmutter entweihten, um sie zu Schanden zu machen."*[17]

Bei der Folter zerstören die Stromschläge der Elektroschocks die Gebärmutter.

Von Gewalt gegen die Gebärmutter berichteten auch Hebammen. Männer erzwangen zu früh nach der Geburt wieder Geschlechtsverkehr, wodurch Entzündungen entstehen. Eine alte Landhebamme sagt: „Ich habe böse mit ihm geschimpft und bekam zur Antwort, das ginge mich nichts an, denn sie sei seine Frau und deshalb könne er mit ihr machen, was er wolle. Daraufhin wurde sie sehr krank, hatte bald wieder eine Fehlgeburt, und nach einem Jahr war sie tot."[18]

Die Gewalt gegen die Gebärmutter ist unbewusst verbunden mit der Gewalt, die Menschen gegenüber der Natur ausüben. Und dies ist wiederum eng verbunden mit der Zurückdrängung von Mutter Erde und der Überbetonung von Gottvater.[19]

Hysterie: die vermeintlich von der Gebärmutter verursachte Krankheit

„Es ist kein Zufall, dass gerade die Gebärmutter zum Organ weiblicher Schwäche, zum Ursprungsort der ‚Krankheit Frau' umgestaltet wurde." Weiter führt die Ethnologin und Hebamme Angelica Ensel aus: „Die Gebärmutter als Ort weiblicher Fruchtbarkeit und weiblicher Schöpfungskraft könnte an sich ein Symbol weiblicher Stärke und offensichtlich ‚tragender'

[17] Judith 9, 2-14. Alle Bibelstellen aus der Übersetzung „Bibel in gerechter Sprache".

[18] Marianne Grabrucker, *Vom Abenteuer der Geburt. Die letzten Landhebammen erzählen,* 16.

[19] Franz Vonessen, *Signaturen des Kosmos,* 260.

Rolle der Frau bei der Reproduktion sein. In den Diskursen über Hysterie und in der Gynäkologie ist die Rolle der Frau bei der Reproduktion, als Gebärerin des Kindes zwar ein zentraler Aspekt – jedoch nicht im Sinne weiblicher Stärke. Es verhält sich vielmehr so, dass gerade der weibliche Anteil an der Reproduktion zur Ursache für eine konstitutionelle Schwäche der Frau erklärt wird."[20]

Dieses Zitat zeigt die Notwendigkeit, hier auf die Geschichte des Begriffes Hysterie einzugehen.

Hysterie in der Medizingeschichte

Plato verwendet in seinen philosophischen Schriften für Gebärmutter zwar das Wort μέτρα (metra, die Matrix), doch gibt er bereits der Gebärmutter die Schuld an Frauenkrankheiten aller Art: „... was man bei den Frauen Gebärmutter und Mutterscheide nennt, welches als ein auf Kindererzeugung begieriges Lebendiges in ihnen ist, dies empfindet es mit schmerzlichem Unwillen, wenn es länger, über die rechte Zeit hinaus, unfruchtbar bleibt, und schafft, indem es dann allerwärts im Körper umherschweift und durch Versperren der Durchgänge das Atemholen nicht gestattet, große Beängstigung, sowie es noch andere Krankheiten aller Art herbeiführt."[21]

Griechischen Ärzte wie Hippokrates, Aretaios oder Galen verwenden das Wort υστερα (hystera) und führen so genannte hysterische Krankheiten wie Fieber, Frost, Kreuzschmerzen, Herzklopfen und Schweißausbrüche auf die Gebärmutter zurück. Sie empfehlen deshalb zur Heilung Geschlechtsverkehr.

Auch im Alten Ägypten wurden Krankheiten, die keine organische Ursache haben, als Gebärmutter-Krankheit bezeichnet.

Im Mittelalter und in der frühen Neuzeit werden Krankheiten, wie z. B. Lähmung der Hand, für Frauen lebensgefährlich, denn die Ursache sah man in der Besessenheit durch den Teufel, mit dem die Frauen Geschlechtsverkehr gehabt hätten.[22]

Das 19. Jahrhundert war die „Blütezeit der Hysterie". Jetzt vereinigen sich die Prüderie des Bürgertums mit der wissenschaftlichen Medizin und der Fotografie: In der Klinik Salpêtrière in Paris führt der Neurologe J.-M. Charcot Patientinnen vor, bekannt ist Blanche Wittmann, die dabei in einem Bett im Delirium liegt. Er greift unter die Bettdecke und behandelt sie mit

[20] Angelica Ensel, *Nach seinem Bilde*, 202.

[21] Platon, *Timaios* 91c-d.

[22] Siehe auch das Kapitel über den Hexenhammer.

der Ovarienpresse. Der Fotograf hält alles fest, auch den so genannten Arc de Cercle: die Patientin bildet einen Bogen, indem sie den Bauch nach oben drückt.

Sigmund Freud und Josef Breuer haben im Salpêtrière Studien betrieben und daraus die Psychoanalyse entwickelt. Durch Hypnose konnten sie die Kranke zum Ursprungstrauma zurückführen und durch Bewusstwerden dieses Anlasses heilen. Sie übernahmen den Begriff „Hysterie", obwohl sie auch männliche Patienten hatten. Freud erkannte, dass die körperlichen Erscheinungen durch „Konversionsneurose" entstehen, d.h. ein schreckliches Ereignis wird verdrängt und in körperliche Beschwerden umgewandelt. Diese Ereignisse sind aber zumeist gesellschaftlich bedingt: Da Mädchen und Frauen keine aktive Gestaltung ihres Lebens und ihrer Begabung zugestanden wurde, blieb ihnen nur die Konversion ihres Leidens unter der Enge, Unterdrückung und Bevormundung in körperliche Symptome. So wundern sich Freud und Breuer, dass die meisten Hysterikerinnen begabt, geistig sehr interessiert und von starker Willenkraft sind, d.h., wie sie sagen, männlich. Der Zwang zur vermeintlich veranlagten Passivität in der ehelichen Sexualität dieser Zeit ist ein Hauptgrund für die Hysterie.

Heute wird der auf die Gebärmutter zurückgehende Begriff Hysterie im fachärztlichen Bereich nicht mehr verwendet, man spricht dagegen von einer dissoziativen Störung. Dennoch bleibt die Assoziation von Hysterie und Frau im kulturellen Gedächtnis haften.

„Hysterisch" im alltagssprachlichen Gebrauch

Da Hysterie eine Krankheit ohne organischen Ursachen bezeichnet hat, wird auch im Alltag „Du bist hysterisch" zu einem Vorwurf der Verlogenheit und Unbeherrschtheit. Man meint damit: geltungssüchtig, leicht erregbar, egozentrisch, emotional labil, launisch und leicht beeinflussbar. Hysterisches Verhalten ist den Verhältnissen nicht angemessen. So meint der russische Außenminister im Februar 2012, die Verurteilung Syriens durch den Weltsicherheitsrat wegen der Gewalt gegen seine Bürger sei hysterisch.

„Du bist hysterisch" bedeutete auch, typisch weibliche Schwächen zu haben, keine Klarheit über das eigene Leben, Unzufriedenheit mit der Situation in Familie, Schule oder Beruf. Dabei wurde nicht erkannt, dass diese Unzufriedenheit berechtigt war und Anlass für Veränderungen sein sollte.

Der Psychotherapeut Fritz Riemann kann dem Begriff „Hysterie" eine positive Seite abgewinnen. Er nennt die hysterische Persönlichkeit als eine der vier Grundformen der Angst. Es ist die „Angst vor dem Endgültigen,

Unausweichlichen, vor der Notwendigkeit".[23] Die ansteigende Linie hysterischer Verhaltensweisen ist: narzisstisches Bedürfnis, immer und überall der Mittelpunkt zu sein – überwertiger Geltungsdrang – hysterische Verlogenheit – Dirne und Don Juan. Fritz Riemann sieht die hysterische Veranlagung aber auch als Chance, denn der gesunde Mensch dieser Persönlichkeitsstruktur sei „risikofreudig, immer bereit, sich Neuem zuzuwenden, elastisch, lebendig, spontan, bringt Bewegung in alles, rüttelt an Traditionen... so kann er eigenwillig und wagemutig das Leben als buntes Abenteuer sehen, und der Sinn des Lebens liegt für ihn darin, möglichst reich und füllig zu leben".[24]

Hysterisch – wörtlich gebärmutterlich – kann aber auch im sachlich richtigen Sinn gemeint sein. So schreibt der Psychiater Ronald D. Laing: „Es ist für mich zumindest denkbar, dass Mythen, Legenden, Geschichten, Träume, Fantasien und Verhaltensweisen *möglicherweise* starke Nachklänge unserer Gebärmuttererfahrungen enthalten. Wenn das zuträfe, könnte man diese späteren Affekte passend angemessen als *hysterisch* (d. h. von der Gebärmutter herrührend) bezeichnen."[25]

Es fällt auf und ist bemerkenswert, dass das griechische Wort für Gebärmutter, υστερα, zum Begriff Hysterie als Frauenkrankheit führt, das hebräische *rächäm*=Gebärmutter dagegen im Plural zum Wort Barmherzigkeit, wie im Kapitel über Gebärmutter in der Bibel gezeigt werden wird.

[23] Fritz Riemann, *Grundformen der Angst*, 96-118.

[24] A. a. O., 118.

[25] Ronald D. Laing, *Die Tatsachen des Lebens*, 40. Kursiv im Original.

Das seelische Erleben mit und in der Gebärmutter

Behaglichkeit und auch Stolz, ja Stolz,
weil wir Frauen dies haben.
Schmerzlichkeit, aber auch große Seligkeit und Glück.

Eine Frau auf die Frage:
Was fällt Ihnen ein zu Gebärmutter?

Im Mutterleib lernen wir die Melodie unseres Lebens.
Barbara Findeisen

Die körperlichen Erfahrungen mit der Gebärmutter werden, wie in keiner anderen Körpererfahrung, von seelischem Erleben begleitet, und das in einem Ausmaß, dessen Reichweite erst nach und nach wieder entdeckt wird. Im Folgenden wird auf einige Phänomene hingewiesen.

Das seelische Erleben von Frauen

Das seelische Erleben von Frauen und auch deren Partnern wurde in den letzten dreißig Jahren von einem Teil der GynäkologInnen wieder ernst genommen. Das seelische Erleben des pränatalen Kindes wird heute noch von vielen Medizinern als Esoterik abgetan. In den Jahren nach dem 2. Weltkrieg waren Menstruation, Schwangerschaft, Geburt und Stillzeit in den Industrieländern zu rein medizinisch-technischen Abläufen geworden.

Frauen haben unterschiedliche Erfahrungen mit der Menstruation, die einen spüren kaum etwas, die anderen entwickeln einen Hass auf die Verursacherin von Schmerzen, wieder andere erleben die beglückenden Momenten des jedes Mal Neuwerdens.

Dieses Erleben ist eingebettet in kulturelle Normen. Suggeriert heute die Werbung, es handle sich um ein lästiges hygienisch zu kontrollierendes Geschehen, werden Frauen in anderen Gesellschaften wie z.B. der indianischen an diesen Tagen besonders geehrt als Trägerinnen der Fruchtbarkeit.

Das seelische Erleben während der Schwangerschaft und bei der Geburt variiert ebenso stark. Die Ultraschalluntersuchungen führen bei kleinsten Unregelmäßigkeiten zu großer Verunsicherung. Hebammen müssen und können Ängste auffangen, damit die Frauen bei der Geburt in ihre Kraft kommen.

Frühgeburten sind oft Ausdruck von seelischen Dilemmata und sozialem Druck. Die Forschung wendet sich dem Überleben der Kinder von der 23. Woche an zu, aber nicht den sozialpsychotherapeutischen Möglichkeiten, die Frühgeburt zu verhindern.

Die Schmerzen der Wehen werden je nach kultureller Einstellung unterschiedlich erlebt.

Trauer bei Fehlgeburten oder bei unerfülltem Kinderwunsch tritt in den letzten zwanzig Jahren immer mehr in das öffentliche Bewusstsein. So hat der philippinische Regisseur Brillante Mendozas im Jahr 2012 einen Kinofilm gedreht, der den Titel trägt „THY WOMB". Es geht um eine Frau, die eine jüngere Partnerin für ihren Mann sucht, weil sie keine Kinder bekommt. Es ist schon das Thema der Erzmutter Sara im Alten Israel. Beide dienen damit ihrer Religion und den gesellschaftlichen Normen und leiden darunter.

Seit ca 15 Jahren werden Gedenkstätten für nicht-beerdigte oder sehr kleine verstorbene Kinder errichtet. Hier können Mütter so wie auch die Väter trauern. Dies gilt auch für Frauen mit Abbrüchen.

Die Menopause ist ein tiefer Schnitt für Frauen, begleitet von körperlichen und seelischen Ausnahmezuständen. Die Gebärmutter gibt langsam ihre Tätigkeit auf.

Wenn Wandlungen als störend empfunden werden, kann die Gebärmutter als Ursache sehr vieler Krankheiten angesehen werden. Frauen, die bereit sind, tief greifende Erfahrungen zuzulassen und Neues zu wagen, sind dankbar, dieses Organ in sich zu tragen.

Die seelischen Prägungen des pränatalen Kindes

Das seelische Erleben innerhalb der Gebärmutter hat uns alle geprägt. Der Psychoanalytiker Otto Rank hat in den zwanziger Jahren des vorigen Jahrhunderts die „Realität der Mutterleibsphantasie" nachgewiesen, d. h. der Mensch bewahrt seine Erfahrungen vor, während und nach der Geburt in seinem körperlichen Gedächtnis. Für Freud dagegen war das Neugeborene ein unbeschriebenes Blatt. Die Ursache für diese Missachtung sieht Rank darin, „ ... dass unsere gesamte Mentalität und Welteinstellung den männlichen Standpunkt so sehr in den Vordergrund rückte und den weiblichen fast gänzlich vernachlässigt hat. ... dass wir in der Regel die Sexualverhältnisse stillschweigend nur für den Mann darstellen." Er hat sich deshalb zum Ziel gesetzt, die mit dem Geburtstrauma „verdrängte Hochschätzung des Weibes durch Befreiung des auf seinem Genitale lastenden Fluches wieder (zu) rehabilitieren."[26] Der Mensch sehnt sich nach dem Mutterleib zurück und gleichzeitig muss er sich diesen tiefen Wunsch verbieten, weil es nicht möglich ist. Diese Urverdrängung durch Urerinnerung an das Geburtstrauma will Rank durch das Bewusstmachen wieder aufheben. Das Buch von Otto Rank ist eine reiche Fundgrube für die metaphorische Verwendung und psychoanalytische Deutungen rund um die Gebärmutter.

Eine Gruppe von Forschenden in Medizin, Psychoanalyse, Psychotherapie und von Hebammen erarbeitet heute die Bedeutung der pränatalen Lebenszeit und der Geburt für das ganze spätere Leben des Menschen. Begonnen in den dreißiger Jahren wurde die Arbeit in den Siegzigern wieder aufgenommen. Die Forschenden haben sich in der „Internationalen Studiengemeinschaft für prä- und perinatale Psychologie und Medizin ISPPM" eine Plattform geschaffen zum Austausch von Forschungsergebnissen und für Veröffentlichungen im Journal der Gesellschaft.

Ausgangspunkt ist die Erkenntnis, dass die Gebärmutter ein Organ ist, in dem alle Menschen das rasante Wachstum und ihre Geburt als Subjekt erlebt haben und im Körpergedächtnis speichern. Drei- und vierjährige Kinder antworteten spontan auf die Frage, wie es denn in Mamas Bauch war: „Es war warm, es war eng und dann war da eine Tür," und einfach nur: „gut."

Forschungsgebiete sind:

1. Die pränatalen Erlebnisse und die Reaktionen des Kindes: Als Beispiele seien die Entwicklung des Gehörs und die Bedeutung des Hörens (Alfred Tomatis) und die Ultraschallbeobachtungen über den Kontakt von Zwillingen untereinander (Alexandra Piontelli) genannt.

2. Die Geburt als Matrix für das spätere Leben: Stanislav Grof erkannte vier Phasen, die je nach Verlauf den Charakter des Kindes prägen:

- Vor der Geburt: Das Kind erlebt die Einheit mit der Mutter, das Gefühl von Geborgenheit. Dies führt zum Gefühl der mystischen Vereinigung.

[26] Otto Rank, *Das Trauma der Geburt und seine Bedeutung für die Psychoanalyse*, 37.

- Die Geburt beginnt, aber der Muttermund ist noch nicht weit genug geöffnet. Das Kind erlebt ein Gefühl von „Es gibt keinen Ausweg". Dies führt zur Empfindung von ängstigenden Höllentouren.
- Der Titanic-Kampf beginnt. Das Kind muss durch den engen Kanal. Die Grundstimmung heißt: Kampf um das Überleben.
- Die Geburt ist zu Ende, das Kind tritt in die neue Welt ein. Das Erlebnis von Tod- und Wiedergeburt wird prägend.[27]

3. Die Bedeutung der prä- und perinatalen Erlebnisse in therapeutischen Prozessen: aus dem kindlichen Verhalten können Rückschlüsse auf die Prägungen durch das prä- und perinatalen Erleben gewonnen werden, und umgekehrt können Verhaltensauffälligkeiten des Kindes durch Rückgriff auf die Ursachen der Erfahrungen geheilt werden. Von der Gebärmutter abgelehnte Kinder oder Überlebende eines Abbruchs sind hierfür besonders eindrückliche Beispiele.

Buchtitel wie „Wie die Seele entsteht" (Ludwig Janus) und „Die Seele fühlt von Anfang an" (Bettina Alberti) weisen auf diese Erkenntnisse hin. Ein aktuelles Forschungsgebiet sind die Erlebnisse der Kriegskinder und die Wirkungen auf die Kriegsenkelkinder.

4. Mythen als Repräsentanten

In den Mythen haben sich die Menschen Bilder ihrer seelischen Eindrücke vor und während der Geburt geschaffen. Wegen der großen kulturellen Bedeutung dieser Forschung sei hier ausführlicher darauf eingegangen.

Ein Großteil unserer frühestkindlichen Erfahrungen ist uns nicht bewusst in Erinnerung, sondern ist eingekleidet in Märchen von jenseitigen Welten, mythischen Bildern und religiösen Vorstellungen. „In unsern Bildern von Geborgenheit und Aufgehobensein bei einem allgütigen Wesen und in unseren sozialen Utopien eines Himmelreiches auf Erden finden unsere Wünsche nach einer Rückkehr in den vorgeburtlichen Himmel einen beredten Ausdruck, wie andererseits unsere Ängste vor einer Wiederkehr von pränatalen Notzuständen in Höllen- und Strafbildern ausgestaltet sind."[28] Janus nennt deshalb die Gebärmutter „Wurzelgrund der Seele."

Demnach haben die Ur-Motive der Mythen wie Schöpfung, Sintflut, Paradies, Himmel und Hölle, Lebensbaum, ihren Ursprung in den vorgeburt-

[27] Stanislav Grof, *Geburt, Tod und Transzendenz*, 107-124.

[28] Ludwig Janus, *Wie die Seele entsteht*, 14.

lichen Erlebnissen, die alle Menschen über Jahrmillionen hinweg gemacht haben.

Der Psychoanalytiker Franz Renggli zeigt dies in einer gründlichen Analyse des sumerisch-babylonischen Schöpfungsmythos.[29] Er versteht Mythen als Schlüssel für unser vorsprachliches Erleben und interpretiert dies auf vier Ebenen:

1. Die Entfremdung von Mutter und Kind nach der Geburt durch körperliche Trennung in den Hochkulturen. Es entstehen die angstbesetzten Bilder, die tiefe Verlassenheit.
2. Der Mythos ist auf der nächst tieferen Ebene eine symbolische Darstellung der Geburt mit ihren Todesängsten und Panik.
3. Was das Kind während des Wachstums in der Gebärmutter erlebt, wird abgebildet in den Göttergeschichten.
4. Die tiefste Ebene ist das Zeugungsgeschehen. Es wird zum Sintflutmythos: Der eine Held, in der Bibel Noah, überlebt die Überflutung: ein Bild für das Spermium und die Eizelle, das als einziges von Millionen sterbenden überlebt.

Auch die Nabelschnur findet sich in mythischen Motiven. Der Faden der Großen Weberin z. B. ist die Nabelschnur. Sie bindet den Menschen an seinen Schöpfer und an sein eigenes Schicksal. So ist er mit dem Weltganzen verbunden. Hannah Arendt bemerkt: „Schon seit geraumer Zeit versuchen die Naturwissenschaften, auch das Leben künstlich herzustellen, und sollte ihnen das gelingen, so hätten sie wirklich die Nabelschnur zwischen dem Menschen und der Mutter alles Lebendigen, der Erde, durchschnitten."[30]

Weitere mythische Bilder sind: Der heilige Ort oder heilige Raum, die Schlange sowohl als Hüterin des Baumes und der Quelle des Lebens als auch die böse Drachenschlange, die erledigt werden muss, um zur geburtlichen Befreiung zu gelangen. Der Lebensbaum der Religionen und Märchen

[29] Franz Renggli, Der Ursprung der Angst. Antike Mythen und das Trauma der Geburt: „Die Mythen sind vielseitig wie ein Kristall oder Diamant." 15. Kurzfassung: Franz Renggli, Mythen als Schlüssel für unser vorsprachliches Erleben. Von der Babyzeit bin hin zur Zeugung, in: The International Journal of Prenatal and Perinatal Psychology and Medicine, Vo. 18, Heidelberg 2006, 262-274.

[30] Hannah Arendt, *Vita Activa,* 9.

steht in Relation zur Plazenta, die tatsächlich mit ihren Blutgefäßverästelungen aussieht wie ein Baum. Sie ist das erste Objekt des Kindes.

Die Bedeutung der Gebärmutter geht, so können wir jetzt sagen, über das Körperliche und über den medizinischen Bereich weit hinaus. Sie wirkt in den seelischen Bereich, sie prägt die Grundhaltung für das ganze weitere Leben und ist Grundlage archetypischer Bilder und der Mythenbildung. Dies schlägt sich nieder in Kunst und Literatur, in der Vorstellungswelt vieler Ethnien, und in theologischen Denk- und Glaubenssystemen, wie die folgenden Kapitel zeigen.

Gebärmuttermotive in archetypischen Bildern

Die Gebärmutter ist ein besonderes Organ,
ein Symbol und auch Objekt geheimnisvoller Riten,
das das ‚weiblich-Mütterliche' symbolisiert.

Jens Wessels

Das Bergende oder die Höhle

Die grundlegenden Erfahrungen aller Menschen in der Gebärmutter spiegeln sich wieder in archetypischen Bilder des Bergenden, Tragenden, Schützenden und Nährenden: die Höhle, die Gefäße wie der Kessel oder das Schilfkörbchen des Moses. Das gilt bis in die Gegenwart, hier sind es das Auto, die Disco oder das Raumschiff.

Auch der Kirchenraum war und ist vielfach noch ein Ort der Geborgenheit, des Schutzes und der spirituellen Kraft. Dem dienen auch die Glasfenster mittelalterlicher Kirchen. Sie sollen nicht Tageslicht von außen herein lassen, sondern einen mystischen Raum schaffen. Die Gläubigen können eintauchen in die Ruhe und in den Schutz einer Geborgenheit, die sie vorgeburtlich erlebt haben. Für sie ist „Mutter Kirche" wie ein Mutterschoß, der in der Architektur zum Ausdruck kommt. Ein eindrucksvolles Beispiel ist die Apsis im Dom zu Regensburg, dessen dreistöckige Chorfenster einen Gebärmutter-Raum bilden.

Alle Ur-Symbole sind ambivalent. So kann die Gebärmutter auch Sinnbild für das Gefangensein in einer Höhle werden. Platos Höhlengleichnis beschreibt das irdische Leben der Menschen im Gleichnis einer Höhle, in der Menschen gefesselt sind und nur die Schatten aller Dinge und Menschen wahrnehmen können. Erst der Tod führt sie in das wahre Sein. „Sieh nämlich Menschen wie in einer unterirdischen, höhlenartigen Wohnung, die einen gegen das Licht geöffneten Zugang längs der ganzen Höhle hat. In dieser seien sie von Kindheit an gefesselt an Hals und Schenkeln, so dass sie auf demselben Fleck bleiben und auch nur nach vorne hin sehen, den Kopf aber herumzudrehen der Fessel wegen nicht vermögend sind. Licht aber haben sie von einem Feuer, welches von oben und von ferne her hinter ihnen brennt. Zwischen dem Feuer und den Gefangenen geht oben her ein Weg, längs diesem sieh eine Mauer aufgeführt. ... Sieh nun längs dieser Mauer Menschen allerlei Geräte tragen, die über die Mauer herüberragen, und Bildsäulen und andere steinerne und hölzerne Bilder. ...“[31]

Plato selbst hat dies nicht ausdrücklich mit dem Bild der Gebärmutter interpretiert. Der Philosoph Peter Sloterdijk versteht das Höhlengleichnis jedoch als ein Dokument „der radikalen Uterophobie,“[32] der Furcht vor der Gebärmutter. Die Höhle ist bei Plato nicht bergend, schützend, tragend und nährend. Sie ist ein feindlicher Ort, ein Gefängnis, aus dem es kein Entrinnen gibt, außer durch den Tod, der zum wahren Sein führt.

Paradies und Ausgestoßensein

Gebärmuttererfahrungen sind Paradieserfahrungen. Dort waren wir versorgt, wurden beschützt und genährt. Paradiesmythen sind die inneren Repräsentanzen, die Ur-Bilder, aus dieser Zeit. Es gibt sie in allen Kulturen. Doch auch die Angstzustände, das Nicht-Gewollt-Sein, die Todesgefahren sind Grundlage von Mythen, es sind dies Gericht, Fegefeuer, Hölle, wie das Beispiel des Höhlengleichnisses von Plato zeigte.

Die Geburt wiederum ist Grundlage für Symbole des Ausgestoßenwerdens, der Einsamkeit, der Vertreibung aus dem Paradies. Der Schöpfungshymnus und die Paradies- und Vertreibungsgeschichte in Genesis 1-3 kann als eine symbolische Darstellung von Schwangerschaft und Geburt gelesen werden, das soll ein Zitat aus der Bibelarbeit einer Pastorin belegen: „Der Garten Eden ist ein Sinnbild für die Zeit im Mutterleib, behütet, genährt und getragen von der Mutter. Dann ist die Zeit reif, es kommt die Austreibung aus dem Paradies, die Geburt und das manchmal mühselige Leben danach in einem fort dauernden Prozess.“ Und zu Gen 1,2 sagt sie: „Und die Erde war wüst und leer: Wie eine Schwangerschaft beschrieben. Ich spüre als Schwangere, dass etwas in mir ist, ich aber schaue ins Leere. Dieses mit dem Verstand nicht fassbare ist ein *tohu wa bohu*. Finsternis: da ist etwas und du siehst es nicht. Es heißt nicht nichts. Das macht ängstlich, verunsichert, verwirrt. Der Geist Gottes schwebte: Wenn ich wachsendes

[31] Plato, *Der Staat, 7. Buch*, 514a-c.
[32] Peter Sloterdijk, *Zur Welt kommen*, 89.

Leben in mir trage, spüre ich etwas von diesem Geist. Es ist die Kraft, die Leben wachsen und entwickeln lässt, die Leben mutig und stark macht, so dass Kind und Mutter sich auf den Geburtsprozess einlassen. Wir alle haben das miterlebt. Das liegt in uns als Wissen. Ähnliches geschieht in der Begleitung sterbender Menschen. *Tohu wa bohu*: du begreifst nicht, was geschieht, aber es geschieht. Er schwebte über den Wassern: drückt Bewegung aus, da ist etwas, das ich nicht sehe, aber es ist in Bewegung."[33]

Wandlung

Die Gebärmutter ist Ort und Anlass von Wandlungen, weshalb sie zum Symbol für Wandlung wird. Wandlung ist Veränderung bei gleicher Identität, ist Häutung und Gestaltwandel, wie Schlange und Schmetterling zeigen. Wandlung ist Wachstum und Entfaltung hin zur Reife. So wie das Samenkorn sich in Blume oder Baum verwandelt, so wird die befruchtete Eizelle zum Embryo und Fötus. Das Fruchtwasser, das zum Kindgewebe gehört, wird mehrmals am Tag ausgetauscht, erneuert. Doch die stärkste Wandlung geschieht bei der Geburt: Ergriffenheit und Seligkeit gehören in die Erfahrung einer tiefen Wandlung, die unter der Geburt geschieht. Das Heilige, das alle Beteiligten ergreift, erscheint hier nicht in einem einzigen Ereignis oder Gefühl, sondern in einem Geschehen, in dem sich eine Wandlung ereignet, an der alle teilhaben, die Gebärende, das Kind, der Vater und die Hebamme. Die Mutter schiebt mit all ihrer Körperkraft und den sie begleitenden Schmerzen das Kind aus ihrem Leib – ein neuer Mensch ist da! Der große Schmerz der Wehen verwandelt sich in Seligkeit und Freude.

Diese Wandlung, die bei der Geburt geschieht, ist immer bezogen auf die Mutter, sie begründet ein Ich-Du-Verhältnis. Dabei veranlasst das Hormon Oxytocin, das mit Beginn der Wehen ausgeschüttet wird, Wandlungen zur Liebe hin.

Schwangere Frauen erleben eine seelische Wandlung, die sich auch in Träumen niederschlägt: „Es gab ein großes Feuer. Ich holte ein kleines Kästchen aus dem Feuer. Ich öffnete es und fand einige glänzende Juwelen. Die Kostbarkeiten waren wunderbar in meinen Händen. Es war ein erstaunliches Erlebnis."[34] In diesem Traum erlebt die Frau eine tief greifende Veränderung,

[33] Ulrike Deneke, Pastorin i. R. in Hannover, unveröffentlichtes Manuskript.

[34] Regina Abt/Irmgard Bosch, *Traum und Schwangerschaft*, 104.

denn das Feuer ändert alles, doch nicht in Asche und Schutt. Es entsteht etwas sehr Kostbares, das neue Selbst der Frau.

„Die Mütter haben dank des Organs ‚Gebärmutter' eine ureigenste ‚Macht zur Transformation'."[35] Das bedeutet, dass Frauen auch ohne Schwangerschaft und Geburt Wandlungen mit jeder Menstruation erfahren, sie fühlen sich oft „wie neu geboren." Und Menarche und Menopause sind tief greifende Wandlungen im Frauenleben.

Die Gebärmutter wird auf Grund dieser Erfahrungen zum Wandlungssymbol der Gefäße wie dem Kessel, dem Taufbecken oder dem Gral. Erich Neumann folgert: „Eine derartige ‚Wandlung' ist nämlich ursprünglich kein ‚technisches' Geschehen, wie es unser säkularisiertes Bewusstsein sieht, sondern ein Mysterium. Deswegen hat die mit diesen Urmysterien verbundene Symbolik stets einen über das bloß Wirkliche hinausgehenden Geist-Charakter."[36]

Grab-Mutterschoß-Gleichung

Sowohl der Vergleich als auch die Gleichsetzung von Gebärmutter und Grab haben eine überraschend lange und vielschichtige Tradition.

Die reale Erfahrung zeigt, dass die Gebärmutter auch ein Ort des Sterbens sein kann. Das Neue Leben und das Sterben, beides kann sowohl mit als auch ohne oder gar gegen den Willen der Frau geschehen. Frauen sind Mit-Schöpferinnen und Mit-Todesbringerinnen, ein Wort, das uns heute erschrecken lässt, weil wir diesen Zusammenhang nicht sehen und erleben wollen oder können. „Dass diese Krisenstellen (sc. Geburt, Hochzeit, Tod) nicht allgemein solche des menschlichen, sondern des weiblichen Lebens sind, wird erst deutlich, wenn man erkennt, dass die Schicksalsgöttinnen immer Geburtsgöttinnen sind, und dass Gebären und Tod ebenso wie Hochzeit und Tod für das Weibliche wesensmäßig zusammengehören. ... numinose Situationen, von denen Leben und Tod des Weiblichen, nicht aber des Männlichen abhängt."[37]

Der Mutterschoß ist ein Ort des Sterbens, aber er ist nicht das Grab. Die sehr früh gestorbenen Embryonen, die Fehlgeburten und auch die Abtrei-

[35] Ursula Riedel-Pfäfflin, Art. Mutter/Mütterlichkeit, 415.
[36] Erich Neumann, *Die Große Mutter,* 68.
[37] A. a. O., 220.

bungen, die in der Gebärmutter sterben, bleiben nicht dort wie in einem Grab, sie werden mit dem Blut herausgespült oder durch medizinischen Eingriff geholt. Auch wenn ein Zwilling stirbt, bleibt er zwar so lange in der Gebärmutter, bis der andere geboren ist, dann aber wird auch er tot geboren.

Dennoch schlägt sich die Gebärmutter-Grab-Vorstellung nieder z. B. in dem suizidalen Wunsch von Jeremia, Hiob und im 4. Esrabuch, die wünschen, schon im Schoß der Mutter gestorben zu sein.[38] Umgekehrt liegt der Vorstellung, das Grab sei der Mutterschoß, die Erfahrung zu Grunde, dass alles Leben von der Erde kommt und in ihren Schoß zurückgeht, die Erde als Erdmutter gedacht. Derselbe Gedanke steht hinter dem Wort der hebräischen Bibel: *Im Schweiß deines Angesichts sollst du Brot essen, bis du zum Acker zurückkehrst, von dem du genommen bist. Ja, Erde bist du, und zur Erde kehrst du zurück.* Gen 3, 19. Im Englischen klingt dies auch sprachlich an: tomb-womb.

Archäologische Grabfunde weisen hin auf diese Schoß-Grab-Gleichung. Schon im Paläolithikum, so vermutet Marija Gimbutas, sahen die Menschen in Höhlen, Spalten und Grotten den Zugang zur Urmutter. Zum einen sind es Gräber, in denen die Leichen in Embryonalhaltung liegen, die Megalithgräber des Neolithikums. Zum anderen gibt es Grabstätten, die selbst die Form einer Gebärmutter haben. „Die Erde, in der die Menschen bestattet werden, ist die Mutter der Toten. Das Ziel des Grabbauers musste darin bestehen, dem Grab eine Form zu geben, die dem mütterlichen Körper so ähnlich wie nur möglich war."[39] Die Ganggräber und Grabkammern haben deshalb als Gesamtgrundriss die Form des Mutterschoßes, wie auch die Tempel auf Malta es eindrucksvoll zeigen.

„Die Ritualisierung der Frage nach dem Ursprung des Menschen in dem Geheimnisvollen des Frauenkörpers und der Schwangerschaft führte zu einer aneinander gereihten Dreiteilung des Tempelinnern, das übrigens kein Tageslicht einließ: Scheide, Gebärmutter, Eierstock."[40]

Ein reliefartiges Zeichen aus einem judäischen Felsengrab der biblischen Königszeit bildet Kopf- oder Fußende von Gräbern (Abb. 1).

Es stellt die sich öffnende Gebärmutter dar. Dem Toten wurde der Wunsch mitgegeben, er möge Ruhe finden und ein bergender Mutterschoß möge sich für ihn öffnen.[41]

[38] Siehe auch das Kapitel über Fehlgeburt in der Bibel.

[39] Marija Gimbutas, *Die Sprache der Göttin*, 151.

[40] Klaus Evertz, *Der Ursprung der Bilder – Pränatale Wahrnehmung, Ästhetik und Kunst*, 374.

[41] Annemarie Ohler, *Mutterschaft in der Bibel*, 28.

Abb. 1. Omega-Symbol

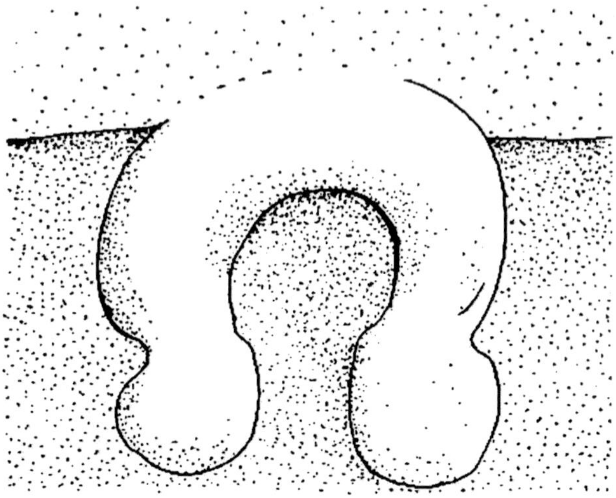

Im Alten Ägypten wird der Tod erlebt wie eine Geburt. Diese ist wie ein Einsäen in die Gebärmutter des Lebens – der Tod umgekehrt ist die Geburt zum ewigen Leben.

Ein Bittgebet an die Göttin Nut, Herrin der Götter, spricht dies aus:

Das Begräbnis liegt in deiner Hand allein,
du bist die Geburtsgöttin, die auch für mich sorgt
mit einer untadeligen Mumie, wenn es ans Sterben geht.[42]

Auf der metaphorischen Ebene finden wir für die Grab-Mutterschoß-Gleichung zahlreiche Motive. Mysterienreligionen praktizierten als Initiationsritus das Eintauchen in Wasser, wodurch der Neuling, der Mystagoge, stirbt und wiedergeboren wird.

Im Christentum wird diese Praxis in der Taufe übernommen, jedoch mit dem Unterschied, dass der Mensch in Verbindung mit Christus stirbt und wieder aufersteht. Paulus beschreibt die Taufe als ein Sterben mit Christus, um auch mit Christus aufzuerstehen:

Oder wisst ihr nicht, dass alle, die wir in den Messias[43] *Jesus hinein getauft wurden, in seinen Tod hinein getauft wurden? Durch die Taufe sind wir mit ihm zusammen begraben, so dass auch wir der Sündenmacht abgestorben sind. Jetzt*

[42] Jan Assmann, *Ägyptische Hymnen und Gebete*, 403, siehe auch das folgende Kapitel.

[43] Die *Bibel in gerechter Sprache* übersetzt durchgehend das griechische χριστοσ mit „Messias".

können auch wir in einem erneuerten Leben unseren Weg gehen, ebenso wie der Messias von den Toten aufgeweckt wurde durch die Gegenwart Gottes, des Ursprungs allen Lebens.[44]

Das Eintauchen in das Taufwasser ist das Zurückkehren in das Fruchtwasser, das Taufbecken ist die Gebärmutter.

Ähnlich argumentiert der Kirchenvater Cyrill von Jerusalem (4. Jdt). Die Empfängnis Jesu in der Gebärmutter Marias ist zu verstehen als Jesu Teilhabe an der menschlichen Sterblichkeit und die Auferstehung Jesu aus dem Grab als Teilhabe des Menschen an Jesu Leben. Auch der griechische Kirchenvater Clemens von Alexandrien (ca 150-215) schreibt in der Taufkatechese, dass das Taufwasser Grab und Mutterschoß ist: „Man brachte euch alsdann zum heiligen Born der göttlichen Taufe wie Christus nach der Kreuzabnahme in das bereitete Grab; und jeder wurde gefragt, ob er glaube an den Vater, den Sohn und den Heiligen Geist, ihr legtet das heilbringende Bekenntnis ab und seid dreimal ins Wasser unter- und wieder daraus emporgetaucht, um so die dreitätige Grabesruhe bildhaft darzustellen. Indem ihr dies tatet, seid ihr gestorben und seid ihr geboren, und das heilbringende Wasser war euer Grab und Mutterschoß (griechisch: μητηρ=Mutter) zugleich.“[45]

Zum Symbolkreis Grab-Schoß, richtiger Höhle-Schoß, gehört auch der Brunnen. In ihn hinabsteigen bedeutet Sterben und Neuwerden. So stürzen die Pech- und die Goldmarie im Märchen von Frau Holle in den Brunnen und kommen dort auf eine grüne Wiese zur Göttin Holle und von dort durch ein Tor zur Erde zurück, die eine mit Pech, die andere mit Gold überzogen und neu geworden. Die alte Vorstellung besagt, dass die Toten unter einem Hollerbaum ruhen.

Im heutigen Bewusstsein herrscht die Einstellung vor, dass der Tod ein medizinischer Unfall sei. Er wird dadurch weder in das konkrete Leben noch in die mythischen Bilder aufgenommen. Doch häufen sich Beobachtungen von Parallelität von Gebären und Sterben, wie SterbebegleiterInnen und Hebammen berichten. „Bei meiner ersten Nachtwache saß ich nachts am Bett eines sterbenden Mannes. Ich hielt seine Hand in meiner. Die Erinnerung an die Geburt meines ersten Kindes wurde wach ... Die Hebamme saß an meinem Bett und hielt meine Hand in ihrer Hand ... Sie, die Hebamme, steht am Anfang des Lebens, ich an seinem Ende. Beide tun Vergleichbares:

[44] Röm 6,3-4.

[45] Clemens von Alexandrien, *Teppiche,* Kapitel 14, 101,2; 102,2f; 103,1319f.

Leben aus dem großen Licht entgegennehmen; Leben ins große Licht hinein begleiten."[46]

Eine feministische Spiritualität, die matriarchale Kulturen, Bibel und Lebenserfahrungen von heute verbindet, sieht wieder die Einheit von Lebensspenderin und Todbringerin in der Großen Mutter-Göttin. So ist die Heilige Anna, die Mutter der Maria, in der Figurengruppe „Anna-Selbdritt" die Erdmutter, die Leben gebiert und wieder zu sich holt. „Man könnte sagen, Erdmutter, Gebärmutter und Frau -...- bilden zusammen die Erde Selbdritt, das heißt, in ihnen zeigt sich dreimal dasselbe: die Magna Mater, Natur."[47] Die Heilige Barbara verkörpert, ambivalent wie alle archetypischen Symbole, sowohl die Lebens- und Sonnenmutter als auch die Erd- und Todesmutter.[48]

Der Erdmutterglaube wurde im Monotheismus durch den Gott-Vater-Begriff verdrängt und die Gebärmutter wird Anfang und Ursache für die Sterblichkeit, nicht mehr die Leben Bringende, Wärmende, Erhaltende. Statt Natalität wird die Mortalität zum Thema der Anthropologie und der Theologie.

In dem Gedicht „Bei der Erdmutter" lässt Marie Luise Kaschnitz die Erdmuttersymbolik wieder aufleben. Die Kinder im Märchen „Der Alte Garten" hören die Botschaft der Erdmutter:

In mir beginnen alle Pfade
Und münden wieder in mir ein. ...
Was immer sich im Licht vollendet,
Es kehrt zurück in meinen Schoß.[49]

Auch die Theologin Luzia Sutter Rehmann vergleicht das Grab mit der Gebärmutter:

Wenn ich die Toten liebe
liebe ich den sich wölbenden Leib
der Erde, die uns und sie trägt,
alles zum Blühen und Vergehen bringt. ...[50]

[46] Regina Högger, *FrauenKirchenKalender* 2004, 164.
[47] Franz Vonessen, *Signaturen des Kosmos*, 259.
[48] Lore Kufner, *Getaufte Götter. Heilige zwischen Mythos und Legende*, 134-145.
[49] Marie Luise Kaschnitz, *Gesammelte Werke* Bd 1, 429.
[50] Luzia Sutter Rehmann u. a. (Hg.), *Sich dem Leben in die Arme werfen*, 86.

Die Künstlerin Eva-Gesine Wegner verbindet in dieser Skulptur das Gebären und das Sterben.

Diese Beispiele wie auch weitere, die im Kapitel über die Dichtung erwähnt werden, zeigen sowohl die konkrete Erfahrung als auch die Symbolik der Grab-Mutterschoß-Gleichung.

Abb. 2. „eine geht – eine kommt – seid willkommen“, Skulptur von Eva-Gesine Wegner, Terrakotta 1987

Gebärmuttersymbole in alten Kulturen

Von deines Vaters Gott, von wo dir Unterstützung, mit Schaddaj,
von wo dir Segen zuteil wird,
Segnungen des Himmels von oben,
Segnungen der Urflut, die sich unten lagert,
Segnungen von Brüsten und Schoß.

Gen 49,25

In den folgenden Kapiteln sollen die kulturellen Zuschreibungen und Wertungen der Gebärmutter im Zusammenhang mit gesellschaftlichen Einstellungen, künstlerischen Gestaltungen, Denk- und Glaubenssystemen entfaltet werden. Dabei tritt eine überraschende Vielfalt von Bildern zu Tage, durch die der Blick auf die Gegenwart geschärft und die Verkapselung der Gebärmutterwahrnehmung in den anatomisch-medizinisch-technischen Bereich und in den Intimbereich der Frau aufgedeckt werden.

Die symbolischen Ordnungen in den alten Kulturen beschreiben Parallelitäten von Kosmos und Mensch, von Gestirnen und Embryonen, von Mensch und Tier, von Mutterschoß und Grab. Die Zeitspanne von Geburt bis Tod war sehr kurz und ständig bedroht. Die Gebärmutter als Ort der Schöpfung und des Todes hat hier einen festen Platz. Zugleich sind die Erfahrungen des Menschen durchlässig für die göttliche Welt. Das Verbindende beider Welten ist immer das Leben Gebende, die Wandlungen und der Tod.

Alt Europa

Der existentielle Hintergrund der Acker bauenden Völker ist die Abhängigkeit von der Fruchtbarkeit von Mensch, Vieh, Pflanzen, denn deren Unfruchtbarkeit ist tödlich. Durch den Jahresrhythmus hindurch ist das Leben ständig mit der Bedrohung konfrontiert, vernichtet zu werden. Die Menschen mussten jedes Jahr der Natur die erneuerte Schöpfung abringen. Nur so konnten sie leben und Leben weitergeben. Deshalb kommt der Gebärmutter eine sehr große Bedeutung zu, so dass sie in das Göttliche transzendiert wird.

Die in einer Höhle der Schwäbischen Alb erst vor einigen Jahren gefundene „Venus vom Hohle Fels“ (ca. 40 000 v. Chr.) gibt einen Eindruck wieder von der Bedeutung der Brüste und des Mutterschoßes. Dieses aus Elfenbein geschnitzte Figürchen ist 6 cm groß. Kopf und Füße sind nur angedeutet, Bauch und Vulva betont eingeschnitzt.

Die schon erwähnte Archäologin Marija Gimbutas hat Funde aus dem Alten Europa miteinander verglichen und verwandte Muster aufgelistet, in denen sie die Sprache der Göttin lesen konnte:[51] Für die Gebärmutter verwendeten unsere Vorfahren Zeichen und Tiersymbole. Gebärmutter und Vulva werden auf einigen Tonkrügen und -scherben als M-Zeichen oder erweitertes M, als Wasser und als die Göttin in ihrer Leben spendenden Funktion dargestellt.

Frosch, Kröte und Fisch waren zugleich Todes- und Lebenssymbole. Sie weisen wegen ihrer Feuchtigkeit hin auf die Leben spendende, erneuernde und wandelnde Gebärmutter und die entsprechende Göttin. Auf einer Amphore aus Kreta wird die Gebärmutter als Frosch oder Kröte dargestellt. Die Gebärmutter ist gedacht als ein im Körper umherwanderndes Tier, das jedoch nicht wie bei Plato Krankheiten hervorruft, sondern fruchtbar ist.

Die Abbildung (Abb. 3) aus Mittelgriechenland zeigt zwei Seiten eines Tongefäßes. Das Bild oben zeigt die Göttin als Vogel mit ausgebreiteten Schwingen. Der Vogel ist das Symbol für die Verbindung von Himmel und Erde. Die Vogelgöttin hat einen netzgemusterten Fischkörper, daneben Wirbelzeichen, Vögel, Hase, Spiralen, Mondsicheln, netzgemusterte Dreiecke. Auf dem Bild unten repräsentiert der Fisch den Schoß der Göttin, sie ist von Tieren, einem Gebärmutterzeichen und Sparren umgeben.

Auf den Kykladischen Inseln im Ägäischen Meer sind Idole gefunden worden aus einer Epoche der Kultur der Frauen (5000 bis 2000 v. Chr.). Die Philosophin Luce Irigaray stellt dazu fest: „Sie (sc. die Frauenfigur), das Idol, war gestaltet als eine sehr schöne, am häufigsten zierliche Frau mit einem Geschlecht, das nicht nur wie in den meisten kykladischen Idolen durch ein Dreieck markiert ist, das die Gebärmutter symbolisiert, sondern durch ein Dreieck, auf dem Lippen eingezeichnet sind.“[52] Dieses wurde später, so Lucy Irigaray, zum Trinitätssymbol.

[51] Marija Gimbutas, *Die Sprache der Göttin,* 259, Abb. 405.
[52] Lucy Irigaray, *Der Atem von Frauen,* 222.

Abb. 3. Tongefäß aus Mittelgriechenland

Alt Ägypten, Vorderer Orient

Die symbolische Ordnung Ägyptens, die etwa 1500-500 v. Chr. vorherrschte, bezieht die vorgeburtliche Lebenszeit in der Gebärmutter bei allen Aussagen über die Welt, den Menschen und die Götter mit ein. „Die embryonale, bzw. fötale Welt schimmert bei den alten Ägyptern überall durch, fast gehört sie zu ihrem Alltag. Die Himmelsgöttin Nut repräsentiert das Firmament, das die Erde von den Gewässern des Chaos trennt. Sie ist die Mutter der Himmelskörper. Diese verschwinden jeden Abend in ihrem Mund und werden jeden Morgen wieder aus ihrer Gebärmutter geboren. Die Sonne reist nachts durch den Körper der Göttin, die Sterne tagsüber. Der Sonnengott Re erfährt während der Nacht, was jeder Embryo und Fötus erlebt.“ Der Religionshistoriker Bruno Hugo Stricker hat nachgewiesen, dass das „Buch der Erde“ ein Jenseitsbuch, ein „embryologisches Traktat“ ist, d. h. dass die Entwicklung eines menschlichen Babys von der Zeugung bis zur Geburt in den kosmogonischen Bildern beschrieben wird.[53]

Die Fragen: „Wie entsteht die Welt?“ und: „Wie entsteht ein Kind?“ beantworten sich gegenseitig, d. h. die Parallelität von Makro- und Mikrokosmos, Kosmogonie und Embryologie. Die Seele ist die Verbindung zwischen diesen Welten. Nach dem Tod fliegt die Seele in den Himmel, bei der Zeugung geschieht genau das umgekehrte. Im Mythos ausgedrückt: Der Sonnengott sendet seine Sonnenstrahlen, die Seelenteilchen aus. Das Kind erlebt die Geburt wie einen Tod, die Sterbenden den Tod wie eine Geburt. Die Geburt ist wie ein ‚Einsäen in die Gebärmutter des Lebens' – der Tod ist die Geburt zum ewigen Leben.

Der Psychotherapeut Franz Renggli hat in seinem Aufsatz „Der Sonnenaufgang als Geburt eines Babys. Der pränatale Schlüssel zur ägyptischen Mythologie“ gezeigt, dass die Welt und mit ihr Ägypten wie eine makrokosmische Gebärmutter verstanden werden. Das Urgewässer entspricht dem Fruchtwasser.

Auf einer anderen Abbildung steht eine Göttergestalt zwischen einer Scheibe über ihr und einer großen Scheibe unter ihr. Rechts und links speien Uräus-Schlangen ihr Feuer aus, von zwei Armpaaren aufgefangen. Der mikrokosmische Samen ist gleichbedeutend mit dem makrokosmischen Licht aus der Sonne, mit ihrem Strahlenkegel. Die Gebärmutter empfängt den Samenstrahl mit ausgestreckten Armen. Nach der Befruchtung schließt sich die Gebärmutter. Die Uräus-Schlangen binden den Keim an und verteidigen ihn gegen mögliche Eindringlinge durch ihre Glut.

Ein weiteres Bild zeigt den gekrümmten Körper des Vaters Osiris in einem Samentröpfchen liegend. Aus seinem Körper kommt der falkenköpfige Sohn Horus: der Vater aufersteht als Fötus in der Gebärmutter seiner Frau – das Mysterium der Einheit von Vater und Sohn. Die kleine Scheibe hinter Horus ist der Sonnengott Re. Das Samentröpfchen halten Isis und Mephtys, beide bilden den Weltenberg.

Ein Wandbild aus einem Grab stellt das sternenbedeckten Himmelsdach dar, das die Himmelsgöttin Hathor zeigt, wie sie den im Tode zu ihr zurückkehrenden königlichen Sohn empfängt, um ihn zu beleben. Sie trägt als

[53] Bruno Hugo Stricker, De indeeling der Egyptische taalgeschiedenis, in: Franz Renggli, *Der Sonnenaufgang als Geburt eines Babys.*

Schwundform ihrer ehemaligen Kuhgestalt das Gehörn, das die Sonnenscheibe umfängt. Dieser Kopfschmuck ist ein Symbol für die Gebärmutter.

Im Pharaonengrab Ramses' VI. in Theben West sehen wir, wie die Göttin Nut unter dem Beistand der beiden Hebammen Isis und Nephtys ihren Sohn Horus gebiert. Die Scheibe, in die der Gott Re als Kind eingezeichnet ist, symbolisiert sowohl die Gebärmutter als auch die Sonne, die das königliche Kind am Himmel repräsentiert.

Der Pharao Echnaton besingt in seinem Sonnengesang die Gebärmutter als Ort der Gegenwart des schaffenden und tröstenden Sonnengottes: *„Der du den Samen sich entwickeln lässt in den Frauen, der du Wasser zu Menschen machst, der du den Sohn am Leben erhältst im Leib seiner Mutter und ihn beruhigst, sodass seine Tränen versiegen – du Amme im Mutterleib! – der du Atem spendest, um alle Geschöpfe am Leben zu erhalten. Kommt (das Kind) aus dem Mutterleib heraus, um zu atmen am Tag seiner Geburt, dann öffnest du seinen Mund vollkommen und sorgst für seine Bedürfnisse. Das Küken im Ei, das schon in der Schale redet – du gibst ihm Luft darinnen, um es zu beleben. Du hast ihm seine Frist gesetzt, (die Schale) zu zerbrechen im Ei; es geht hervor aus dem Ei, um zu sprechen zu seiner Frist, es läuft schon auf den Füßen, wenn es herauskommt aus ihm."*[54]

Ein anderes Bild für die Gebärmutter ist das stilisierte Omega, das auch umgedreht als Kopfschmuck abgebildet wird. Einzelne Interpretationen sprechen auch von der stilisierten Gebärmutter der Kuh. So zeigt ein weiteres Bild aus Ägypten die Geburts- und Schicksalsgöttin Meschenet mit dem Gebärmutter-Symbol als Kopfschmuck.

Babylon

Auch in der Symbolik der babylonischen Kultur finden sich Omega-Symbole für die Gebärmutter.[55] Ein winziges Stempelsiegel, ein Fayance-Skarabäus, war eine Beigabe in Kindergräbern aus Palästina um 1700 v. Chr. Es könnte die Hoffnung zum Ausdruck bringen, dass diese Verstorbenen in den Schoß alles Lebendigen zurückkehren, vgl. Hiob 1,21 *„Nackt bin ich von meiner Mutter Schoß gekommen, nackt kehre ich wieder dorthin zurück."*

Auf mesopotamischen Grenzsteinen und Stelen begegnet uns die Herrin der Geburt, Ninchursanga. Sie wird wie auch Atirat in Ugarit, mit „Gebärmutter" angesprochen. Dieses eindrucksvolle Bild (Abb. 4) zeigt die Göttin der Geburten in vornehmer Kleidung. An der linken Brust stillt sie ein Kind.

[54] Jan Asmussen, *Altägyptische Dichtung*, 130.
[55] Silvia Schroer / Thomas Staubli, *Die Körpersymbolik der Bibel*, 84.

Abb. 4. Die Herrin der Geburt

Hinter ihren Schultern ist ihr Wahrzeichen, der Kinderkopf. Zu beiden Seiten hocken die mageren Fehlgeburten, über ihnen das Omega-Zeichen der Göttin, das Symbol der Gebärmutter. Das Bild bringt den Wunsch zum Ausdruck, dass die Göttin auch diese armseligen Menschen schützen möge.[56]

Eine Beschwörung aus der Akkadzeit (Königstadt in Mesopotamien, um 2200 v. Chr.) identifiziert den unterirdischen Ozean mit dem Fruchtwasser in der Gebärmutter:

In den Wassern des Geschlechtsaktes hat sich das
Knochengerüst gebildet,
im Gewebe der Muskulatur hat sich der Spross gebildet.
In den wilden und furchtbaren Meereswassern,
in den fernen Wassern des Ozeans,
dort, wo die Arme des Embryos gebunden sind,
am Ort, dessen Tiefen das Auge der Sonne nicht erhellt,
dort hat der Sohn des Enki, Asarluhi (der Arzt),
seinen Blick auf es richten können.[57]

[56] Annemarie Ohler, *Mutterschaft in der Bibel*, 38.
[57] Othmar Keel u. a., *Studien zu den Stempelsiegeln*, 72.

Alte Kulturen, so hat sich gezeigt, haben ästhetische Symbole für die Gebärmutter, wie wir sie heute nur vom Herzen kennen: Herz Jesu, Lebkuchenherz usw.

Die Vagina als Tor zur Gebärmutter

In diesem Kapitel werden ikonografische Motive vorgestellt, die zeigen, wie Menschen auf ihre Herkunft und auf die schöpferische Kraft der Frau hingewiesen haben. Auf einem babylonischen Rollsiegelbild (Abb. 5) öffnen die Hände der Göttin die Vagina als Tor in die Gebärmutter.

Auf den Oberschenkeln dieser Frauenfigur sind Wildziegen an Palmbäumen zu sehen. An jeder Brust nährt sie einen Säugling und am Hals trägt sie ein omegaförmiges Amulett. „Es handelt sich um eine Göttin, die die fruchtbaren Mächte der Erde personifiziert, welche Menschen, Tiere und Pflanzen gedeihen lassen. In der syrischen Hafenstadt Ugarit wurde die Göttin Atirat (herbr. Aschera) genannt. Sie trug Titel wie ‚Mutterschoß', ‚Ernährerin der Götter' und ‚Stillmutter der Götter'".[58]

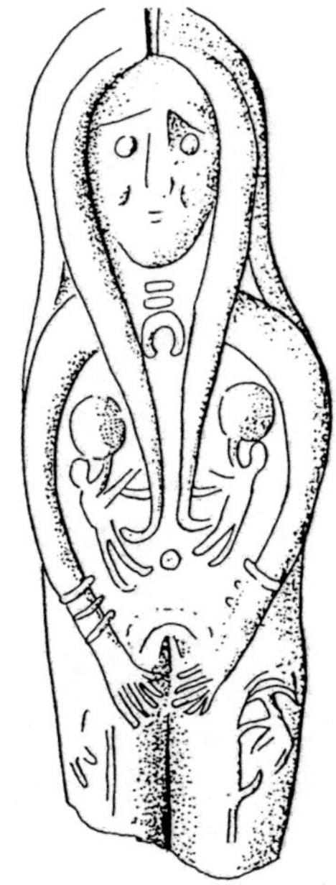

Abb. 5. Terrakottafigur aus Revadim in Israel, 1500-1300 v. Chr.

Sheela-na-Gig

Bei den Motiven „Sheela-na-Gig" handelt es sich um Steinreliefs an den Außenwänden von Kirchen, Burgen und Gebäuden in Irland und Großbritannien aus der Zeit vor dem 13. Jahrhundert. Auch diese Frauenfiguren zeigen ihre Vagina als Tor zur Gebärmutter, dem Schöpfungsort und Ursprung allen menschlichen Lebens.

Andere Interpretationen der Sheela-na-Gigs sehen in ihnen den geöffneten Muttermund, der zur Kopulation auffordert, die Verteufelung des Sexuellen oder einen Abwehrzauber, d.h. sie haben apotropäische Bedeutung.

Ein ähnliches Motiv (Abb. 6) zeigt Isis oder Demeter, die auf einem Schwein mit gespreizten Beinen sitzt. Es weist darauf hin, dass das Schwein

[58] Silvia Schroer / Thomas Staubli, *Die Körpersymbolik der Bibel*, 83.

als Symbol der Fruchtbarkeit, des mütterlichen Segens, ein Heiliges Tier war. Für die Agrarkultur bedeutete das Schwein wegen seiner erstaunlichen Fruchtbarkeit Reichtum, Nahrung und Wachstum. Noch heute ist es ein Glückssymbol, wenn man sagt: „Schwein gehabt“.

Abb. 6. Isis (Demeter?)

Mit der Abwertung des Schweins werden auch das Tierisch-Triebhafte und das warme Mütterliche in der Frau abgewertet, weshalb beides von vielen Frauen nicht gelebt werden kann. Diese These vertritt die Theologin Jutta Voss in ihrem Buch „Das Schwarzmond-Tabu. Die kulturelle Bedeutung des weiblichen Zyklus.“ Über der Menstruation liegt bis heute, so Jutta Voss, ein gesellschaftliches Tabu, das sich in Medizin, Psychotherapie, Religionswissenschaft und Theologie auswirkt. Das, was in alten matriarchalen Kulturen heilig war, das Blut, das immer wieder neues Leben ermöglicht und so zur Erhaltung der Menschheit beiträgt, und der Blutfluss während der Menstruation, beides wurde im Patriarchat für unrein erklärt. In einem ergreifenden Frauenrequiem, einer Totenmesse für alle Frauen, die als vermeintliche Hexen verbrannt wurden, mit Musik und Texten von Johann Sebastian Bach unterlegt, zeigt Jutta Voss die tödliche Gefahr der Bekämpfung aller vermeintlichen „Unreinheiten“ auf.[59]

In den bildnerischen Darstellungen der Gebärmutter und der Vagina als Eingang zu ihr zeigt sich die Anerkennung der großen Bedeutung der Fruchtbarkeit von Mensch und Tier in diesen Kulturen. Andere Kulturen und Ethnien sehen die Gebärmutter als Heimat, metaphorisch und real, wie das nächste Kapitel zeigt. Sie betonen dabei auch die Würde der Frau.

[59] http://www.jutta-voss.de/publikationen.htm, Zugriff 16.11.2012

Die Einstellung zur Gebärmutter in verschiedenen Ethnien

Im Vietnamesischen bedeutet
das Wort Gebärmutter „Palast des Kindes.“
Das heißt, das Paradies war im Innern unserer Mütter.

Thich Nhat Hanh

Fidschi-Inseln und Papua-Neu-Guinea

In der Sprache der Bewohner der Fidschi-Inseln in Ozenanien bilden Konkretes und Symbolisches immer eine Einheit. So bedeutet das Wort *vanua* Land, Wald, Fischgrund, die Heimat und der Ort schlechthin und zugleich Gebärmutter und Plazenta. Die Menschen sehen das Land und die Gebärmutter in enger Verbindung. Ein Vater pflanzt eine Kokospalme dort, wo er die Nabelschnur seines Kindes begraben hat. „Das Kind soll sein ganzes Leben lang mit dem Grund des Lebens auf Erden verbunden sein.“[60]

In den Sprachen aus den Ländern Samoa, Tahiti, Tonga und Maori sind die Worte für Land und Gebärmutter ebenfalls identisch: fanua, fenua, fonua, whenua.

Ähnlich reich ist Bedeutungsgehalt des Wortes Bilum in Papua-Neuguinea für Netztaschen, die aus den Fasern einer einheimischen Pflanze geknüpft sind. In einigen der 750 Sprachen des Landes bedeutet Bilum auch Bauch und Gebärmutter.

Bilum ist Symbol

- für Belastungen und Stärken der Frauen, Arbeit und Produktivität
- für nationales Bewusstsein und Stolz
- für „tragen“ von schwerer Last; und auch „getragen werden“ durch Kirche, Gemeinschaft.[61]

60 Ilaitia S. Tuwere, *Land – eine Fidschi-Perspektive*, 190-196.
61 www.weltgebets-tag.de, Archiv zu 2009, Zugriff 25.3.2011.

Vietnam

Wir gewinnen einen Einblick in die Haltung gegenüber der Gebärmutter in Vietnam durch eine Meditation des charismatischen vietnamesischen Mönches Thich Nhat Hanh (geb. 1926). Er spricht sehr ausführlich, wenn auch einseitig positiv, vom Leben in der Gebärmutter, dem „Palast des Kindes," deshalb soll er hier selbst zu Wort kommen:

„Erinnern Sie sich daran, wie es war, im Bauch Ihrer Mutter zu sein? ... Ich glaube, wir alle hatten dort ab und zu die Gelegenheit zu lächeln. Doch zu wem haben wir gelächelt? Wer glücklich ist, neigt ganz selbstverständlich dazu zu lächeln. ... Die Zeit im Bauch der Mutter war wunderbar. Wir brauchten uns dort nicht um Essen oder Trinken zu sorgen. Wir waren geschützt vor Hitze und Kälte. ... Geschützt im Bauch unserer Mutter fühlten wir uns recht sicher. Über gar nichts brauchten wir uns Sorgen zu machen. Keine Sorgen, das ist wunderbar. Ich glaube, viele können sich noch an die Zeit erinnern, die sie im Bauch der Mutter verbrachten. Viele Menschen haben das Gefühl, einst an einem sicheren Ort gewesen zu sein, in einem wundervollen Paradies, und jetzt ist ihnen dieses Paradies abhanden gekommen. Da stellen wir uns vor, irgendwo außerhalb müsse es einen Ort geben, frei von Sorgen und Angst. Wir sehnen uns danach, dorthin zurückzukommen. Im Vietnamesischen bedeutet das Wort ‚Gebärmutter' ‚Palast des Kindes'. Das heißt, das Paradies war im Innern unserer Mütter. In ihrem Bauch haben die Mütter für uns gesorgt. Sie haben für uns gegessen und für uns getrunken. Sie haben Luft für uns geatmet, ein und aus. Und ich vermute, sie haben für uns auch geträumt. Ich stelle mir vor, wie wir die Träume unserer Mütter träumten. Und wenn unsere Mütter lächelten, so glaube ich, da lächelten auch wir. Hatten die Mütter einen schweren Traum, der sie dazu brachte, im Traum zu weinen, dann weinten wohl auch wir. Wir teilten mit ihnen ihre Träume und ihre Albträume, denn unsere Mutter und wir, das waren nicht zwei voneinander getrennte Leute. Über die Nabelschnur waren wir physisch miteinander verbunden. Und die Mutter versorgte uns über die Nabelschnur mit Nahrung, Sauerstoff, mit allem, einschließlich ihrer Liebe. ... Wir hatten noch nichts für unsere Eltern getan, und doch wurden sie von unserer Präsenz ernährt. Und ihr Leben hat sich vom Augenblick der Empfängnis an verändert. Vielleicht hat die Mutter zu uns gesprochen, noch bevor wir geboren worden waren. Und ich glaube, eigentlich bin ich überzeugt, dass wir ihre Stimme vernommen haben und darauf antworteten. Vielleicht kam es vor, dass sie uns gelegentlich vergaß, und dann konnte es geschehen, dass wir sie getreten haben. Unser Tritt war eine Glocke der Achtsamkeit, und wenn sie sie wahrnahm, mag sie gesagt haben: ‚Schatz, ich weiß, dass du da bist, und das macht mich sehr glücklich.' Das war unser erstes Mantra.

... In der Meditation kann ich die Nabelschnur noch immer sehen, die mich mit meiner Mutter verbindet. Schaue ich genauer hin, erkenne ich, dass da Nabelschnüre sind, die mich darüber hinaus mit der gegenständlichen Welt verbinden. ... Sie und Ihre Mutter sind nicht ein und dieselbe Person. Völlig verschieden sind sie sich aber auch nicht. Das ist die Wahrheit der Interdependenz. Niemand lebt für sich alleine. Wir müssen inter-sein, um zu sein. Wenn wir im Bauch unserer Mutter sind, ist unser Körper frei von Spannungen. Wir sind weich und beweglich. Sobald wir aber auf der Welt sind, kommt es zu Spannungen, manchmal treten sie bereits mit dem ersten Atemzug auf...."[62]

Lateinamerika

In den Denk-Welten lateinamerikanischer Frauen, in ihren Texten und künstlerischen Gestaltungen spielt die Gebärmutter eine wichtige Rolle, gerade auch im Kontext von Unterdrückung und Befreiung. Die Frauen sind sich dessen bewusst, dass die Umweltzerstörung das Leben der Gesellschaft und die Bewohnbarkeit des Landes beenden könnte. Deshalb sehen sie, die sie die Mehrheit der Bevölkerung bilden, ihre Rolle in der Gesellschaft aus der Sicht ihrer Fähigkeit, Kinder zu gebären: „In Frauen wächst das Leben und von deren Lebensqualität hängt die des Volkes ab. ... Wir sind die Wurzel, an der sich ein ganzes Volk festhält um zu wachsen." Die Gebärmutterschleimhaut ist das, was noch vor dem Ei ist, die mütterliche Grundlage für den neuen Keim.[63]

Nancy Cardoso Pereira, Dozentin und Pastorin der Landlosenbewegung, schreibt über die Begegnung der beiden Schwangeren im Neuen Testament, der alten Elisabet, Mutter Johannes des Täufers und der jungen Maria, der Mutter Jesu, aus dem Blickwinkel des Bauches:

Der Bauch der einen war der Spiegel der anderen
Zwillinge unwahrscheinlicher Schwangerschaften.
Sie schauten sich an, erschrocken und voller Freude;
Die heiligen Knaben, die sie leicht beschwerten,
kamen unerwartet.

...

[62] Thich Nhat Hanh, *Lächeln im Bauch der Mutter.*
[63] Mercedes Canas, In Frauen wächst das Leben, 85f.

Der Bauch der einen war die Unterstützung der anderen
Komplizinnen aufgeschobener Erwartungen.
Sie umhüllten sich mit Lob und Prophezeiungen;
Ihre Knaben, für deren Kleidung sie Stoffe webten,
waren unvergleichlich.
...[64]

Abb. 7. Scherenschnitt aus Chile

Ein Scherenschnitt (Abb. 7), entstanden etwa um 1990, zeigt die Gebärmutter als den Ursprungsort der ganzen Schöpfung. Sonne, Vögel, Landschaften mit Bergen und Bäumen, Häuser und Flüsse sind in den Bauch einer schwangeren Frau hineingemalt.

[64] Nancy Cardoso Pareira, Maria und Elisabeth, 237.

Die Kabylinnen Nordafrikas

Die Kabylinnen, zum Volk der Berber gehörend, sind Zeuginnen einer alten Frauenkultur. Sie verehren die weibliche Kraft ihrer Mütter und Vormütter: „Die Frau trägt das Leben des Mannes – Ehegatte, Bruder oder Vater –, des Verteidigers ihrer Ehre, in ihrem Schoß. ... Sowohl die Erde mit ihrer Vegetation als auch die Frau tragen und erschaffen durch ihren ‚Schoß' Leben. Die Landwirtschaft wird von rituellen Handlungen begleitet, die denen gleichen, die auch für eine schwangere Frau gelten. ... Die Schwangere als ‚Erdmutter' und Töpferin des Kindes."[65]

Dies sind die Thesen der Autorin und die Konsequenzen, die sie zieht:

Lektion 1: Der Bauch der schwangeren Mutter ist der Ursprung des Lebens. So wird z. B. die Schwangere mit einem Garten verglichen, dessen Gewächse (z.B. Kürbisse) genauso wie ihr Bauch anschwellen. ...

Lektion 2: Am Anfang des Lebens eines Menschen ist die Frau.

Lektion 3: Die Geburt ist ein Bindungsritual zwischen Mutter und Kind.

Lektion 4: Mutterschaft ist kosmischen Gesetzen unterworfen.

Die Frauen empfinden sich nicht nur als Schöpferinnen des Lebens, sondern als ein Symbol der schaffenden Kraft überhaupt.

Heute hat sich vieles verändert. Die erste Menstruation wird nicht mehr gefeiert. Der Bauch einer Mutter als der Boden, als die Erde jedes menschlichen Lebens, wird aufgegeben. Der Mensch wird zu einem Individuum ohne Wurzeln. Die Rituale verschwinden: „Der Bauch einer Frau wird zunehmend zu einem mechanisierten ‚Durchgang' für das Kind. Der Bauch einer Mutter ist aber kein Organ. Eine Niere oder ein Herz können transplantiert werden, aber nicht der Bauch einer Frau! Frauen werden nicht mehr über die Geheimnisse des Blutes unterrichtet. Eine Gebärmutter ist eine Quelle des neuen Lebens, eine Quelle der menschlichen Schöpfung!"[66]

Wandfresken im Innern der kabylischen Häuser zeichnen das Mysterium von Schwangerschaft und Geburt mit Motiven der Lebensbäume und Tiere,

[65] Malika Grasshoff/ Malikam, *Am Anfang: Die Frau. Mütter und Vormütter bei den Berbern Nordafrikas am Beispiel der Kabylinnen,* 112.

[66] A. a. O., 123.

die an die „Sprache der Göttin" erinnern, die Marija Gimbutas gesammelt hat.[67]

Malika Grasshoff/Malikam weist mehrfach darauf hin, dass diese Haltung auch die Basis ist für eine religiöse Symbolisierung. Sie resümiert mit Mircea Eliade: „Das Geheimnis der Niederkunft, d. h. die Entdeckung der Frau, dass sie Schöpferin ist auf der Ebene des Lebens, bildet eine religiöse Erfahrung, die sich nicht in Worte der männlichen Erfahrung übersetzen lässt."[68]

Der Blick auf Kulturen außerhalb des Christentums hat einen Reichtum der Haltungen gegenüber der Gebärmutter zu Tage befördert, der uns hilft, aus dem Gefängnis der negativen Einstellungen auszubrechen und Aussagen zu finden, die den Frauen gerecht werden. Kunst und Dichtung weisen auf sehr ambivalente Erfahrungen, Sehnsüchte und Zuschreibungen hin. Das soll zunächst an Beispielen aus der Malerei und danach der Dichtung dargelegt werden.

67 Siehe oben das Kapitel über Alt-Europa.

68 A. a. O., 116, Zitat aus Mircea Eliade, *Das Heilige und das Profane: Vom Wesen des Religiösen*, 167.

Die Gebärmutter in der Kunst, Kunsttherapie und Musik

Malen und Gestalten ist ein gutes Mittel,
um im Bereich der Grenzerfahrung Geburt
die kreativen Kräfte zu fördern und zu entfalten.

Ruth-Nunzia Preisig

Zeitgenössische künstlerische Gestaltungen bringen die Auseinandersetzungen mit Themen rund um die Gebärmutter zum Ausdruck. Diese Bilder und Dichtungen stehen nicht im Fokus der öffentlichen Wahrnehmung. Sie sind weitgehend unbekannt, doch lassen sie darauf schließen, dass die KünstlerInnen sich mit ihren intensiven und/oder problematischen Beziehungen zur Herkunft aus und zum Umgang mit dem mütterlichen Organ und ihrer Trägerin auseinander gesetzt haben.

Malerei und Kunsttherapie

In der Malerei finden wir Bilder oder Bildmotive von oder mit der Gebärmutter, Erfahrungen mit und wegen ihr, die gegensätzlicher nicht sein können. Da sind Arbeiten, die das Schöpfungsorgan würdigen. Diese verbinden mit der Kunst die bewusste Aufgabe, die Einstellung zur Gebärmutter in unserer heutigen Gesellschaft zu beeinflussen. Diese gehört nicht nur in den medizinischen Bereich, sondern sie soll gefeiert werden in ihrer Bedeutung für jeden einzelnen Menschen, für die Frau und für die Menschheit. Dazu gehören auch Geburtsbilder.

Im Gegensatz dazu wollen andere Werke die negative Einstellung und das Leiden verarbeiten.

Murals

Es wundert nicht, dass die erste Gruppe Bilder von Frauen sind. So zeigen die öffentlich sichtbaren Außenwandbilder, die Murals, in San Franzisco das Kind in der Gebärmutter.

Auf diesem Bild (Abb. 8) geht es dabei um die sozialkritische Aussage: Schwangere sollen nicht auf Feldern mit Pestiziden arbeiten.

Dieser Ausschnitt zeigt eine Frau, die hinter einem Traktor hergehend Gemüse erntet. Im Hintergrund ist ein Kleinflugzeug zu sehen, das Herbizide streut. Dieses Gesamtbild ist eine Anklage!

Abb. 8. Mural von Juana Alicia, San Francisco, Ausschnitt aus: Les Lechugeras

Judith Chicago

Als die amerikanische, feministische Künstlerin Judy Chicago feststellte, dass in der Ikonographie der westlichen Kunst die Geburt abwesend ist, initiierte sie das Birth Project, ein Netzwerk von Textilkünstlerinnen, deren Arbeiten zu mehr als achtzig Ausstellungseinheiten wuchsen.

Auch in anderen Arbeiten malte Judith Chicago die Gebärmutter. Sie will mit ihren Bildern ausdrücken, dass durch die Hingabe der Frau im Strom der Energien und Tränen neues Leben entsteht. In einem ihrer Bilder wird die Gebärmutter zum universalen Ei, das die Frau ausbrütet. In einem anderen ist die Frau ganz in rote Farbe getaucht. Die Schwangerschaft und der Milchfluss bilden die Mitte der Frau.[69]

Colleen Madamombe

Hier sei noch ein beeindruckendes Bild eingefügt von einer Skulptur der Bildhauerin Colleen Madamombe aus Zimbabwe, die direkt in die Geburt führt. Es zeigt sehr klar, dass Geburt ein Beziehungsgeschehen ist zwischen Mutter, Kind und Hebamme.

Abb. 9. Die Geburt, Steinskulptur von Colleen Madamombe, Zimbabwe (1964-2009)[70]

[69] Die Bilder sind einsehbar im Internet unter „Judith Chicago“.

[70] Ausgestellt bei der Weltausstellung Hannover 2000 und in einer Ausstellung im Botanischen Garten Flottbek, heute im Chapungu Park, Zimbabwe.

Sabine Kunz

Die in Halle/Saale lebende Künstlerin Sabine Kunz schuf eine Ausstellung zum Thema „Weiblichkeit-Sinnlichkeit-Fruchtbarkeit.“ Auf großformatigen Farbholzschnitten wählte sie archaische Symbole wie Apfel, Schlange, Rose, Frosch und die Gebärmutter. Damit führt sie den Blick zum Grund und zur Herkunft des menschlichen Lebens. Die in Farbe und Form ästhetisch schönen Werke zeigen die Kraft des Frauenkörpers.

Die „Fruchtbarkeitsgöttin“ (Abb. 10) erinnert an alte Figurinen und Amulette, auf denen Frauen ihre Brüste halten und deren Schoß betont ist. Die Gebärmutter wird hier durch ineinander liegende Dreiecke dargestellt. Rechts neben der Frau sehen wir eine Frucht, einen Granatapfel, dem eine erotische Wirkung zugesprochen wird, darüber ein Omega-Zeichen (siehe Abb. 1).

Der Apfel – in der Bibel steht lediglich „Frucht“ – wurde gegen den ursprünglichen Text zum Symbol der Verführung, wie es heute noch in der Werbung benutzt wird. Er ist jedoch wie der Baum ein Sinnbild der Weisheit und der Erkenntnis.[71] Sabine Kunz gibt dem Apfel eine neue Bedeutung (o. Abb.). Er wird zur Gebärmutter, zur Wohnung des Embryos/Fötus. Volle Lippen weisen darauf hin, dass Sexualität nicht Verführung sondern Fruchtbarkeit bedeutet.

Abb. 10. Sabine Kunz: Fruchtbarkeitsgöttin

[71] Siehe auch das Kapitel über die Bibel.

Charlotte Kollmorgen

Dieses Bild „Hitze" (Abb. 11) gehört zu der Bilder-Serie „Ursprungsbilder" der in Berlin lebenden Malerin und Kunsttherapeutin, Charlotte Kollmorgen.

Dazu schreibt der Psychologe Alfons Reiter: „ ...Bilder, in denen sich ein Ursprungswissen um die Seele und deren beginnenden Verkörperungsweg ausdrückt ... Obwohl in vielen ihrer Bilder ein Bezug zur Pränatalzeit nahe liegt, wurde dieser von der Künstlerin selbst nicht hergestellt. ... Das Thema Entwicklungsbeginn wird in einer Reihe von großformatigen Bildern in einen kosmischen Bezug gestellt ... In der Mitte eine rote Kugel, klar in Farbe und Form. Sie wird von einem gegensätzlichen Element eingewoben. Es ist erdig, wuchernd, gefäßdurchzogen. Verkörperung der Seele bedeutet, dass das ‚Sein' in Zeit und Raum tritt, sich mit endlicher Form verbindet."[72]

Abb. 11. Charlotte Kollmorgen: Hitze

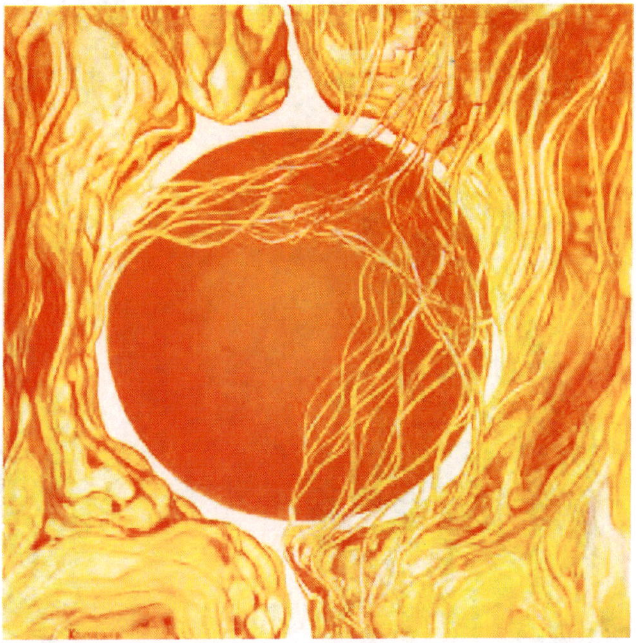

[72] Alfons Reiter, Das Vorgeburtliche im bildnerischen Ausdruck, in: Ludwig Janus, Klaus Evertz (Hg), *kunst als kulturelles bewusstsein vor-geburtlicher und geburtlicher erfahrungen,* 270f.

Lucy D'Souza-Krone

Die in Deutschland lebende Künstlerin Lucy D'Souza-Krone aus Goa beschreibt selbst ihr Bild (Abb. 12), das in blauen, gelben und orangen Farben strahlt. Es ist die Szene vom Besuch Marias bei Elisabet. „Maria und Elisabet erfreuen sich und tanzen, indem sie das Magnifikat singen. Zusammen bilden sie einen Schmetterling, mit dem Kind als Embryo in der Mitte, was bedeutet, dass beide schwanger sind. Das Kind liegt in der Form einer Kokosnuss (eine Kokosnuss wird an Heiligen Plätzen Indiens geöffnet und als Opfer dar-

Abb. 12. Lucy D'Souza-Krone: Glorious Visitation.

gebracht) und zeigt das Opfer von Jesus und Johannes an. Die Sonne in der Mitte oben weist hin auf das Wort des Johannes: ‚Er muss zunehmen, ich aber muss abnehmen,' Joh 3,30. Johannes der Täufer will verschwinden und Jesus alle Aufmerksamkeit und Bedeutung überlassen. Johannes war es, der Jesus den Weg geebnet hat. Maria und Elisabet sind in dem gelben orangenfarbenen Kreis. Das bedeutet, dass sie mit dem Kind SIND, und voll Gnade und Licht. Im Kind und des Kindes wegen hat diese wunderbare Begegnung stattgefunden, das Kind bringt ihnen Freude, Hoffnung, Licht und Leben."[73]

Otto Dix

Der Maler Otto Dix war durch die Geburt seiner Tochter Nelly zutiefst berührt und erschüttert. Er malt und zeichnet das Thema in mehrfacher Form. So kann er dieses Erlebnis langsam begreifen.

Otto Dix hat auch die konkrete Geburtssituation im Blick. In dieser Zeichnung (Abb. 13) stellt er das öffentliche Gebären dar, wie es in Kliniken bis heute mancherorts noch üblich ist. Fremde Menschen, Ärzte und Medizinstudierende schauen auf den Intimbereich der Frau. Aus ihrem Körper erscheint durch ihre volle Hingabe ein neuer Mensch.

Abb. 13. Otto Dix: Geburt 1914, Tuschfederzeichnung über Bleistift.

Ein Holzschnitt von Otto Dix (o. Abb.), ebenfalls zum Thema Geburt zeigt, wie das Kind aus der Vagina tritt, während Sterne den mütterlichen Körper umkreisen.[74]

[73] Unveröffentlichtes Manuskript, Übersetzung: Hanna Strack.

[74] Ohne Abb., Otto Dix: Die Geburt (Geburtsstunde) 1919 Holzschnitt.

Frida Kahlo

Die Mexikanische Malerin Frida Kahlo hat ihr Leben zum Hauptthema ihrer Bilder gemacht. Da sind vor allem ihre Krankheiten, die durch einen schweren Unfall bedingt sind. Ihre Schwangerschaften enden mit Fehlgeburten und mit einem Kaiserschnitt. Auch dieses Kind ist tot.[75]

Auf dem Bild „Meine Geburt“ (o. Abb.) ist der Blick auf eine nackte Frau im Bett gerichtet. Aus der Scheide tritt gerade der Kopf des Kindes, dies ist ein in der Kunstgeschichte einmaliges Motiv. Das Gefühl der Einsamkeit, so sieht Frida Kahlo es, geht auf ihre Geburt zurück. Die Mutter liegt einsam da, keine Hilfe weit und breit. Sie ist mit einem Leichentuch bedeckt. Sie malte es unmittelbar nach dem Tod ihrer Mutter. Meint sie, dass ihre Geburt für die Mutter eine Art Tod bedeutete? Dann hieße es, dass sie, wie Egon Schiele (siehe unten), erst nach dem Tod ihrer Mutter wirklich geboren ist. Alles ist tot auf diesem Bild, nur die Mutter Gottes im Hintergrund lebt, doch als Motiv der „Schmerzensreichen“. Das unter dem Bild eingemalte Spruchband bleibt leer. Frida Kahlo mochte sich nicht an ihren Geburtstag erinnern.[76]

Ein weiteres Bild (o. Abb.) hat ihre eigenen Geburtserfahrungen zum Thema. Es heißt „Henry Ford Hospital“[77]: Sie liegt in einem Eisenbett, unter sich Blut, von ihrem Bauch aus mit roten Fäden verbunden sehen wir die Gebärmutter, den Embryo, eine Schnecke, eine Maschine, eine lila Blume, ein Becken, im Hintergrund Fabriken.

Und wieder malt sie diese Thematik (o. Abb.), diesmal auf ihrem Gipskorsett. Hammer und Sichel, Sonne und Stern schweben über einem Embryo in der Gebärmutter. Frida Kahlo vereint hier beides: die politische Sehnsucht im Kommunismus und die persönliche Sehnsucht in der Mutterschaft.

Mit dem Bild „Moses oder Schöpfungskern“ (Abb. 14) stellt Frida Kahlo die Geburt in den großen Zusammenhang der Menschheitsgeschichte.

Frida Kahlo schreibt selbst zu ihrem Bild, sie habe nach der Lektüre des Buches von Sigmund Freud über Moses gleich unter dem ersten Eindruck begonnen zu malen, das Kind wie es in vielen Legenden beschrieben wird, verlassen in einem Korb auf dem Fluss schwimmend. „Ich versuchte, das mit einem Tierfell bedeckte Körbchen im Bild möglichst einer Gebärmutter ähnlich zu gestalten, denn nach Freud ist das Körbchen die Darstellung der

[75] Frida Kahlo: Frida und der Kaiserschnitt 1932, Frida Kahlo, *Das Gesamtwerk*, 103.

[76] Doris Hansmann, Die Tötung des Weiblichen im männlichen Schöpfungsakt, 183.

[77] Die Bilder von Frida Kahlo sind abgedruckt in dem Buch: Frida Kahlo, *Das Gesamtwerk*.

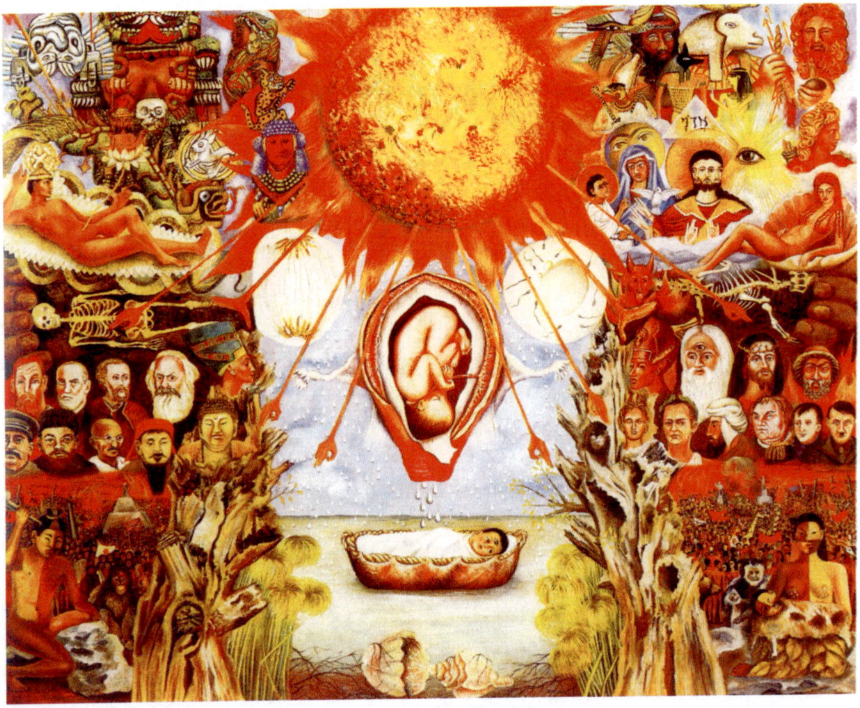

Abb. 14. Frida Kahlo: Moses oder Schöpfungskern 1945

Gebärmutter, und das Wasser bedeutet die mütterliche Quelle beim Gebären. Um das zu erfassen, malte ich den menschlichen Fötus in seinem letzten Stadium in der Plazenta. Die Eileiter ähneln Händen und strecken sich nach der Welt aus. An den Seiten des gezeugten Kindes stellte ich die Elemente seiner Schöpfung dar: das befruchtete Ei und die Zellteilung. ... Auf der rechten Seite hält die Mutter, die Schöpferin, ein Kind im Arm."[78]

Egon Schiele

Der Maler Egon Schiele hatte 1910 die Gelegenheit wahrgenommen, an der Wiener Frauenklinik zeichnerische Studien zu betreiben. Das führte zur Auseinandersetzung mit den Themen Schwangerschaft, Geburt und Tod. Dahinter steht die persönliche, sehr belastende Einstellung des Malers zu seiner Mutter.

[78] Frida Kahlo, *Das Gesamtwerk*, 271.

Das Bild „Tote Mutter I“ (Abb. 15) lebt aus der Spannung zwischen der Sehnsucht nach der pränatalen Geborgenheit und der Gefangenschaft im leblosen Mutterleib. Doch verkehrt Schiele die Muttergefühle in ihr Gegenteil. „Der geneigte Kopf der Mutter signalisiert nicht Zuwendung und Fürsorge, sondern ist im Sterben kraftlos zur Seite gefallen. ... Eingezwängt liegt das glatzköpfige kleine Wesen wie ein Fötus an der Fruchtblase, das Knochengerüst weich und dehnbar, die amorphen Hände emporgehoben.“[79] Das Kind wird die Gebärmutter verlassen, um leben zu können, es hat schon offene Augen. Die Mutter ist nicht der Quell des Lebens. Sie wird zur Todbringerin. Sie muss getötet werden, damit der Sohn zum Genie werden kann. Schieles eigene Mutter war erschöpft durch drei Totgeburten, den Tod der ältesten Tochter und des Ehemanns. Ist dies der Grund, dass Schiele sich selbst als omnipotent versteht? Dann wäre das Bild nicht nur eine Metapher des vorgeburtlichen Zustandes sondern auch eine Erinnerung an die Depressionen der Mutter während der Schwangerschaft mit Egon.

Abb. 15. Egon Schiele:
Tote Mutter I, 1910.

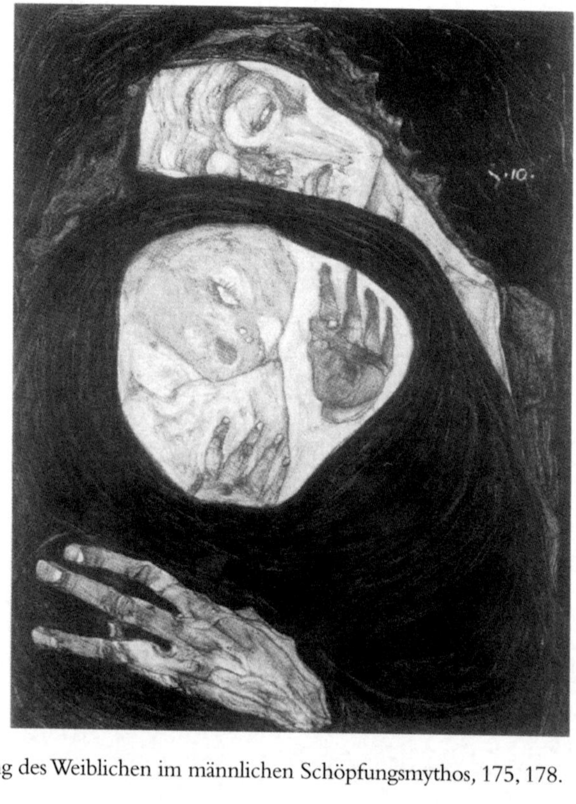

[79] Doris Hansmann, Die Tötung des Weiblichen im männlichen Schöpfungsmythos, 175, 178.

Auch im Bild von der Geburt Jesu, „Heilige Familie" (o. Abb.), zeigt Egon Schiele den Fötus in der Gebärmutter. Jesus ist in roten Tönen gemalt im dunklen Schutzmantel der Maria, die aber nun nicht tot ist, Josefs Hände stechen hervor, sie bilden mit der mütterlichen Hand ein Kreuz. Auch hier drückt sich Einsamkeit und existentielle Verlassenheit aus.

Käthe Kollwitz

Die Malerin und Bildhauerin Käthe Kollwitz hält in ihrer Kunst die Schrecken des Krieges fest, den Zusammenhang von staatlicher, revolutionärer und sexueller Gewalt. Ihr Bild „Vergewaltigt" (Abb. 16) aus dem Zyklus Bauernkrieg zeigt eine Frau in einem zerstörten Gemüsebeet mit breiten Beinen liegend. Frauenkörper und Natur sind in Beziehung gesetzt: Der zerstörte Leib der Vergewaltigten liegt in einem nieder getrampelten Gemüsebeet. Hinter dem Zaum steht ihr Kind, das davon gelaufen war und nun herüber sieht. Der Gewaltangriff auf die Frau zielt auf ihre Gebärmutter, ja er ist darin begründet, dass sie eine Gebärmutter hat.

Wie Käthe Kollwitz hat auch Otto Dix auf die Gewalt an Frauen gesehen und anklagend das Bild „Lustmord" gezeichnet (o. Abb.). Noch direkter zeigt er das Ziel des Angriffs, die Vagina und Gebärmutter. Ein streunender Hund im Vordergrund unterstreicht das Ausgeliefertsein der Frau.[80]

Abb. 16. Käthe Kollwitz: Vergewaltigt

[80] Ohne Abb., Otto Dix, Bestandskatalog, Gera, 227; Kat.-Nr. 265

Die Gebärmutter in der Kunsttherapie

Die Malerin und Kunsttherapeutin Ruth-Nunzia Preisig, Chur, stellt eigene Geburtserfahrungen mit ihren Kindern und Erfahrungen von Frauen, die zu ihr in die Therapie kamen, vor. „Im Malen kann etwas formuliert werden, das bis dahin vielleicht noch gar nicht in Worte gefasst worden war. Es ist immer wieder zu beobachten, dass diese kreativen Prozesse der Bewusstwerdung einem Geburtsprozess ähnlich sind.“[81]

Eine Frau hat lange gezögert, das Bild (Abb. 17) zu malen, weil es viel Trauer und Schmerz über eine unbefriedigende Geburt zum Ausdruck bringt. Sie fühlte sich den Autoritätspersonen ausgeliefert, als Objekt behandelt.

Abb. 17

[81] Ruth-Nunzia Preisig, *Geburt und Kreativität*, 36.

Abb. 18 wurde von dem Partner gemalt. Er sagt selbst, es zeigt das „mutigste Bild, das ich hier im Atelier gemalt habe. Ich habe die Vagina gemalt und andere Körperformen: Hände und Nabelschnur. Es ist ein Bild der physischen und psychischen Geburt. Dieses Bild stellt die kraftvolle, machtvolle Seite der Geburt dar ... In der Vagina ist meine Mutter. Auch meine Geburt ist drin. ... Es ist wie eine Synthese von früher und heute. Bis zu diesem Bild hatte ich immer Mühe mit der Farbe Rot. Hier konnte ich es kräftig gebrauchen."[82]

Abb. 18

Der Kunsttherapeut Klaus Evertz, Köln, bietet Therapien zur Aufarbeitung von Schwangerschaftskonflikten an. Eine Patientin, die gerade eine vierte

[82] A. a. O., 58.

Schwangerschaft erlebt, dieses Mal mit einem neuen Mann, malt in einer einjährigen Kunsttherapie eine Serie von Bildern, aus denen eines vorgestellt werden soll:

Klaus Evertz schreibt dazu:

„Alle Ängste, die neue Schwangerschaft wieder abzubrechen und den neuen Partner sofort wieder verlassen zu müssen, weil er weniger gewalttätig und sehr viel liebevoller zu ihr ist als der alte Partner, kann sie in diesem Bild zum Ausdruck bringen, das zugleich die Wende in diesem Konflikt bedeutet. Ein Embryo zerstückelt einen Föt oder vice versa. Dieses auch äußerlich sehr große Bild bedeutete für sie die Erkenntnis, dass ihre traumatisierte pränatale Erfahrung (die Mutter wollte kein viertes Kind mehr), symbolisiert in dem großen Fötus, auch ihr viertes Kind auffressen wird, wenn sie nicht dieses tiefste und kleinste innere Kind in ihr annehmen kann und damit die Verwechslung zwischen ihrem inneren traumatisierten Kind und dem realen Embryo in ihrer Gebärmutter aufheben kann."[83]

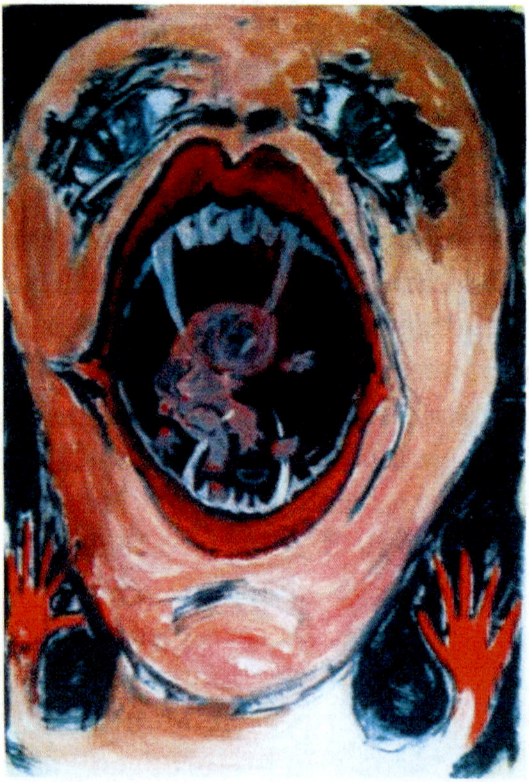

Abb. 19.

[83] Klaus Evertz, Psychodynamische Aspekte, 140.

In der Musik

Die Musiktherapeutin **Monika Renz**, St. Gallen, beobachtet Beziehungen zwischen Gebärmuttererfahrungen und Klängen. So entspricht das Monocord der ersten Schwangerschaftszeit, die Trommel der zweiten, in der der mütterliche Herzschlag wahrgenommen wird, der Gong der dritten Schwangerschaftsphase. „Übergang wird sehr individuell erfahren, Zeiträume ebenfalls. So bleibt auch der Zeitpunkt des inneren Paradies-Verlustes im Bereich des Individuellen. Nach diesem Modell wesentliche Themen, die durch die Musik ausgelöst werden können und auf frühe Entwicklung hinweisen, sind: Jenseits von Zeit und Individuum – Frühe Geborgenheitserfahrungen – Klangfülle, -leere oder Chaos als Aufforderung zur Wandlung – Lust, ichbezogen zu leben.“[84]

Johann Sebastian Bach hat in zwei Kantaten Schwangerschaftsbewegungen kompositorisch ausgestaltet. Es geht um die Begegnung der beiden schwangeren Elisabet und Maria, in der christlichen Terminologie auch „Mariä Heimsuchung“ genannt.

Kantate Nr. 121 „Christum wir sollen loben.“ Der Text der Arie lautet: „Johannis freudenvolles Springen erkannte dich mein Jesu schon.“ Bachs Musik ist hier eine fortgesetzte Kette heftiger Konvulsionen.

Kantate Nr. 147 „Herz und Mund und Tat und Leben.“ Das Alt-Rezitativ „Der höchsten Allmacht Wunderhand“ besingt das „Hüpfen und Springen“ Johannes des Täufers in Elisabets Schoß, als Maria mit dem eben empfangenen Jesus zu ihnen kommt. Diese Bewegung deutet Bach in seiner Musik durch eine Folge Konvulsionen an, die er durch Oboen das ganze Stück hindurch in kurzen Unterbrechungen wiederholen lässt.[85]

[84] Monika Renz, *Zwischen Urangst und Urvertrauen,* 101.

[85] Albert Schweitzer, *J. S. Bach,* 477, 527f.

Die Gebärmutter in der Dichtung

Dichterinnen und Dichter bringen die Vielfalt der Aspekte zur Sprache, die mit der Gebärmutter verbunden sind: Erfahrungen mit und wegen ihr, Sehnsucht nach ihr und Würdigung ihrer großen Bedeutung. Es sind persönliche Erfahrungen von Schwangerschaft, Abtreibung und Geburt bei den Dichterinnen, vom allzu frühen Tod eines Kindes oder allgemeine Einsichten in das menschliche Leben. Frauen sprechen aus, was sie erlebt haben und was sie bewegt: Die Gebärmutter ist Ausdruck ihrer Identität, der Trauer um Fehlgeburt, Abtreibung und der Erlebnisse der Geburt.

Bei Männern ist es die Sehnsucht nach Ruhe und Geborgenheit gegen die Kälte des Daseins außerhalb des Mutterschoßes, es ist der Wunsch, Natur und Kosmos als Schoß zu erleben, aus dem wir nicht herausfallen.

Gioconda Belli, die Dichterin aus Nicaragua, feiert den schönen Körper der Frau und besingt damit auch die Gebärmutter als Menschenwerkstatt, eine seltene positive Würdigung der Schöpfungskraft der Frau. Sie segnet jeden Morgen ihr Geschlecht:

Und Gott machte eine Frau aus mir
mit langem Haar,
Augen,
Nase und Mund einer Frau.
Mit runden Hüften und Falten
Und weichen Mulden,
höhlte mich innen aus
und machte mich zu einer Menschenwerkstatt.
Verflocht fein meine Nerven
und wog sorgsam meine Hormone aus,
mischte mein Blut
und goss es mir ein,
damit es meinen Körper überall bewässere.

So entstanden die Gedanken,
die Träume, die Instinkte.
All das schuf er behutsam
Mit seinen Atemstößen
und seiner bohrenden Liebe
und tausendundein Dinge,
die mich täglich zur Frau machen,
deretwegen ich stolz
jeden Morgen aufwache
und mein Geschlecht segne. [86]

Anne Sexon aus Massachusetts wehrt sich vehement gegen die Entfernung ihrer Gebärmutter, ihr ureigenstes Organ, es ist nicht krank sondern jung:

Zur Feier meiner Gebärmutter

Alles in mir ist ein Vogel.
Ich schlage mit allen meinen Flügeln.
Sie wollten dich rausschneiden,
aber das werden sie nicht tun.
Sie haben gesagt, du wärst
unermesslich leer,
aber das bist du nicht.
Sie haben gesagt, du wärst todkrank,
aber sie haben sich geirrt.
Du bist wie ein Schulmädchen.
Du bist heil.
(...)[87]

Silvia Plath lässt in dem „Gedicht für drei Stimmen" drei Frauen, sprechen, die unterschiedliche Gebärmutter-Erfahrungen haben, von denen sie zutiefst ergriffen werden. Die erste Stimme spricht nach einer Geburt, die zweite nach einer Fehlgeburt, die dritte nach einer Abtreibung. Geburt ist einge-

[86] Gioconda Belli, *Wenn du mich lieben willst*, 89.
[87] Anne Sexton, in: *Berühmte Frauen*. Kalender 1989, 252, Übersetzung: Luise F. Pusch.

bettet in den Kosmos. Der Leibhaftige, der Tod und die schwarze Farbe beschreiben den Verlust. Der dritte Text weist auf die Verbundenheit mit dem Kind und zugleich auf die Zerrissenheit hin, die die Frau erlebt:

Erste Stimme:
Langsam bin ich wie die Welt. Durchkreise
Sehr geduldig meine Zeit. Sonnen
Auch Sterne achten auf mich.
Der Mond neigt sich mir teilnahmsvoller zu:
Vergehend, erstehend im ammenweißen Schimmer.
Mondamme, bedauert sie was kommt?
Wohl nicht. Fruchtbarkeit verwundert sie schlicht.

Zweite Stimme:
Und mein Vorgesetzter lachte: „Haben Sie
Den Leibhaftigen gesehen? Sie sind
Auf einen Schlag so blaß." Und ich sagte nichts.
Tod sah ich in den kahlen Bäumen. Ein Verlust.
Ich konnte es nicht glauben. Ist es so schwierig
Für den Geist, ein Gesicht zu erschaffen, einen Mund?
Die Buchstaben entstehen aus diesen schwarzen Tasten,
Und diese schwarzen Tasten verbinden sich
Mit tippenden Fingern, formen Absätze.

Dritte Stimme:
Ich war nicht bereit. Die weißen Wolken
Zogen vorbei, zerrten mich nach Nord Süd West und Ost.
Ich war nicht bereit.
Hatte nichts vorzuweisen.
Ich dachte, ich hätte mit den Folgen nichts zu tun –
Aber dafür war es zu spät. Es war zu spät,
und das Gesicht,
Es fing sich an zu formen, mit Liebe. Als wär ich
doch bereit.[88]

[88] Sylvia Plath, *Drei Frauen,* 7, 13, 23.

Eva Strittmatter spricht über ihre Trauer und Reue, nachdem sie ihr 5. Kind abgetrieben hatte. Sie schreibt, dass sie für dieses Gedicht die meisten Anfragen nach Abdruckgenehmigung erhalten hat. Das zeigt, wie neu und nötig es auch in der DDR war, diese Erlebnisse offen zur Sprache zu bringen.

Interruptio
Ich muss meine Trauer begraben
Um das ungeborene Kind.
Das werde ich niemals haben.
Dämonen pfeifen im Wind
Und flüstern im Regen und speien
Mir gerade ins Gesicht.
Und mag auch Gott mir verzeihen.
Ich verzeihe mir nicht.
Es hat mich angerufen,
Es hat mich angefleht,
Ich soll es kommen lassen.
Ich habe mich weggedreht.
Es gab mir kleine Zeichen:
Eine Vision von Haar.
Und zwei drei Vogellaute
Eine Stimme von übers Jahr.
Ich hätte es sehen können,
hätt ich es sehen gewollt.
Es war ja in mir entworfen.
Ich aber habe gegrollt
Über die Tage und Jahre,
Die es mir nehmen wird,
Und um meine grauen Haare,
Die Krankheit. Und wahnwitzverwirrt,
Hab ich mich darauf berufen,
Ich sei zum Schreiben bestellt.
Dabei war vielleicht diese Hoffnung
Viel wichtiger für die Welt
Als all meine Selbstverzweiflung
Und die kleinen Siege in grün,
Die ich dem Leben abringe
Und den Dingen, die dauern und fliehn.

Das schwere Recht der Freiheit
Hab ich für mich missbraucht.
Und hab mich für immer gefesselt.
In Tiefen bin ich getaucht,
In Trauer bis zum Irrsinn.
Es brodelt noch neben mir.
Die unsühnbare Sünde
Unterscheidet mich vom Tier.[89]

Aus einem ganz anderen, dem Blickwinkel des Kindes, schreibt **Marie Luise Kaschnitz**. Zwischen der Zeit im Mutterleib und der Zeit nach der Geburt besteht eine ungeheure Spannung. Nur die Stimme der Mutter vermittelt Geborgenheit.

Im Mutterleib
Was ist dieses: sein und doch
Nicht geboren sein?
Lauter Schwärze eben noch
Und auch jetzt kein Schein.
Kein Wehen, kein Leuchten.
Wir wachsen im Feuchten.
Wir wachsen und halten verkrümmt uns
Wie Männchen uralt,
Und doch im Blute singt uns
Der Baum im Wald,
Der Erdhauch über den Schollen,
Der Wassersturz im Tal,
Jede Stimme im vollen
Herrlichen Choral.
Komm, sagen sie draußen, bald
Wirst Du uns fühlen,
Wenn Du erst Haare hast,
Wollen wir spielen
Wenn Du erst Zähne hast,
Setz Dich zur Wehr,
Wenn Du erst Tränen hast,

[89] Eva Strittmatter, *Sämtliche Gedichte,* 334.

Schmeckst Du das Meer.
Wir lehren Dich jagen und fliehen,
Zerkratzen mit Eis Dein Gesicht,
Verdorren mit Glut Deine Kehle,
Doch Du verdirbst uns nicht.
Denn wir wecken in Dir die alte
Kühnheit, den Trotz zu bestehen,
Aufwachsen wirst Du wie Blumen
Und wie ein Sturm vergehen.
Wir wachsen und halten verkrümmt uns
Und bleiben unbelehrt.
Und doch, viel später dünkt uns,
Wir hätten's so gehört.
Dieses und noch eine Stimme,
Die leiser klang,
Ach, über die liebe Stimme
Neun Monde lang.
Komm, sagt unsere Mutter.[90]

Auch **Rainer Maria Rilke** weiß um die vorgeburtlichen Erfahrungen. In den Duineser Elegien spricht der Dichter mehrfach von der Gebärmutter, von Fehlgeburt, Erwählung und Geborgenheit.

a) Sie ist der rote Mund, in dem das tote Kind, die Fehlgeburt, bleibt, ein Tod vor dem Leben:

Wer zeigt ein Kind, so wie es steht? Wer stellt / es ins Gestirn und gibt das Maß des Abstands / ihm in die Hand? Wer macht den Kindertod / aus grauem Brot, das hart wird, – oder lässt / ihn drin im roten Mund, so wie den Gröps / von einem schönen Apfel? ... Mörder sind / leicht einzusehen. Aber dies: den Tod, / den ganzen Tod, noch vor dem Leben so / sanft zu enthalten und nicht bös zu sein, ist unbeschreiblich.[91]

b) Simson, ein Richter in der Geschichte des Alten Israels, ist erwählt von Mutterleib an[92], dort schon ist er ein Held. Er beging Selbstmord, indem er den Tempel der Feinde einstürzen ließ, unter dessen Trümmern viel Volk begraben wurde, ein Selbstmordattentäter. Rilke interpretiert dies als einen erneuten

[90] Marie Luise Kaschnitz, *Gesammelte Werke,* Band V, 531.

[91] Rainer Maria Rilke, 4. Elegie, 76ff.

[92] Richter 13, 5a.

Ausbruch aus der Gebärmutter, der Welt des Leibes und der reißenden Ströme:

War er nicht Held schon in dir, o Mutter, begann nicht / dort schon, in dir, seine herrische Auswahl? Tausende brauten im Schoß und wollten er sein, / aber sieh: er ergriff und ließ aus –, wählte und konnte. Und wenn er Säulen zerstieß, so wars, da er ausbrach / aus der Welt deines Leibs in die engere Welt, wo er weiter wählte und konnte. O Mütter der Helden, o Ursprung / reißender Ströme! Ihr Schluchten, in die sich / hoch von dem Herzrand, klagend, / schon die Mädchen gestürzt, künftig die Opfer dem Sohn.[93]

c) Die Mücke, die keinen Mutterschoß kannte, bleibt immer im Schoß, „denn Schoß ist alles."

O Seligkeit der kleinen Kreatur, die immer bleibt im Schooße, der sie austrug; o Glück der Mücke, die noch innen hüpft, selbst wenn sie Hochzeit hat: denn Schooß ist alles. Und sieh die halbe Sicherheit des Vogels, der beinah beides weiß aus seinem Ursprung, als wär er eine Seele der Etrusker, aus einem Toten, den ein Raum empfing, doch mit der ruhenden Figur als Deckel. Und wie bestürzt ist eins, das fliegen muß und stammt aus einem Schooß.[94]

Das „wachsam warme Tier", das höher organisierte Säugetier, kennt die „Erinnerung" an seine Herkunft aus dem Mutterschoß, in dem es geborgener war. Nur die „kleine Kreatur", die Mücke, kennt diese „Erinnerung" nicht, weil sie nicht aus einem Mutterschoß geboren wurde. Zwischen der Mücke und dem Säugetier stehen der Vogel und die Fledermaus, die nach ihrer Geburt vom Mutterschoß jeweils einen Schritt weiter entfernt sind:

Hier ist alles Abstand, und dort wars Atem. Nach der ersten Heimat ist ihm die zweite zwitterig und windig.[95]

Clemens Brentano der Dichter der Romantik, sehnt sich nach Geborgenheit und wünscht sich zurück in den warmen Mutterschoß:

Wo schlägt ein Herz, das bleibend fühlt?
Wo ruht ein Grund, nicht stets durchwühlt?
...
Ein Mutterschoß, der nie erkühlt?
...
ach, wo ist meiner Sehnsucht Braut? ...[96]

[93] Rainer Maria Rilke, 6. Elegie, 33ff.

[94] Rainer Maria Rilke, 8. Elegie, 55.

[95] A. a. O., 50.

[96] Clemens Brentano: *10. Jänner 1834*, in: *Gedichte* Bd. I, 978, 371.

Theodor Storm betrauert in dem Gedicht „Gräber an der Küste" die toten Soldaten, die umsonst gekämpft hatten. Sie ruhen in der Erde wie in einem Mutterschoß:

Nun ruht ihr, wie im Mutterschoß das Kind,
Und schlafet aus auf heimatlichem Kissen;
Wir andern aber, die wir übrig sind,
Wo werden wir im Elend sterben müssen![97]

Bert Brecht beginnt das Stück über das Leben vom Großen Baal mit einem Choral. Darin beschreibt er – ganz im Gegensatz zu Theodor Storm – den Erdenschoß, den Ort des Verwesens. Der Mutterschoß ist der strahlende Ort, der Erdenschoß der Ort der Fäulnis:

Als im weißen Mutterschoße aufwuchs Baal ...
Als im dunklen Erdenschoße faulte Baal ...[98]

Christian Morgenstern setzt Mutterschoß und Gottesschoß in Beziehung zueinander, denn beide sind Orte der Ruhe, des Friedens und des Trostes:

Im Mutterschoß zu ruhn,
nach all der Hast
im Mutterschoß –
o selig Los,
das kaum ein Herz umfasst!
Im Mutterschoß –
nach so viel Last und Hast.
Im Gottesschoß zu ruhn,
nach so viel Streit
im Gottesschoß –
O Trost, so groß,
dass alles Schöpfungsleid
ein Seufzer bloß
vor deiner Ewigkeit.[99]

[97] Theodor Storm, *Gedichte.*
[98] Bert Brecht, *Lebenslauf des Mannes Baal. Dramatische Biographie,* in: Stücke 1, 141.
[99] Christian Morgenstern, *Lyrik 1906-1914, Werke und Briefe II,* 340, ohne Titel.

In dem Gedicht „Die vier Elemente“ in dem Zyklus „Leben eines Mannes“ beschreibt **Werner Bergengrün** die Erfahrung von Feuer und Wasser bei der Zeugung und in der Gebärmutter. Die Gebärmutter ist eine dunkle Gruft. Auch die Welt ist ein Schoß, aus dem wir nie herausfallen können. Aus Feuer wird das Kind gezeugt, Wasser nährt und schützt es. Dann tröstet er den Wanderer mit der Erkenntnis, dass wir niemals aus dem Schoß der Schöpfung fallen.

Neunmal füllte sich der Vierzahl Wochen.
Aus der fruchtbar dunklen Muttergruft
Bist du Drängender hervorgebrochen.[100]

Carl Zuckmayer hingegen meint, weil wir Geborene sind, Ausgestoßene, werden wir auch allein sterben. Warum konnte er nicht wahrnehmen, dass Geburt und die Jahre danach immer ein Beziehungsgeschehen sind?

Der Mutterleib … stößt dich hinaus, er zwingt dich ins Licht
Er schenkt dir die Freiheit – ob du willst oder nicht.
So wirst du geboren, so stirbst du: allein.
Denn ein Mensch sein heißt immer ein Fremdling sein.[101]

Eine herausragende Stellung hat **Nelly Sachs** mit ihrer Geburtsmetaphorik inne. Deshalb soll sie hier ausführlicher zu Wort kommen.

Die 1891 in Berlin geborene jüdische Dichterin Nelly Sachs konnte 1942 nach Stockholm fliehen. Sie hat dort dem millionenfachen Morden der Nationalsozialisten eine Stimme gegeben, wobei sie für das Unsagbare eigene, neue Metaphern schaffen musste. 1966 erhielt sie den Literaturnobelpreis.

Die Lyrikerin spricht in vielen, neu gewonnenen Metaphern aus dem Wortfeld „Geburt“: *Fruchtknoten, verschlingende Empfängnis, Geburtenknospe, wir Ungeborenen, Totgeburt, Embryo, Mutterwasser, sternegebärende Nacht, Traumgeburt, Stunde der Geburten, Erstlingsgeschrei, Geburtenhelfer, Geburtenleib, Weltgebärende, kreißende Wöchnerin, Geburtenbüchse, Nabelschnur, Geburts- und Todesmeilen, das Luftgeborene, Wiege, Goldene Amme, schwarze Amme, Seelenamme …*

[100] Werner Bergengrün, *Leben eines Mannes, Gedichte*, 52.
[101] Carl Zuckmayer, *Abschied und Wiederkehr,* Gedichte 1917-1976, 198.

Das Bild der Geburt ist ein Hoffnungsbild. Aus Verzweiflung und Tod steigt das Wort auf zur Auferstehung, zum Land des Friedens und der Liebe. *Im Schauer der Geburten wird Auferstehung gefeiert.*[102]

Das Geburtsgeschehen hat seinen Ursprung in der Zeugung und in der Empfängnis. Dort kann das dichterische Wort neu beginnen. Doch schon der Anfang ist gefährdet: Die *Zeugungskraft* muss aber erst *ihre Sterngeburten buchstabieren.*

Das Wort ermöglicht Geburt, aus der Empfängnis kommt Gottes erstes Wort:

> ...
> *Buchstaben-Springwurzelwald (sät)*
> *in verschlingende Empfängnis*
> *Gottes erstes Wort.*

Im Mutterleib trägt das Kind einer chassidischen Tradition zufolge ein Licht auf seinem Haupt, *über der Geburtenknospe des Embryo?*

Die vorgeburtliche Zeit ist noch gekennzeichnet von der Unerlöstheit. Wir sehnen uns nach der Geburt, *umklammern im Mutterwasser saugende Algen,* warten in *Schlafleibern auf den Flammenbiss der Gebärerin,* aber es ist nichts sicher bei der Geburt. Dann aber im Morgengrauen wird, wenn die *Wöchnerin kreißend in Qualen gebiert* mit der *ersten Rippe Adams ein neuer Menschen gebildet.* Hier ist Adam eine Frau. Mit dem pathetischen Ausruf *O Stunde der Geburten* beschwört die Dichterin den neuen Menschen in der ersehnten Welt der Liebe.

Immer ist auch die Möglichkeit im Blick, dass die Geburt nicht ins Leben, sondern in den scheinbaren Tod der Metamorphose führt: *am Baum gehenkte Puppen und Larven der Totgeburten.* Aber Jakob-Israel, der mit dem Engel ringt, ist ein *zur Seligkeit Entbundener.*

Aus dem Dunkel der Verzweiflung bricht das Neue hervor als *sternegebärende Nacht. Die Blicke der auseinandergerissenen Liebenden* sind *die Himmelschaffenden, die Weltgebärenden.*

Das Schreiben ist ein Ringen um immer neues Geborenwerden und Lebenkönnen, ausgedrückt in dem Oxymoron, das den Gegensatz Leben und Sterben, Tod und Geburt zusammen spricht. Dennoch wird die Sehnsuchtswelt kommen, sodass alles Sterben sich in Gebären verwandeln kann.

[102] Alle Zitate aus: *Fahrt ins Staublose.* Die Gedichte der Nelly Sachs.

Dem Gedicht TÄNZERIN liegt in seinen sechs Strophen das Sprachbild „Geburt“ zugrunde, beginnend mit der Empfängnis. Die sechste Strophe spricht von der Gebärmutter als einem Ort des Lebens und Sterbens:

...
Tänzerin
kreißende Wöchnerin
du allein
trägst an verborgener Nabelschnur
an deinem Leib
den Gott vererbten Zwillingsschmuck
von Tod und Geburt.

Ein Gott hat uns Menschen dieses untrennbare Beide mitgegeben, wie Menschen einen Schmuck vererben. Gott ist für Nelly Sachs kein Uhrmacher, der einmal die Schöpfung geschaffen hat. Gott ist in Bewegung. Er kann wieder einmal *reisefertig* sein.

Nelly Sachs konnte mit dem Schreiben dieses Wortes „Geburt“ und seines Wortfeldes die Kraft von Geburt und Auferstehung immer wieder erfahren, sie konnte selbst immer wieder geboren werden und so am Leben bleiben. Der tiefere Grund ist ihr Glaube daran, dass Gottes Wort wirkmächtig, schöpferisch ist.

Der Schriftsteller **Henry Miller** entwirft eine Weltsicht, die die symbolische Ordnung der Gebärmutter in den Mittelpunkt stellt. Damit steht er am Übergang zum folgenden Kapitel über die Philosophie.

In „The Wisdom of the Heart“, beginnt Henry Miller das Kapitel „The enormous womb“ mit der Tatsache, dass alle Menschen aus der Gebärmutter geboren werden: „... the womb is the place where anything is engendered or brought to life – die Gebärmutter ist der Ort, in dem alles erzeugt oder zum Leben gebracht wird.“ Dann zieht Miller die Konsequenz, dass es die Ursache allen Übels sei, die Welt nicht als Gebärmutter zu betrachten: „It ist the failure to recognize the world as womb which is the cause of our misery, in large part. – Es ist ein Versäumnis, die Welt nicht als Gebärmutter zu verstehen, das ist der Grund für unser Elend auf der ganzen Breite.“[103]

[103] Henry Miller, *The Wisdom of the Heart,* 94, Übersetzungen: Hanna Strack.

Diese Mutterleib-Welt wird, so Henry Miller, seit ein paar tausend Jahren als Folter und Strafe gesehen. Der Grund dafür lag wohl in den Erfahrungen der schweren Geburt, doch heute, so meint er, kann wie früher einmal die Geburt wieder leicht werden.

Es gibt, so Miller, die dreifache Gebärmutter: Die Natur, der mütterliche Schoß und unsere Lebenswelt: „As far as I can make out, there is never anything but womb. First and last there is the womb of Nature; then there is the mother's womb; and finally there is the womb in which we have our life and being and which we call the world. – Soweit ich ausmachen kann, gibt es nichts anderes als Gebärmutter/Mutterschoß. Zuerst und zuletzt ist es die Gebärmutter der Natur; dann die mütterliche Gebärmutter; schließlich ist da die Gebärmutter, in der wir unser Leben und Sein haben und die wir die Welt nennen."[104]

Die meisten Menschen meinen, die pränatale Zeit und der Tod seien Seligkeit, während hier in ihrem Leben die Angst dominiert. Es wäre aber unser Glück, könnten wir unser Leben als eingebettet in der großen Gebärmutter verstehen, wir würden dann auch hier Seligkeit erleben: „They have accepted the world as a womb, and not a tomb – Sie haben akzeptiert, dass die Welt ein Mutterschoß und nicht ein Erdenschoß, eine Gebärmutter und nicht ein Grab, ist. - It is this third and all-inclusive womb, THE WORLD, which man is perpetually striving to make himself a part of. It is the original chaos, the seat of creation itself. – Es ist diese dritte, alles umfassende Gebärmutter, DIE WELT, deren Teil zu sein Menschen unablässig sich bemühen. Es ist das ursprüngliche Chaos, der Same der Schöpfung selbst."[105]

[104] A. a. O., 96.
[105] Ebd.

Die Gebärmutter in der Philosophie

Gerät die Gebärmutter außer Kontrolle,
ist dem Mann die Bildungsmacht entzogen
und die Gebärmutter wird womöglich
von Hexerei und Zauberei beherrscht.

Christina Schües

Plato

Im Denken der griechischen Philosophen ist der Mann der eigentliche Mensch, die Frau eine minderwertige Abweichung von ihm. Sie gehört nicht zu den freien Menschen, sondern dient zusammen mit den Sklaven der Erhaltung des Lebens und der Gattung. Beide hatten sich nicht im öffentlichen Leben sondern im Verborgenen aufzuhalten, um zu arbeiten.

In diesem Zusammenhang steht auch die negative Bewertung der Gebärmutter: sie ist ein wildes Tier, das unersättlich ist und Krankheiten hervorruft, wie Plato im Timaios beschreibt[106]. Hintergrund dieser Auffassung ist die Lehre von der Entstehung der Geschlechter, die in Platos Symposion niedergeschrieben ist. Dort heißt es, die Geschlechtsorgane von Frauen und Männern seien im Zuge der Teilung eines Einheitsmenschen entstanden:

„Denn erstlich gab es drei Geschlechter von Menschen, nicht wie jetzt nur zwei, männliches und weibliches. Vielmehr gab es noch ein drittes dazu, welches aus den heutigen beiden zusammengesetzt war. ... Ferner war die ganze Gestalt eines jeden Menschen rund, so dass Rücken und Brust im Kreise herumgingen. ... Dass es aber diese drei Geschlechter und in dieser Form gab, hatte seinen Grund darin, dass das männliche ursprünglich von der Sonne stammte, das weibliche von der Erde und das an beiden beteiligte vom Mond, der ja selbst auch an beiden teilhat. ... Zeus zerschnitt die Menschen in zwei Hälften. ... Als so ihre natürliche Gestalt entzweigeschnitten war, sehnte sich jedes Teil nach seiner anderen Hälfte, ... Nun aber verlegte er sie (sc. die Geschlechtsorgane) nach vorne und bewirkte vermittels ihrer

[106] Anm: Siehe im Kapitel über Hysterie.

das Zeugen ineinander, in dem weiblichen durch das männliche. Das tat er deshalb, damit in der Umarmung, wenn der Mann eine Frau träfe, sie zugleich zeugten und Nachkommenschaft entstünde; wenn aber ein Mann den andern, sie doch eine Befriedigung hätten durch ihr Zusammensein und erquickt sich zu ihren Geschäften sich wenden und, was sonst zum Leben gehört, besorgen könnten. ...“[107]

Dieser Text ist die Grundlage vieler Spekulationen, wie der Abschnitt über die Gnosis zeigen wird.

Und weiter urteilt Plato: „Unter den als Männer Geborenen gingen die Feiglinge, und die während ihres Lebens Unrecht übten, der Wahrscheinlichkeit nach, bei ihrer zweiten Geburt in Frauen über.“ Diese Auffassung prägte die Philosophie und Theologie des Abendlandes.

Descartes, Hobbes, Kant

Die Bedeutung, die Philosophen des Abendlandes der Geburtlichkeit zumessen, hat die Philosophin Christina Schües in einer reichhaltigen und spannenden „Philosophie des Geborenseins“ dargestellt. Sie resümiert, „... dass die Geburt als Herkunft eines jeden Menschen in der Philosophiegeschichte *vereinnahmt, missachtet* oder *vergessen* wurde ...“[108] Drei Beispiele der Missachtung der Geburt, der Geringachtung bzw. Verleugnung des Frauenkörpers sollen hier genannt werden.

René Descartes

Der Philosoph, der die Neuzeit eingeläutet hat, sieht den Kern der Persönlichkeit in der Fähigkeit zu zweifeln und zu denken, d. h. in der Intelligenz. „Cogito ergo sum – Ich denke, darum bin ich.“ Die Eltern haben ihn, so schreibt er, nicht als denkendes Wesen hervorgebracht, nur die Anlagen dafür in die Materie gelegt. Deshalb ist die Geburt durch den göttlichen Vater das eigentlich Konstitutive im Menschsein. Die Gebärmutter ist „die weiche zu imprägnierende Matrix, ist das weibliche Gehirn, das Gehirn die geistige Gebärmutter des Mannes.“[109] Der geistige Mensch ist nach dem Bild des Vaters und dieser nach dem Bild Gottes geschaffen.

[107] Plato, *Symposion*, 189e-190a, 190d-191c.
[108] Christina Schües, *Philosophie des Geborenseins*, 13, kursiv im Original.
[109] A. a. O., 114 A46.

Thomas Hobbes

Für Hobbes ist jeder Mensch zunächst isoliert und beziehungslos. Das Menschsein beginnt erst mit dem Gesellschaftsvertrag. Vorher sind Menschen wie Pilze – like mushrooms, wihtout all kind of engagement to each other –, die aus der Erde kommen. Mutter Erde ist die natürliche Herkunft, nicht eine menschliche Mutter. „Die Voraussetzung der Voraussetzungslosigkeit, die tatsächlich die Leugnung der Geburt von einer Frau umfasst, soll die Grundlage für das Denken der gesellschaftlichen Ordnung und der Sicherung der individuellen und generativen Reproduktion bilden.“[110]

Immanuel Kant

Den Philosophen der Aufklärung erfüllt es mit Scham, dass wir auf dieselbe Weise zur Welt kommen wie die Tiere, nämlich nicht mit Vernunft sondern „mit Sinnenlust beider Teile.“[111] Dennoch ist Kant derjenige Philosoph, der der Schwangerschaft und der Geburt Beachtung schenkt. Von der Geburt aus muss der Mensch den Weg der Vernunftwerdung gehen. Dazu bedarf es der nötigen Erziehung und Bildung, die die Eltern ihm geben müssen. So erlebt er eine zweite Geburt, durch die er erst zufrieden wird. Die Vernunft gebiert sich selbst: „Selbstgebärung unseres Verstandes (samt der Vernunft), ohne durch Erfahrung geschwängert zu sein.“[112]

Peter Sloterdijk

Ganz anders schreibt der zeitgenössische Philosoph Peter Sloterdijk über den Uterus. Er spricht nicht von der Gebärmutter, sondern verwendet das männliche Wort. Schon in dem 1985 erschienenen Roman „Der Zauberbaum. Die Entstehung der Psychoanalyse im Jahr 1785“ beschäftigt er sich mit dem Organ, aus dem wir alle herkommen. Er ist irritiert: „Dem Anschein nach das demütigste Organ unter allen, und doch ein tückisches Subjekt, voller Launen und Ausfälle, als wüsste es insgeheim, dass es mehr bedeutet als die übrigen. ... nicht mehr und nicht weniger als die Alchemistenküche, in der gegen die Gesetze der Logik aus einem Nichts etwas wird – oder wollen Sie den männlichen Beitrag zu dieser Abkochung im Ernst als ein

[110] A. a. O., 118f.
[111] gefunden a. a. O., 164.
[112] Immanuel Kant, *Kritik der reinen Vernunft*, Bd. IV, B 793.

Etwas veranschlagen? Demnach haben wir hier den Fokus alles Lebendigen. Das ist die mystische Kupplerin in den schlüpfrigen Verhältnissen, die der Geist mit der Materie anzettelt."[113]

In seinen Frankfurter Vorlesungen 1988 „Zur Welt kommen – Zur Sprache kommen" kündigt Peter Sloterdijk sein Vorhaben an: Er will die „Geburtsvergessenheit der hochkulturellen und imperialen Metaphysiken"[114] aufheben und eine Uterodizee, eine Rechtfertigung der Gebärmutter schreiben. Die ‚Kritik der Schöße' muss zu einer Grunddisziplin der philosophischen Psychologie werden. Der Schoß wird zum Denkbild.[115] „Warum sind diese fruchtbar noch; was kriecht aus ihnen so nachhaltig hervor; worin besteht das Geheimnis der großen Reproduktion? Wodurch dreht sich das Rad der Reinkarnationen weiter? Warum konnten wir nicht im Pleroma bleiben und in der Vorgeburtlichkeit verharren? Warum *ereignet* sich überhaupt etwas und nicht nichts?"[116]

Das Fragwürdige formuliert Sloterdijk: „Wer oder was der Schoß, aus dem menschliche Subjekte kommen, ‚eigenlich' sei?"[117] Er bezieht die Plazenta, das Mit, mit ein: „Somit wurde der trächtige Schoß von Müttern und Wehmüttern in alter Zeit immer schon als eine zweifache Werkstatt vorgestellt – als Plazentabäckerei und als intime Kindsküche. Während in dem Uteruskessel das Kind selbst zubereitet wird, sorgt das zweite Werk der Mutter, der flache Kuchen, für die angemessene Nahrung während der längsten Nacht."[118] Der Schoß ist die Region des Seienden, die Macht hat, weiteres Seiendes zu stiften und das Leben als höchstes Gut zu vermitteln.

In der Altsteinzeit, so Sloterdijk, mussten die Menschen, die jagend und sammelnd lebten, „lernen zu sagen, aus welchem Schoß sie kommen und in welcher Beziehung sie zu den Müttern und zu den Böden stehen. ... die fast unvordenkliche Schoßzentrierung agrometaphysischer Zeiten."[119] Den Beginn einer Macht- und Todesreligiosität, die uns heute prägt, sieht Peter Sloterdijk in der Jungsteinzeit.

[113] Peter Sloterdijk, *Der Zauberbaum,* 37.
[114] Peter Sloterdijk, *Weltfremdheit,* 237.
[115] A. a. O., 193.
[116] A. a. O., 246.
[117] A. a. O., 190.
[118] Peter Sloterdijk, *Sphären Blasen,* 381.
[119] A. a. O., 277. Hier scheint eine Verwechslung vorzuliegen, denn die Altsteinzeit ist nicht Agrar-Zeit.

Und Sokrates habe noch die Geburt selbst gemeint, als er sich als Sohn einer Hebamme bezeichnete, während Plato daraus eine Uterophobie machte, die in dem Höhlengleichnis ihr Denkbild fand. Danach folgt, so Sloterdijk, die antike Licht- und Himmelsmetaphysik und verdrängt das mütterliche Monopol im Ursprungsdenken[120] zugunsten der männlichen Transzendenz. Der Vaterschoß bringt jetzt die Erlösung.

Im ersten Band seiner Trilogie „Sphären", Blasen, wird dies fortgeführt in der Grundlegung einer negativen Gynäkologie.[121] Negativ ist diese Gynäkologie, weil sie Vulva und Uterus nicht wie die Anatomie als Objekte betrachtet, sondern als Erfahrungen bei der Ankunft in dieser Welt.

Sloterdijk äußert sich kritisch gegenüber der medizinischen Forschung und Praxis: „Gynäkologen: die rennen mit Organbezeichnungen und Straßenschuhen durchs Fraueninnere wie Touristen von weither durch orientalische Etablissements, geblendet von ihren gebuchten Interessen."[122]

Sloterdijk erfindet eine Fülle von Ausdrücken für die Gebärmutter: Klausur, Schatzinsel, intime Kindsküche und Plazentabäckerei, Schoß, Region des Seienden, Höhle, Behälter, uterines Eigenheim, Schoßinneres, akustischer Ereignisraum, bipolarer Intimraum, ein Denkbild, Mutter-Innenwelt, die Schleuse vom Nichtsein zum Sein, das demütigste Organ unter allen, und doch ein tückisches Subjekt, Fokus alles Lebendigen, mystische Kupplerin in den schlüpfrigen Verhältnissen, die einzige Nachthöhle, die uns etwas angeht, das einzige Dunkel, das dich betrifft, das erste Wo, das dunkle Massiv, in dem ich lebe und webe, das Fraueninnere, die Kernzone des bipersonalen Intimraums, die persönlichste Höhle, die erlesene Höhle, der anfängliche Raum, Uteruskessel, hortus inclusus.

Kritisch ist festzuhalten, dass bei Sloterdijk die Gebärmutter im Mittelpunkt steht, doch isoliert von der Frau, von ihrem personalen, sozialen und seelischen Erleben. Es fehlt die Bedeutung der Beziehung, durch die das Leben in und durch die Geburt aus einer Frau konstitutiv für das Menschsein ist.

[120] A. a. O., 282.
[121] A. a. O., 275ff.
[122] A. a. O., 352.

Zeitgenössische Philosophinnen

In den letzten Jahren sind Bücher von Frauen geschrieben worden, deren Interesse sowohl als Feministinnen als auch als Philosophinnen dem Frauenkörper gilt. Sie sprechen jedoch selten und nicht in einem umfassenden Zusammenhang von der Gebärmutter, wie Peter Sloterdijk dies tut. Dennoch hat ihr Denken Einfluss auf die Einstellung zum Frauenorgan, weil diese Philosophinnen von einer positiven Einstellung zum Körper der Frau ausgehen.

Hannah Arendt

Als erste ist hier Hannah Arendt zu nennen. In ihrem Buch „Vita activa – oder Vom tätigen Leben", das 1958 erschienen ist, vollzieht Hannah Arendt einen bedeutsamen Perspektivenwechsel in Bezug auf die Grund-Kategorien des menschlichen Daseins. Sie wendet den Blick von der Sterblichkeit, der Mortalität, des Menschen hin zur Geburtlichkeit, der Natalität. „Da Handeln … die politische Tätigkeit par excellence ist, könnte es wohl sein, dass Natalität für politisches Denken ein so entscheidendes Kategorienbildendes Faktum darstellt, wie Sterblichkeit seit eh und je und im Abendland zumindest seit Plato der Tatbestand war, an dem metaphysisch-philosophisches Denken sich entzündete."[123] Die Bedeutung des Anfangs und Anfangenkönnens hatte Hannah Arendt bei Augustinus entdeckt, doch hat, so Arendt, Augustinus keine Folgerungen daraus gezogen, sonst hätte er die Menschen nicht als Sterbliche gesehen, sondern als Geborene.[124] Zu Augustins Prädestinationslehre bemerkt sie zu Recht sehr kritisch: „In ihrer extremen Form, ... besagt diese Lehre, Kinder seien ewig verdammt, wenn sie ohne das Taufsakrament sterben. Das lässt sich nicht aus Paulus rechtfertigen, weil diese Kinder den Glauben noch nicht gekannt haben können."[125]

Obwohl Hannah Arendt die konkrete Geburt, bzw. die Gebärmutter nicht im Blick hat, ist der von ihr initiierte Perspektivenwechsel eine Herausforderung für andere Denker und Denkerinnen geworden. Nur einmal und nur in der deutschen Ausgabe von Vita Activa nennt sie die Geburt ein Schöpfungsereignis: „Wegen dieser Einzigartigkeit, die mit der Tatsache der Geburt gegeben ist, ist es, als würde in jedem Menschen noch einmal der Schöpfungsakt Gottes wiederholt und bestätigt."[126]

[123] Hannah Arendt, *Vita Activa,* 18.
[124] Hannah Arendt, *Vom Leben des Geistes,* 343.
[125] A. a. O., 487.
[126] *Vita Activa*, 217.

Die grundlegende Bezogenheit der Menschen untereinander erfasst Hannah Arendt mit der Metapher vom Gewebe. Mit der Geburt kommt der Mensch in die Welt und damit in ein Bezugsgewebe menschlicher Angelegenheiten, so dass „sowohl die Enthüllung des Neuankömmlings durch das Sprechen wie der Neuanfang, den das Handeln setzt, wie Fäden sind, die in ein bereits vorgewebtes Muster geschlagen werden und das Gewebe so verändern, wie sie ihrerseits alle Lebensfäden, mit denen sie innerhalb des Gewebes in Berührung kommen, auf einmalige Weise affizieren."[127]

Luce Irigaray

In den siebziger Jahren des letzten Jahrhunderts begann die französische Philosophin und Analytikerin Luce Irigaray Denken und Symbolik von Philosophen und Wissenschaftlern in Frage zu stellen. Dieses basiere, so Irigaray, auf Erfahrungen des männlichen Körpers, wie z. B. Sigmund Freuds Theorien über Penisneid und Ödipuskomplex. Luce Irigaray sucht dagegen eine Sprache für weibliche Erfahrungen. „Oft wurde der Bauch der Frau mit einem Gefäß identifiziert: für den Geliebten vielleicht, vor allem für das Kind. Aber den Ort des Empfangens, der die Seele der Frau ist, wer kennt ihn? Meistens nicht einmal sie selbst." Die Frau wurde mit ihrem – negativ konnotierten – Mutterschoß identifiziert und bekam ihren Wert durch ihn. „Die Gebärmutter, die nicht als Ort des ersten Aufenthalts gedacht wird, als die Stätte, wo wir Körper werden, wird von vielen Männern als verschlingender Mund phantasiert, als Kloake oder als anales und urethrales Sammelbecken, als phallische Bedrohung oder bestenfalls als Stätte der Fortpflanzung."[128] Deshalb ist es der Weg für die Frau, in sich zurückzukehren, „um daraus frei zu entstehen, durch ihre Bewegungen, durch ihre Worte, durch ihren Atem belebt, scheint die entscheidendste Eroberung für die Frau zu sein."[129] Dadurch würde der Mann auch befreit von seiner Mutter-Gebundenheit.[130] Die Frau repräsentiert das Blut, seine Macht, eine natürliche Quelle von Reichtum. Doch andere Formen des Reichtums gelten im Patriarchat: Gold, Geld, Penis, Kind.[131] Wir wissen aus der Geschichte, mit welcher Gewalt die Frau domestiziert und in die private Sphäre verbannt wurde, sich hat verbannen lassen müssen.

[127] *Vita Activa*, 226.
[128] Luce Irigaray, *Genealogie der Geschlechter*, 38.
[129] Luce Irigaray, *Der Atem von Frauen*, 8.
[130] Luce Irigaray, *Speculum. Spiegel des anderen Geschlechts*, 186.
[131] A. a. O., 160.

Das Ziel der Wahrnehmung weiblicher Erfahrungen ist für Luce Irigaray die Kultur zweier Subjekte, der männlichen und der weiblichen, die ihre Unterschiede achten und gemeinsam Philosophie und Politik gestalten.

Annegret Stopczyk

Die Philosophin Annegret Stopczyk reflektiert ihre eigenen Erfahrungen als Gebärende und Mutter. In ihrem Buch „Nein, Danke, ich denke selber" beschreibt sie die Gefühle während der Geburt ihres Kindes. Wohl zum ersten Mal wird die Geburtserfahrung einer Frau zur philosophischen Erkenntnisquelle. „Ich möchte das Wort ‚Geburtlichkeit' zu Ehren kommen lassen, denn es enthält den Keim einer sehr weiblichen Weltsicht und philosophischen Perspektive, im Sinne einer Sophia- oder Weisheitssuche."[132] In diesem Rahmen können die Geburtsschmerzen und die ekstatischen Erlebnisse unter der Geburt ernst genommen werden, denn „Schmerzen dieser inneren naturhaften Art bergen Erkenntnisgeheimnisse, die uns mit der Lebenskraft in vorher nicht gekannter Weise in Berührung bringen können."[133] Es fehlt uns heute, so Annegret Stopczyk, eine Geburtskultur. Wir haben für das tief greifende Geschehen des Gebärens keine Sprache.

Kirsten Grønlien Zetterqvist

Auch die schwedische Religionsphilosophin Kirsten Grønlien Zetterqvist geht von der konkreten Geburtserfahrung aus. Sie legt in ihrem Buch „Att vara kroppssubjekt-Körpersubjekt – ein phänomenologischer Beitrag zur feministischen Theorie und zur Religionsphilosophie", dem neuen Denken die Erfahrungen einer Hebamme zu Grunde. Sie konstituiert das Selbst des Menschen nicht in seinem Denken – cogito ergo sum (Descartes) – sie erkennt nicht die Existenz als ein „Geworfensein" (Heidegger), sondern als Kreativität und Fähigkeit zur Ekstase. Kirsten Grønlien Zetterqvist fragt in einem Interview die Hebamme Pirkko Farieta nach dem Verhältnis zwischen Körper und Bewusstsein. Im Zusammenhang mit den Geburtswehen begleitet das Bewusstsein den Körper zum tiefsten Punkt jeder Wehe und bekommt dabei etwas von den Wehen, dem Verlauf und den Strukturen, zu wissen. Daraus entwickelt Gronlien Zetterqvist eine Theorie des Erkennens: „Ich bin kreativ, darum bin ich." Dies bedeutet: Der Körper, hier der Körper der Frau, und nicht das denkende Ich ist das Subjekt.

[132] Annegret Stopczyk: *Nein, danke ich denke selber,* 195.
[133] A. a. O., 208.

Auszug aus dem Interview:
Ist das Gebären ekstatisch?
Ausnahmsweise bestimmt hier der Körper und nicht der Kopf. Das Bewusstsein muss die Kontrolle ganz loslassen und sich vom Körper führen lassen. Trotzdem ist es eine Frage der Zusammenarbeit. Die Frau muss wissen, was sie da macht, nämlich dass sie gebiert. Das Ich muss wissen, was vor sich geht, aber nicht bestimmend, sondern nur akzeptierend, feststellend, dass dies jetzt geschieht. Das Ich ist mein innerstes Wesen. Natürlich soll ich dabei sein, wenn ich ein Leben zur Welt bringe. Aber das einzige, dessen ich mir in diesem Moment bewusst sein muss, ist, dass ich ein Kind gebäre. Alles andere kann ich loslassen. Ich bin mir völlig bewusst, dass ich in diesem Moment ein Kind gebäre.

Was für ein Verhältnis zum Kind hat die Frau in diesem Moment?

Ich denke, sie vergisst das Kind irgendwie. Viele haben davon berichtet, dass sie während der Geburt, als die Geburt am schwierigsten war, sich überhaupt nicht um das Kind gekümmert haben. Als das Kind dann endlich da war, haben sie eine sprudelnde Freude empfunden. Dann haben sie den Lohn ihrer großen Arbeit empfangen.

Womit bekommt die Frau Kontakt, wenn sie es wagt, sich bei der Geburt so hinzugeben?

Ja, es ist etwas Diffuses. Es ist eben jene Kraft. Sie gerät in einen anderen Zustand, wie auf einen anderen Planeten, in eine andere Wirklichkeit. Es ist schwer zu beschreiben. ... Wenn die Frau doch schon vor der Entbindung in das Denken eingeführt werden könnte, welches Privileg es ist, ein Kind zu gebären, und welches Privileg es ist, die Kraft und Fähigkeit zu fühlen, die sie besitzt, um Leben zu schenken. Wenn die Frau dies einsehen würde, würde sie den Schmerz besser aushalten und sie würde sich für das „In-die-Geburt-Hineingehen" interessieren, es als eine neue Dimension auffassen, ein Reichtum den sie nicht verpassen möchte. "[134]

Christina Schües

Es wurden schon einige Grundgedanken der Philosophin Christina Schües zitiert. Sie stellt an die bekanntesten philosophischen Entwürfe die Frage, wie denn die Geburtlichkeit des Menschen und die Geburt selbst gesehen werden. Das Ergebnis lautet: „... dass die Geburt als Herkunft eines jeden Menschen in der Philosophiegeschichte *vereinnahmt, missachtet oder vergessen* wurde ..."[135]

[134] Auszug aus: Kirsten Grønlien Zetterqvist, *Att vara kroppssubjekt*. 102–105, übersetzt von Katharina Heinrich, in: Hanna Strack, *Die Frau ist Mit-Schöpferin*, 350-352.

[135] Christina Schües, *Philosophie des Geborenseins*, 13, kursiv im Original.

Stattdessen wird die zweite Geburt, eine Selbstzeugung, gefeiert. Diese metaphorische Vereinnahmung beginnt bereits bei Platos Lehre von der Hebammenkunst des Sokrates. Christina Schües entwirft selbst eine Philosophie, die sie „generative Phänomenologie“ nennt. Das heißt, sie beobachtet das Sein der Menschen, die Phänomene, und berücksichtig dabei die Weitergabe des Lebens über Generationen hinweg. Natürlich haben Erwachsene keine Erinnerung an ihre Geburt. Aber sie wissen um Geburten als Weitergabe des Lebens. Wo und wie diese stattfinden, in welchen Beziehungen mit welchen gesellschaftlichen und religiösen Normen sie bedacht werden, muss hinterfragt werden.

„Die weibliche Genealogie, die sich so klar und offen in einer generativen Phänomenologie darstellt, wird in dieser Perspektive zu ihrer ursprünglichen, primordialen Berechtigung gebracht werden können ... Der Anspruch einer generativen Phänomenologie liegt darin, dass von einer Normalität ausgegangen wird, die die Beziehungen an den Anfang setzt und diese Beziehungen als grundlegend für die Co-Konstitution von Selbst, Welt und Geschichte sieht. ... Diese Teilnahme impliziert die Notwendigkeit, die Natalität als existentielle Grundbedingung von Denken und Handeln, von Anfangen und Bewahren auch im politischen und ethischen Bereich herauszuarbeiten.“[136] Am Schluss ihres Buches entwirft Schües ein Szenario des Machbarkeitswahns: künstliche Befruchtung, Leihmutterschaft, künstliche Gebärmutter, d. h. eine Anthropotechnologie: „Nicht nur führen die meisten Techniken faktisch häufig zum Kaiserschnitt, sondern auch wirkt scheinbar das Szenario der künstlichen Gebärmutter befreiend von den Unbestimmbarkeiten und Grenzen der Natur.“[137] Es werden Grenzen verschoben, die unantastbar sind. Mitmenschliche Beziehungen werden durch Eigentumsrechte und Verträge gesichert.

Die Philosophiegeschichte zeigt sowohl die Geburtsvergessenheit als auch die Wahrnehmung der Geburtlichkeit und der Gebärmutter, jedoch in entgegen gesetzten Beurteilungen. Während Plato die Grundlage für eine Abwertung und Verteufelung legt, können neuzeitliche Philosophen und Philosophinnen ihr Denken auf einer Neubewertung des Frauenkörpers aufbauen. Dabei stoßen sie auf das Spannungsfeld von Machbarkeitswahn und Unverfügbarkeit.

[136] A .a. O., 399.
[137] A. a. O., 479.

Die Gebärmutter in der Theologie

Da gab der Mann-Mensch seiner Frau einen Namen:
Chawwa, Eva,
denn sie wurde zur Mutter aller, die leben (alles Lebendigen).

Gen 3,20

Nach dem Einblick in die archetypischen, prähistorischen, ethnischen, künstlerischen, dichterischen und philosophischen Auffassungen und Gestaltungen soll jetzt das theologische Denken einzelner Epochen und AutorInnen am Leitfaden der Gebärmutter vorgestellt werden.

Wir beginnen mit der Bibel. Diese ist vielschichtig, eine Bibliothek von vielen Büchern aus vielen Epochen, von vielen Schriftstellern und verschiedenen Entstehungsgeschichten. Das betrifft auch ihre Auffassungen von der Gebärmutter. Im Folgenden werden neue Forschungen von Theologinnen herangezogen. Zitate von jüdischen Theologinnen der Gegenwart und Zitate aus dem Koran ergänzen diese Aktualität.

Eine besondere Fundgrube für den metaphorischen Gebrauch der Gebärmutter sowohl abwertend als auch positiv bewertend sind die gnostischen Schriften der Zeit der frühen Kirche. Sie verwenden oft weibliche Genitale als Symbole für ihre Weltsicht und das Leben der Menschen.

Hildegard von Bingen ist in der Kirchengeschichte immer eine Ausnahme, wenn es um das Weibliche in der Theologie geht. Ihre Visionen haben oft Frauenbilder an zentraler Stelle und fokussieren auf die Gebärmutter.

Andere Stimmen des Mittelalters sind wiederum geprägt von negativen Urteilen.

Eine eigene Untersuchung wäre gefordert, um in der protestantischen, lutherisch-orthodoxen und der frühneuzeitlichen pietistischen geistlichen Literatur Aussagen über die Gebärmutter zu sammeln und darzustellen. Hier sei nur eine Zeile aus der Dichtung der pietistischen Pfarrfrau Magdalena Sibylla Rieger (1707-1786) zitiert:

„Bey uns ist der Verstand im Mutterleib erfrohren, Wir seyn zu nichts, als nur zu ihrem Dienst, gebohren.“[138]

Zur Hermeneutik der Bibel

Zunächst muss der aktuelle Stand der biblischen Forschung aufgezeigt werden. Daraus ergeben sich neue Aspekte, auf denen die weitere Darstellung beruht.

Das Verständnis der biblischen Texte ist uns dreifach verstellt:

1. Die Übersetzung aus dem hebräischen in das griechische Denken, die so genannte Septuaginta LXX, 250 v. Chr. – 100 n. Chr., beruht auf sehr unterschiedlichen Sprach- und Körperkonzepten im Hebräischen und Griechischen. Das führte zu einer Uminterpretation aus dem hebräischen in das griechische Welt- und Menschenbild.

So sind in hebräischen Ausdrücken für Körperteile die körperlichen, personalen, sozialen und transzendentalen Ebenen jeweils eng miteinander verknüpft. Im Griechischen besteht dagegen die Trennung von Körper, Seele und Geist. Während im Hebräischen jedes Körperteil über sich hinaus weist und umgekehrt jeder abstrakte Begriff eine Körper-Konnotation hat (im Deutschen z.B.: Es geht mir an die Nieren), fallen bei der Übersetzung ins Griechische die Bedeutungen aus der jeweils anderen Ebene weg. Zwei Beispiele für diese kulturelle Bedingtheit des Körpers sollen hier genügen:

Im Hebräischen heißt *näfäsch* = Kehle, Atem, Seele, Leben, Lebenskraft, Gottesbeziehung. Im Griechischen wird es übersetzt mit *psychä*, das das Wort auf „Seele“ reduziert.

Das Hebräische *rächäm* bedeutet Gebärmutter, emotionale Zuwendung, Mitlebenlassen, im Griechischen wird es übersetzt mit *hysteria* oder *mätra*. Das hebräische Pluraletantum von Gebärmutter *rachamim* meint Mutterschößigkeit, im Griechischen Barmherzigkeit. Für den hebräischen Menschen klingt immer beides miteinander, Gebärmutter und Barmherzigkeit.

Eine nicht zu unterschätzende Wirkungsgeschichte hat die Übersetzung des hebräischen Gottesnamens JHWH. In dem Text Exodus 3,14 ist es ein Wortspiel mit der 1. Pers. Singular von Sein in der nicht abgeschlossenen

[138] Gisela Schlientz, Bevormundet, enteignet, verfälscht, vernichtet. Selbstzeugnisse württembergischer Pietistinnen, 69.

Handlung und wird übersetzt mit: ich war, bin und bleibe immer da. Abgesehen von dieser Stelle ist dieser Name überhaupt nicht übersetzbar. Gemeint ist eine Kraft, die trägt, schützt, nährt und Neues schafft. Im Griechischen übersetzt mit *kyrios* = Herr, bekommt dieser Name eine hierarchische Bedeutung: Gott als Macht über den Menschen.

Die verschiedenen Bücher des Neuen Testamentes sind in griechischer Sprache geschrieben. Sie beinhalten jedoch viele Zitate aus dem Alten, dem Ersten Testament und stehen unter dem Einfluss des israelitischen Denkens. Dennoch haben sie z. T. gnostische Weltvorstellungen, so im Johannesevangelium und den späten, fälschlicherweise Paulus zugesprochenen Briefen. Das muss an den jeweiligen Stellen berücksichtigt werden.

2. Die Kommentare der Texte sind seit der Zeit der Kirchenväter frauen- und körperfeindlich. So wird die Erzählung, in der Eva vom Baum der Erkenntnis von Gut und Böse isst (Gen 3), verstanden als Ursünde, die die Gebärende an das Kind weiter gibt. Es ist hier jedoch noch nicht von Sünde die Rede, erst im 4. Kapitel in der Geschichte von Kains Mord an Abel. Die Erzählung von Eva und Adam will erklären, dass das Böse im Zusammenhang steht mit der Freiheit. „Fortschritt und Daseinssteigerung sind immer ambivalent.“[139]

Die Textstelle dagegen, die davon spricht, dass Eva die Mutter alles Lebendigen sei in Gen 3,20: *Da gab der Mann-Mensch seiner Frau einen Namen: Chawwa, Eva, denn sie wurde zur Mutter aller, die leben*, (andere Übersetzung: *alles Lebendigen*), wurde durch Nichterwähnen unsichtbar und für die Wirkungsgeschichte irrelevant.

3. Die Auswahl für Predigt und Lesung im Gottesdienst, die in Deutschland von der Lutherischen Liturgischen Kommission getroffen wurde, berücksichtigt das Leben von Frauen nicht, weder in den biblischen Texten noch in den Lebenssituationen heute. So werden im evangelischen Gottesdienst Bibelstellen verlesen, von denen lediglich 3,5% Frauen erwähnen. Und die Auswahl von Bibelstellen in den „Herrnhuter Losungen“ werden von Millionen Menschen weltweit gelesen. Im Kern gehen sie auf den Begründer der pietistischen Freikirche der Herrnhuter Brüdergemeine, den Grafen Zinzendorf (1700-1760), zurück, der seinerseits bereits existierende Spruchsammlungen dabei verwendet hat. Die Zuordnung von Bibelstellen zu einem Tag wird jährlich neu ausgelost. Im Abstand von 10-12 Jahren wird die

[139] Helen Schüngel-Straumann, *Die Frau am Anfang. Eva und die Folgen*, 81.

Sammlung zwar von einem sog. Losungs-Spruch-Ausschuss überprüft und z. T. überarbeitet. Doch der Zugang zur Bibel bleibt für die Menschen eingeengt in die Sicht einer pietistischen und androzentrischen Theologie, es sei denn, die Mitglieder des Ausschusses öffnen sich der so genannten feministichen Theologie.

Die Wirkungsgeschichte dieser hermeneutischen Vorgänge reicht bis in die Gegenwart. In der „Fibel und Plädoyer für die Hebammenkunst" schreibt der ehemalige Direktor der Semmelweis-Klinik in Wien, Alfred Rockenschaub, nachdem er die Stellung der Hebamme im griechischen Altertum positiv gewürdigt hat: „Welch ein Gegensatz zu jenen Kulturen, in denen nicht eine junge naturverbundene Göttin hilfreich der Gebärenden die Angst nimmt, sondern ein mürrischer Gott die Frauen ‚in Schmerzen gebären' heißt."[140] Er bezieht sich dabei auf den Satz in Gen 3,16: „*Nur unter Mühen* (andere Übersetzungen: *Schmerzen*) *wirst du Kinder bekommen.*" Rockenschaub hat insofern Recht, als er aus der misogynen kirchlichen Verkündigung und Lehre nur diesen einen Satz kennt und ihn nicht als Ätiologie sondern als Gebot versteht.

Die zeitgenössische Quellenforschung

Die Gebärmutter ist das nach dem Herzen am häufigsten erwähnte innere Organ in der Bibel. Mitgezählt sind dabei auch alle Nennungen des Erstgeborenen von Mensch und Tier, denn die wörtliche Übersetzung ist „die Gebärmutter als erster Durchstoßende."

Seit Ende des vorigen Jahrhunderts arbeiten Wissenschaftlerinnen mit eigenen Geburtserfahrungen, feministischem Selbstbewusstsein und mit neuen Fragestellungen an den biblischen Texten im Urtext. Wie werden Körper und einzelne Organe kulturell vermittelt? Was wird über den Frauenkörper ausgesagt und aus welcher Perspektive?

Die Forschenden analysieren den hebräischen Sprachstil, übersetzen neu, stoßen auf Texte, die bisher übersehen oder bewusst ausgelassen wurden, erläutern diese und auch längst bekannte aus der Perspektive von Frauen und entdecken so ein neues, differenziertes Bild von der Einstellung zu Erfahrungen rund um die Gebärmutter.

Zu nennen sind u. a. die Arbeiten von Luzia Sutter Rehmann: „Geh, frag die Gebärerin. Feministisch-befreiungstheologische Untersuchungen des Ge-

[140] Alfred Rockenschaub, *Gebären ohne Aberglaube,* 25.

bärmotivs in der Apokalyptik", Marianne Grohmann: „Fruchtbarkeit und Geburt in den Psalmen" und Maria Häusl „Bilder der Not. Weiblichkeits- und Geschlechtermetaphorik im Buch Jeremia." Die Untersuchung der archäologischen Funde, besonders der Stempelsiegel durch Othmar Keel, Silvia Schroer und Thomas Staubli bieten ein reiches Material über Einstellungen zum Frauenkörper in Palästina/Israel.

Das Gebären der Erde

In drei Texten wird die Gebärmutter in einem kosmischen Zusammenhang gesehen:

1. Ein Segenswort drückt das Eingebundensein in Himmel und Erde/Unterwelt und in die schöpferische und nährende Kraft der Frau:

Von deines Vaters Gott, von wo dir Unterstützung,
mit Schaddaj, von wo dir Segen zuteil wird,
Segnungen des Himmels von oben,
Segnungen der Urflut, die sich unten lagert,
Segnungen von Brüsten und Schoß. Gen 49,25

Leben ist nur möglich, wenn Pflanzen und Tiere und Frauen fruchtbar sind. Der Text ist lange mündlich tradiert und später in den Jakob-Segen für Josef redaktionell eingefügt worden. Für männliche Kommentatoren kann der Mensch allein einem männlichen Schöpfergott, nicht auch der Mutter, sein Leben verdanken. Der Artikel *rächäm* des Theologischen Wörterbuches des Alten Testaments zitiert deshalb diesen Vers unter der Rubrik „Jahwe als der Herr des Lebens. Er bereitet die Frucht im Mutterleib." Es gibt sogar bewusste Fehlübersetzungen, um das Wort „Gebärmutter" zu vermeiden, so heißt es in der englischen „Good News Bible" von 1994: *Blessings of many cattle and children – Vieh und Kinder.*

2. Ps 139,13-16: Gott-Jahwe webt das Kind in der Gebärmutter. Er/Sie schafft die Menschen nicht aus dem Nichts sondern im und mit dem mütterlichen Körper.

13 Ja, du hast meine Nieren gebildet, hast mich gewebt im Bauch meiner Mutter.
14 Ich danke dir, dass ich erschreckend wunderbar geworden bin.
Wunderbar sind deine Werke, und ich weiß das genau.
15 Mein Gebein war nicht vor dir verborgen, als ich im Geheimen gemacht wurde,
als ich buntgewirkt wurde in den Tiefen der Erde.
16 Mein Knäuel erblickten deine Augen.

Die schöpferische göttliche Kraft wirkt in der Tiefe der Erde. Es klingt die Vorstellung an von der gebärenden Mutter Erde. Gebärmutter und Geburt erhalten dadurch eine kosmische Dimension. „In der Verbindung von Mutterleib und Tiefen der Erde scheinen alte Mythen von der Mutter Erde als Gebärerin der Menschen, Pflanzen und Tiere durch. ... In Ps 139,15 wird der Mutterleib von Frauen metaphorisch als Erdentiefe bezeichnet."[141]

Eine ähnliche Verbindung von Gebärmutter und Erde findet sich in Hiob 1,21: *Nackt bin ich aus dem Schoß meiner Mutter gekommen und nackt kehre ich wieder dorthin.* Im zweiten Halbsatz bezieht sich der Schoß auf den Schoß der Erde. Im Gegensatz zu Religionen in Israels Umwelt ist die Mutter Erde in Israel keine Gottheit.

3. In verschiedenen Texten der Apokalyptik, einer spätisraelitischen und griechischen Literaturgattung mit Endzeitvorstellungen, wird vom Gebären der Erde gesprochen.

Er sprach zu mir:
So hab auch ich die Erde selbst zu einem Mutterschoß gemacht
für alle, die zu ihrer Zeit in sie gesäet sind. 4. Esra 5,48

Die Sehnsucht nach einer besseren Welt, in der Gerechtigkeit und Frieden herrschen, drückt sich in der Vorstellung aus, dass aus dem Mutterschoß der Erde das Neue kommen wird. „Im Innern der Erde liegt ein Geheimnis, denn aus ihr kommt alles Grün, aus ihr kommt alles Leben, immer wieder, jedes Jahr neu. Das Erdinnere birgt eine Umwandlungskraft".[142]

Jahwe wirkt mit der Mutter zusammen

Das Kapitel Genesis 4 beginnt mit der Geburt des Kain. Eva erklärt den Namen als Ausdruck ihres Zusammenwirkens mit Gott: *Dann erkannte der Mensch als Mann die Eva, seine Frau; sie wurde schwanger, gebar den Kain und sprach: ‚Ich hab's gekonnt, einen Mann erworben – mit Adonaj.'* Gen 4,1. Helen Schüngel-Straumann übersetzt hier: *Hervorgebracht (kaniti) habe ich einen Mann mit Jahwes Hilfe.*[143] Die Wissenschaftlerin vermutet, dass der Text aus einem älteren Mythos stammt, in dem die Frau als Göttin alles Leben hervorbringt, evt. mit Hilfe einer männlichen Gottheit.

[141] Marianne Grohmann, *Fruchtbarkeit und Geburt in den Psalmen,* 36.

[142] Luzia Sutter Rehmann, *Vom Mut, genau hinzusehen,* 143.

[143] Helen Schüngel-Straumann, *Die Frau am Anfang. Eva und die Folgen,* 95.

Das hebräische *kaniti* steht ebenfalls in Spr 8,22, hier auch verbunden mit dem Verb Weben: *Die Ewige schuf mich zu Beginn ihrer Wege, als Erstes all ihrer Werke von jeher. Gewoben wurde ich in der Vorzeit; zu Urbeginn, vor dem Anfang der Welt.*

Das Zusammenwirken von Gott und Frau entspricht der Deutung des Namens Eva, als der Mutter alles Lebendigen in Gen 3,20: *Da gab der Mann-Mensch seiner Frau einen Namen: Chawwa, Eva, denn sie wurde zur Mutter aller, die leben.*

Neben dem oben genannten Text in Ps 139 werden in Hiob 10,8-11 Bilder vom Weben, Töpfern, Käsern für Gott in entsprechenden Berufsbezeichnungen verwendet, so auch Gott als Weberin:

9 Gedenk doch, dass du mich wie Lehm gemacht hast –
und zu Staub willst du mich zurückkehren lassen.
10 Hast du mich bei meiner Erzeugung nicht wie Milch hineingegossen
und wie Käse mich gerinnen lassen,
11 mit Haut und Fleisch mich umkleidet,
mit Knochen und Sehnen mich durchwoben?

Bei dem Wort *rächäm =Gebärmutter* klingt für die Menschen im Alten Israel, wie gesagt, Psychisches, Soziales und Spirituelles mit: Leben fördernde Zuwendung, Barmherzigkeit, Unverfügbarkeit des Lebens, die soziale Rolle der Frau, Beginn der Gottesbeziehung für das Kind, Quelle des Gottvertrauens. Bemerkenswert ist, dass das andere hebräische Wort für Bauch, Gebärmutter *bätän* für beide Geschlechter verwendet werden kann.

Jahwe öffnet und verschließt die Gebärmutter:
Die Erfahrung der Unverfügbarkeit bei Empfängnis, Schwangerschaft und Geburt hat die Menschen veranlasst, Fruchtbarkeit mit Gott zusammen zu sehen, eine Erfahrung, die trotz medizinisch-technischer Möglichkeiten noch heute alle Beteiligten machen. So kommen sie zu Aussagen wie: Jahwe verschließt die Gebärmutter und nach Jahren öffnet er sie. Dieses Gottesbild ist jedoch nicht hierarchisch-machtvoll zu verstehen. Gott handelt nicht gewalttätig am Frauenkörper. Gott ist die Leben schaffende oder Leben versagende Kraft.

Während Lea, die Schwester Rahels und erste Frau Jakobs, ein Kind nach dem anderen gebiert, bleibt Rahel kinderlos, für eine Frau eine Art Todesurteil.

Als Rahel merkte, dass sie Jakob keine Kinder gebären konnte, wurde sie eifersüchtig auf ihre Schwester und sagte zu Jakob: „Verschaff mir Kinder! Wenn nicht, dann will ich sterben." Da entbrannte der Zorn Jakobs auf Rahel und er sagte: „Bin ich etwa anstelle der Gottheit, die dir Kinder vorenthält?" ... Dann dachte Gott an Rahel, die Gottheit erhörte sie und ließ ihre Gebärmutter sich öffnen. Sie wurde schwanger, gebar einen Sohn und sprach: „Gott hat meine Schande weggenommen." Gen 30,1,2,22,23.

In der Zeit nach dem babylonischen Exil wird das Verhältnis umgekehrt, die Wurzelverstockte hat es besser als die Kinderreiche: *Jubele, du Unfruchtbare, die nicht geboren hat! Brich in Jubel aus und jauchze, die du nicht schwanger warst! Denn zahlreicher sind die Kinder der Verwüsteten als die der Ehefrau, spricht Gott.* Jes 54,1

Bei dem hebräischen Ausdruck für Unfruchtbarkeit, *„wurzelverstockt"* klingt die Pflanzenmetaphorik an, die auch der Vorstellung zu Grunde liegt, dass der Same des Mannes in die Gebärmutter eingesät wird wie in ein Feld.

Pränatale Lebenszeit

In den biblischen Texten wird die pränatale Lebenszeit wahrgenommen als eine Phase, die zum Leben und zur eigenen Biografie gehört. Diese Zeit wird im Alltag und in den Texten nicht ausgeblendet. So gilt auch hier Franz Rengglis Äußerung zu Ägypten: „Die embryonale, bzw. fötale Welt schimmert bei den alten Ägyptern überall durch, fast gehört sie zu ihrem Alltag."[144]

Von der prägenden pränatalen Erfahrung des Erwählt- und Berufenseins ist in der Bibel achtmal die Rede. Daraus kann geschlossen werden, dass die Menschen ein auf die Pränatalzeit hin erweitertes Selbstbewusstsein hatten: Richter Simson Ri 13,5; die Propheten Jesaja 44,2+24; 46,3; 49,1; Jeremia 1,5; Johannes d. Täufer und Jesus Lk 1,15+41-45; Paulus Gal 1,15.

Drei Beispiele seien hier zitiert:

Jes 49,1 Der Prophet, auch Gottesknecht genannt, sagt von sich: *„Gott hat mich berufen von Mutterleib an, gedachte meines Namens vom Schoß meiner Mutter an."*

Jer 1,5 Gott spricht zum Propheten: *Schon bevor ich dich im Mutterleib formte, habe ich dich erkannt, noch bevor du aus dem Mutterschoß hervorkamst, habe ich dich geheiligt, zum Propheten für die Völker habe ich dich bestimmt.*

Gal 1,15 Paulus schreibt von sich: *„Aber Gott hatte mich schon von Mutterleib an auserwählt; durch Gottes geschenkte Zuwendung wurde ich berufen."*

Der Theologe Raymund Schwager, der die Forschungsergebnisse von Alfred Tomatis über die pränatale Gehörbildung aufnimmt, interpretiert dies

[144] Franz Renggli, *Der Sonnenaufgang*, 18.

so: „Da er (sc. der Gottesknecht in Jes 49,1) für seine Aussage das Bild vom Mutterleib benützt und Bilder nicht zufällig sind, dürfte in ihm die untergründige Erinnerung einer Gotteserfahrung schon vor der Geburt mitschwingen. ... Eine abstrakte Theologie sieht in dieser Aussage eine bloße Metapher für den Gedanken, dass der Knecht sich ganz gerufen weiß. Tomatis macht uns demgegenüber darauf aufmerksam, dass zu einer ganzheitlichen Erfahrung auch die Erinnerung an unsere frühesten Erfahrungen gehört. Von diesem Kontext her legt sich deshalb eher die Deutung nahe, dass das Berufungserlebnis so intensiv war, dass es im Propheten gleichzeitig verschüttete Erinnerungsspuren, die bis in sein Leben im Mutterschoß zurückreichten, geweckt hat. Etwas Ähnliches scheint auch von Paulus zu gelten, denn er setzt seine Erwählung ebenfalls bereits im Mutterschoß an."[145]

Ein Beispiel aus den Apokryphen bestätigt diese Einstellung: Der fiktive König (Entstehungszeit 1. Jhdt. v. und n. Chr.) betont, dass er ein Mensch sei wie alle anderen und begründet dies mit der Pränatalzeit: *„Im Leib meiner Mutter wurde ich zu Fleisch geformt, / während zehn Monaten in ihrem Blut fest zusammengefügt / aus dem Samen eines Mannes und nach lustvollem Beischlaf."* Weisheit Salomos 7,1.

Es handelt sich zwar um einen griechischen Text, doch drückt auch er das in die vorgeburtliche Zeit hinein erweiterte Selbstbewusstsein aus. Das griechische Wort für Gebärmutter *koilia* wird auch verwendet in Joh 7,38: *„Alle, die an mich glauben, über die heißt es in der Schrift: ›Flüsse lebendigen Wassers werden aus ihrem Inneren (koilia) fließen.‹"* Für den vorderorientalischen, griechisch sprechenden Menschen ist *koilia* geschlechtsübergreifend. Die Bedeutungen Bauch, Gebärmutter, Geborgenheit, Quelle des Lebens schwingen zusammen.

Zur selben Zeit wurde in Leptis Magna/Libyen eine Säule der Basilika des Severus mit der Ornamentik von 10 Monaten Schwangerschaft, jeweils mit Embryonen, errichtet[146] (Abb. 20).

Die pränatale Lebenszeit kann auch Menschen in ihrem Charakter prägen:

... ja, für die Treuen gilt: Sie wurden zusammen mit der Weisheit im Mutterleib gebildet. Jesus Sirach 1,14b

Verbrecher weichen von Geburt an ab. Vom Mutterleib
an irren die ab, die Lügen reden. Ps 58,4.

[145] Gal 1,15, siehe auch: Raymund Schwager: *Erbsünde und Heilsdrama. Im Kontext von Evolution, Gentechnologie und Apo-kalyptik*, 46.

[146] Diesen Hinweis und das Foto verdanke ich Paula M.S. Ingalls, USA

Die Zeit in der Gebärmutter prägt die weitere Entwicklung der Menschen, eine Erkenntnis, die heute wieder durch die pränatale Psychologie und durch Ultraschalluntersuchungen belegt wird.

Abb. 20. Die Säule der 10 Monate Pränatalzeit, ca 210 n. Chr.

Frauen verstanden Kindsbewegungen als bedeutsam für das ganze Leben und das Volk. Deshalb konnten sie sie als spirituelle Erfahrungen verstehen. Dazu zwei Beispiele:

Zwillinge

Die Zwillinge Jakob und Esau stoßen sich so heftig, dass Rebekka sich wegen dieser Kindsbewegungen Rat holt bei einem Orakel ihres Gottes Jahwe, hier mit Adonaj übersetzt:

Doch dann schlugen sich die Kinder in ihrem Leib und sie sagte: „Wenn das so ist, wozu bin ich dann da?" Und Adonaj sagte ihr: „Zwei Völker sind in deinem Leib, zwei Nationen trennen sich bereits in deinem Schoß. Eine Nation ist der anderen überlegen, und der Ältere wird für den Jüngeren arbeiten." Als dann die Zeit der Geburt kam, siehe, da waren Zwillinge in ihrem Leib. Und der erste kam heraus – rötlich und ganz behaart wie mit einem Prachtgewand. Und sie nannten ihn Esau. Dann kam sein Bruder, und dessen Hand hielt die Ferse Esaus umklammert und erhielt den Namen Jakob. Gen 25,22-25.

Göttliche Zwillinge wie Castor und Pollux, Gilgamesch und Enkidu oder feindliche Zwillinge in Sagen sind ein mythisches Motiv. So schildert ein Märchen der Nordamerikanischen Irokesen den Streit zwischen Zwillingen vor der Geburt. Das Märchen ist eine Ätiologie, es erklärt die Entstehung von Sonne und Mond. Dies ist eine Parallele zu dem pränatalen Streit zwischen Jakob und Esau, eine Ätiologie für die Feindschaft der Völker Israels und Palästinas.

In babylonischen Ätiologien wird die Bedeutung der jeweiligen Geschlechter betont: „Male twins are no good. If a woman gives birth to two males:

the country will experience famine. If a woman gives birth to two females: his (the husband's) house will be prosper. If a woman gives birth to two males: there will be a hardship in the land so that the land experiences unhappiness; evil will arise for their father's house. – Männliche Zwillinge sind nichts Gutes. Wenn eine Frau zwei Knaben gebiert, wird das Land Hunger leiden. Wenn eine Frau zwei Mädchen gebiert, wird das Vaterhaus reich werden. Wenn eine Frau zwei Knaben gebiert, wird es dem Land hart ergehen, sodass sie Unglück erfahren werden, Unglück wird in ihrem Vaterhaus sein." Und an anderer Stelle: „If a woman gives birth to twins, the (one) king will humiliate the (other) king, his rival an and the house of man will be dispersed. – Wenn eine Frau Zwillinge gebiert, wird der eine König werden und den anderen König demütigen, sein Rivale und dessen Haus werden vernichtet werden."[147]

Die Begegnung der beiden Schwangeren, Elisabet und Maria

Auch im Neuen Testament wird die pränatale spirituelle Erlebnisfähigkeit vorausgesetzt. Elisabet, die Verwandte Marias, die im Alter noch unerwartet schwanger wird, deutet die Kindsbewegungen theologisch als Begrüßung des zukünftigen Messias.

Elisabet ist mit Johannes dem Täufer, Maria mit Jesus schwanger. Als Maria und Elisabet sich begegnen, verneigt sich Johannes der Täufer vor Jesus, wie dieses Bild (Abb. 21) zeigt, ein Motiv, das sich in Kunst, Dichtung und Musik großer Beliebtheit erfreut![148]

Luk 1,24-57 in Auszügen, die theologischen Termini sind weggelassen:

Elisabet verhüllte sich <u>fünf Monate</u> lang ... Der Engel Gabriel sagt zu Maria: „Siehe, Elisabet ist mit dir verwandt: Sie hat in ihrem Alter ein Kind empfangen und dieser <u>Monat ist der sechste.</u>" ... In diesen Tagen stand Maria auf. ... Sie ging in das Haus des Zacharias und begrüßte Elisabet. Und als Elisabet den Gruß Marias hörte, da hüpfte das Kleine in ihrem Bauch. Elisabet wurde mit heiliger Geistkraft erfüllt, und sie brach mit lauter Stimme in die Worte aus: „Willkommen bist du unter Frauen, und willkommen ist die Frucht deines Bauches! Woher weiß ich, dass die Mutter meines Herrn zu mir kommt? Siehe, als dein Gruß in mein Ohr hineinkam, da hüpfte das Kleine in meinem Bauch voller Jubel. ... Maria aber blieb mit ihr

[147] Marten Stol, *Birth in Babylonia and the Bible*, 208, Übersetzung: Hanna Strack.

[148] Siehe die entsprechenden Beispiele in den Kapiteln dazu.

Abb. 21. Zyklus Marienleben, Kirche vom Heiligen Kreuz, Zypern, 14. Jdt.

drei Monate lang zusammen. Dann kehrte sie in ihr Haus zurück. Die Zeit erfüllte sich für Elisabet, so dass sie gebären sollte.

Die beiden Embryos kommunizieren miteinander durch Stimme und Ohren der Mütter! Der Text ist strukturiert durch die Schwangerschaftsmonate (Unterstreichungen H. Str.), ein gebräuchliches literarisches Stilmittel.[149]

[149] Claudia D. Berg-mann, *Childbirth as a Metaphor for Crisis: Evidence from the Ancient Near East, the Hebrew Bible,* 33ff.

Fehlgeburt – eine Gebärmuttererfahrung

Die pränatale Lebenszeit wird im Alten Israel auch dann mitberücksichtigt, wenn es um Fehlgeburten geht. Dabei sind vier Aspekte zu unterscheiden: Die Ursachen von Fehlgeburten werden benannt, die Fehlgeburt ist Gleichnis für ein ungelebtes Leben, sie ist Ausdruck der Sehnsucht nach Ruhe in einem sinnlosen Dasein, ihr gilt die Verheißung im Rahmen der Endzeitmythen, der Apokalyptik. Im Hebräischen gibt es mehrere Ausdrücke, die mit „Fehlgeburt" übersetzt werden. Deren Wortstämme sind: *nefäl* = stürzen, zur Erde fallen, *jaza* = herausgehen, *schacal* = kinderlos machen, Abortus. Diese Begriffe gelten auch für Tiere.[150]

Die Ursachen für Fehlgeburten

Die Menschen in Jericho litten unter dem schlechten Wasser ihres Brunnens. Es kam deshalb zu Fehlgeburten. Man erwartete von dem Propheten Elisa, dass er Wunder wirken konnte wie sein großes Vorbild Elia:

Die Leute aus der Stadt sagten zu Elischa: „Sieh doch, die Lage der Stadt ist gut, wie mein Herr sehen kann, doch das Wasser ist verdorben, und das Land ist kinderlos!" Da sagte er: „Gebt mir eine neue Schüssel und legt dort Salz hinein!" Sie holten sie ihm. Dann ging er zur Wasserquelle hinaus, warf das Salz dort hinein und sprach: „So spricht die Ewige: Ich heile dieses Wasser! Nie wieder soll von ihm Tod und Kinderlosigkeit kommen!" Und so wurde das Wasser bis zum heutigen Tag geheilt gemäß dem Wort Elischas, das er geredet hat. 2. Kön. 2,19-22.

Auch der folgende Segenstext spricht von verunreinigtem Wasser und Brot. Gott wird dem Volk die elementaren Bedürfnisse gewährleisten: *Ihr sollt ihr allein, eurer Gottheit, Gottesdienste feiern, dann wird eure Speise und euer Wasser gesegnet werden. Ich selbst werde Krankheiten von eurer Gemeinschaft fernhalten. Bei euch soll es keine Fehlgeburten und keine Unfruchtbarkeit geben; ich schenke euch erfüllte Lebenszeiten.* Ex 23,25f.

Eine weitere Ursache für Fehlgeburten ist die physische Gewalt: *Raufen Männer miteinander und stoßen dabei eine schwangere Frau, so dass ihr die Frucht abgeht, ohne dass weiterer Schaden eintritt, muss Schadenersatz geleistet werden. Der Ehemann der Geschädigten kann seine Höhe festsetzen; eine gerichtliche Bestätigung ist einzuholen.* Ex 21,22.

[150] Marianne Grohmann, *Fruchtbarkeit und Geburt in den Psalmen*, 227-270.

Fehlgeburt als ein sprachlicher Ausdruck für ungelebtes Leben:

Mirjam, die Schwester des Moses, hatte sich für eine Frau ungebührlich gegen Moses erhoben und wurde deshalb aussätzig. Aaron bittet für Mirjam bei Moses:

Lass sie nicht sein wie eine, die tot aus dem Leib ihrer Mutter kommt, mit dem Fleisch des Körpers, halb verwest! Lev 12,12.

Umgekehrt wünscht die Person, die Psalm 58 gedichtet hat, dass die Feinde ein nicht gelebtes Leben haben sollen:

Wie Schneckenschleim vergeht,
wie die Fehlgeburt einer Frau
sollen sie die Sonne nicht sehen. Ps 58,9

Fehlgeburt als Ausdruck für die Sinnlosigkeit des Lebens

Die späten Schriften der hebräischen Bibel aus der Zeit um 500 v. Chr. gehören zu der damals weit verbreiteten Weisheitsliteratur. In ihr wird die Frage nach dem Sinn des Lebens erörtert, gerade dann wenn ein Mensch viel Leiden ertragen muss. Das Buch Hiob gehört in diese Tradition. In seinen Klageliedern hat Hiob den suizidalen Wunsch, überhaupt nicht geboren zu sein:

Warum starb ich nicht vom Mutterschoß weg,
warum kam ich nicht aus dem Mutterleib und verschied?
Weshalb sind mir Knie entgegengekommen
und was sollten mir Brüste, dass ich saugte?
Ja, dann läge ich jetzt da und wäre still,
könnte schlafen und hätte jetzt meine Ruhe …
Oder wie eine verscharrte Fehlgeburt existierte ich nicht,
wie Kinder, die das Licht gar nicht sahen. Hiob 3,11-16.
Wie wenn ich nicht gewesen wäre, wäre ich dann –
vom Mutterleib zum Grab gebracht. Hiob 10,19.

Der Autor des so genannten Predigerbuches betrachtet das Leben eines Menschen, dem es sehr gut geht, der aber sein Glück nicht genießen kann. Die Fehlgeburt ist besser dran als er:

Selbst wenn Menschen 100 Kinder hervorbrächten und viele, viele Tage und Jahre lebten, aber ihre hungrige Kehle von dem Guten nie satt würde, und selbst wenn sie kein Grab fänden – ich sage euch dennoch: Gut ist eine Fehlgeburt dran, sie hat es besser als diese Menschen! Denn in häwäl (Nichts) *kommt sie: wie ein Nichts, und in Finsternis geht sie dahin. Ihr Name bleibt völlig im Dunkeln. Das Sonnenlicht hat sie nie erblickt, ja, sie weiß gar nicht, was das ist. Sie hat mehr Ruhe als diese Menschen, selbst wenn sie 2000 Jahre lebten, aber nie Gutes genossen hätten. Gehen am Ende nicht alle an ein und denselben Ort?* Prediger 6,3-6.

Der Prophet Jeremia wäre lieber im Mutterschoß verstorben:

Der Tag, an dem ich geboren wurde, der Tag, an dem meine Mutter mich zur Welt brachte, sei verflucht und nicht gesegnet. Verflucht sei die Person, die meinem Vater die frohe Kunde brachte: Ein Kind, ein Sohn ist dir geboren! und die ihn damit hoch erfreute. Dieser Person müsste es ergehen wie den Städten, die Gott zerstörte, ohne es zu bereuen. Klagegeschrei am Morgen und Kriegslärm zur Mittagszeit müsste sie hören, weil sie mich im Mutterleib nicht getötet hat. Dann wäre mir meine Mutter zum Grab geworden, auf immer schwanger geblieben wäre ihr Mutterschoß. Warum nur kam ich heraus aus dem Mutterschoß? Nur um dann Mühsal und Kummer zu sehen und in Schmach meine Tage zu beenden. Jer 20, 14-18.

Fehlgeburt in Texten der Apokalyptik

In der apokalyptischen Bildersprache spielen die Erfahrungen der Gebärerinnen eine große Rolle. Bei der Totenauferstehung werden auch Fehlgeburten genannt.

Deine Toten sollen leben und die Leichen aufstehen!
Wacht auf und jubelt, die ihr im Staub sitzt!
Dein Tau ist ein Tau von Licht,
du lässt ihn auf das Land der Verstorbenen fallen. Jes 26,19

Damit ist gemeint: Die Erde gibt auch ihre Totgeburten frei und sie nehmen an der Auferstehung teil.

Die wahrhaft menschliche Erkenntnis, dass Fehlgeburten auch Menschen sind, ist hinter diesen Texten der Bibel deutlich erkennbar. Diese schmerzlichen Erfahrungen, die Eltern zu allen Zeiten machen müssen, gehören zum Leben, wie wir es vor Gott stellen.[151]

Gefahren bei der Geburt

Unter der Wirkung männlicher Auslegung, die den Frauenkörper missachtet oder abwertet, ist nicht bekannt, dass die Menschen im Alten Israel Emp-

[151] Weitere Textstellen bei Marianne Grohmann, *Fruchtbarkeit und Geburt in den Psalmen.*

fängnis, Schwangerschaft, Geburt und Stillzeit als existentiell und spirituell wichtige Ereignisse beschreiben. Deshalb sollen hier noch Texte über die Gefahren bei der Geburt zitiert werden.

Die Geburt kann schnell und leicht sein, Gott ist eine gute Hebamme:

Ehe die Wehen einsetzen, hat sie geboren, ehe die Wehen kommen, hat sie ein Kind geboren. Wer hat solches gehört? Wer hat solches gesehen? Ist ein Land an einem Tag hervorgebracht worden, wird ein Volk in einem Moment geboren? Kaum in Wehen, hat Zion auch schon ein Kind geboren. Sollte ich durchbrechen, aber nicht gebären lassen?, spricht Gott. Sollte ich gebären lassen und doch verschließen?, spricht deine Gottheit. Freut euch mit Jerusalem und jauchzt alle, die ihr sie liebt! Seid fröhlich mit ihr, alle, die ihr um sie trauert! Weil ihr saugen dürft und euch sättigen an den Brüsten ihres Trostes, weil ihr schlürfen dürft und euch erquicken an den Brüsten ihres Glanzes. Jes 66,7-11.

Die Geburt kann stocken, wenn der Muttermund sich nicht öffnet:

Kommen Geburtswehen für Efraim, zeigt es sich als unverständiges Kind, denn zur rechten Zeit tritt es nicht in den Muttermund ein. Hos 13,13.

Zweimal erfahren wir vom Tod einer Frau während der Geburt: Rahel, die Lieblingsfrau des Jakob, war bei der Geburt ihres jüngsten Kindes, des zweiten Sohnes, unterwegs beim Weidewechsel in der Nähe des heutigen Bethlehem:

Und als es noch eine Wegstrecke nach Efrata zu gehen war, da musste Rahel gebären. Doch sie hatte eine schwere Geburt. Und weil sie es schwer hatte beim Gebären, sagte ihr die Hebamme: „Fürchte dich nicht, denn auch diesmal bekommst du einen Sohn!" Als ihr Leben sie verließ und sie im Sterben lag, da gab sie ihm den Namen Ben-Oni, ‚Sohn meiner Kraft, meines Unheils'. Doch sein Vater nannte ihn Benjamin, ‚ein rechter Sohn'. So starb Rahel. Und sie wurde begraben am Weg nach Efrata, das ist Betlehem. Gen 35,16-19.

Die Schwiegertochter des Pinhas hat durch einen Schock eine Sturzgeburt und stirbt daran. Dies ist die einzige Stelle, die etwas über den Geburtsvorgang, das Niederkien, aussagt:

Seine Schwiegertochter, die Frau des Pinhas, war hochschwanger. Als sie die Nachricht hörte: „Der Gottesschrein ist erbeutet und ihr Schwiegervater und ihr Mann sind tot", da ging sie in die Knie und gebar, denn die Wehen hatten sie überfallen. Als sie im Sterben lag, da sagten die Frauen, die bei ihr standen: „Fürchte dich nicht, denn du hast einen Sohn geboren." Aber sie antwortete nicht und es war ihr von Herzen gleichgültig. Sie nannte den Jungen Ikabod, das bedeutet „Kein-Glanz", denn aller Glanz hatte Israel verlassen wegen der Eroberung des Gottesschreins und wegen ihres Schwiegervaters und ihres Mannes. 1. Sam 4,19-21.

Wie die Hebamme der Rahel, so sprechen auch die Frauen, die bei der Geburt helfen, das Heilsorakel: „Fürchte dich nicht!", mit dem im Tempel die Anwesenheit der Gottheit zugesprochen wird und mit dem Engel sich vorstellen. Die Begründung „denn du hast einen Sohn geboren" war der patriarchalen Gesellschaftsordnung geschuldet.

Kultische Kategorien von Rein und Unrein

Die älteste Erwähnung der Menstruation finden wir in den Erzelterngeschichten:

Da stahl Rahel den Terafim, die Hausgottheit, die ihrem Vater gehörte. Jakob aber stahl das Herz des Aramäers Laban, indem er ihm nicht mitteilte, dass er fliehen wollte. So floh er mit allem, was zu ihm gehörte. ... Rahel aber hatte (bei der Flucht Jakobs vor Laban) den Terafim genommen. Sie steckte ihn in den Sattel des Kamels und setzte sich darauf. Laban durchwühlte das ganze Zelt und fand nichts Da sagte sie (Rahel) zu ihrem Vater (Laban): „Es möge kein Anlass zum Zorn für meinen Herrn sein, dass ich mich nicht vor dir erheben kann. Doch mir geht es nach Weise der Frauen." So suchte er und fand den Terafim nicht. Gen 31, 19–21, 34+35. In dieser Szene ist die Menstruation noch nicht von der Thematik „Rein-unrein" belastet. Rahel benutzt sie sogar, um ihren Hausgott zu verstecken.

In der Gesetzessammlung des Buches Levitikus, das der priesterschriftlichen Quelle zugeordnet wird (6./5. Jhdt), ist JHWH der Inbegriff der Heiligkeit. Frauen sind kultisch unrein bei Menstruation und Geburt/Wochenbett, der Mann beim Samenerguss. Da es hier um den Kult geht, übersetzt die „Bibel in gerechter Sprache" statt „unrein – rein": „kultunverträglich – kultfähig".

Eine Frau, die einen Ausfluss hat, Blut ist ihr Ausfluss aus ihrem Körper. Sie ist sieben Tage in ihrer menstruationsbedingten Kultunfähigkeit, und wer sie berührt, ist unrein bis zum Abend. Alles, auf dem sie in ihrer Menstruation liegt, ist unrein, und alles, worauf sie sitzt, ist unrein. Jeder, der ihr Lager berührt, wasche seine Kleider und bade sich in Wasser, und er ist unrein bis zum Abend. Jede Person, die irgendeinen Gegenstand berührt, auf dem sie sitzt, wasche ihre Kleider und bade sich in Wasser, und sie ist unrein bis zum Abend. Lev 15,19ff.

Die Theologin Ursula Rapp sieht in der besonderen Situation der Gebärenden die Grundlage dieses Textes: „Es ist dies die Gleichgültigkeit gegenüber der Veränderung, die eine Geburt bei Frauen auslöst sowie die Zuordnung der Erfahrung davon zu falschen Mächten. Der Text macht auf Achtsamkeit aufmerksam und darauf, dass es nicht egal ist, mit welchen Mächten Menschen sich verbinden. ... Diese Veränderung basiert auf der Grenze von Leben und Tod, der gebärende Frauen begegnen. Sie übertreten eine Schwelle zum Göttlichen, indem sie selbst die Leben Gebenden sind. ... Wie aber theologisch und pastoral von Geburt als einem solchen Geschehen zu sprechen ist, ist wieder gefährlich. Denn Geburt ist ein Thema, das vielfach missbraucht wurde und zugleich existentiell so bedeutsam ist, dass jede Aussage darüber durch Biographien und Erfahrungen einzelner Menschen relativiert wird."[152]

Nach der Lutherbibel verkündeten die Propheten den Gegensatz rein-unrein im Sinne ihres Gesetzesdenkens. Ezechiel vergleicht die Sündhaftigkeit des Hauses Israel mit der Menstruation einer Frau, doch die „Bibel in gerechter Sprache" zeigt, dass dies eine Übersetzungsfrage ist:

Mensch! Als die Israelitinnen und Israeliten auf ihrer Ackererde lebten, entwürdigten sie sie durch ihre Lebensweise und ihre Handlungen. Sie lebten so, dass die Ackererde immer wieder entheiligt wurde – vor meinem Angesicht. (Die Lutherbibel übersetzt: *wie die monatliche Unreinheit war ihr Wandel vor mir) Da goss ich meinen glühenden Zorn über sie aus, über all das Blut, das sie über das Land vergossen hatten.* Ez 36,17f.

Die Reinheitsvorschriften müssen nicht als Grundlage einer frauenfeindlichen Auffassung des Menstruationsblutes gelesen werden.[153]

Vergewaltigung und Mord

Gewalt an Schwangeren ist in Kriegen von alters her bis in die Neuzeit bekannt. Einige Zitate sollen als Beispiele dienen. Das Aufschlitzen der Bäuche von Schwangeren wird auch aus dem Jugoslawienkrieg berichtet:

Damals schlug Menahem Tifsach und alles, was dort war, sowie das ganze Gebiet bis Tirza, denn man hatte ihm nicht geöffnet. So erschlug er sie, alle Schwangeren schlitzte er auf. 2. Kön 14,16.

Samaria muss die Schuld büßen, Denn sie hat aufgelehnt gegen ihren Gott. Durch das Schwert fallen sie, ihre Kleinkinder werden zerschmettert, ihre Schwangeren aufgeschlitzt. Hos 14,1.

So sagt Gott: „Wegen der drei Verbrechen der Ammoniter und wegen der vier mache ich es nicht rückgängig: Weil sie die Schwangeren von Gilead aufschlitzten um ihr Gebiet zu erweitern." Am 1,13.

Als Holofernes die Stadt Betulia erobern will, so erzählt eine Legende, ist die Witwe Judith bereit, den Feldherrn durch eine List zu töten. Bevor sie

[152] Ursula Rapp, Weibliche Unreinheit und die Verwerfung der Gleichgültigkeit. Religionskritik an, in und mit der Geburtstora in Lev 12, 196f.
[153] Siehe auch das Kapitel mit Zitaten jüdischer Theologinnen.

aufbricht, betet sie und erinnert an Vergewaltigungen: *Herr, Gottheit meines Vorfahren Simeon, dem du ein Schwert in die Hand gabst, um die Fremden zur Rechenschaft zu ziehen, die den Schoß der Jungfrau zerstörten, um sie zu entrechten, ihre Schenkel entblößten, um sie zu schänden, und ihre Gebärmutter entweihten, um sie zu Schanden zu machen.* Judith 9,2–14.

Wehen als Metapher

Weibliche Lebenszusammenhänge werden auch metaphorisch verwendet, wobei Frauen im Opferstatus gesehen werden, sie sind nicht Trägerinnen von Kraft:

Ich worfelte die Menschen mit der Schaufel auf den Plätzen an den Toren überall im Land, ich machte mein Volk kinderlos und vernichtete es völlig, weil es sein Verhalten nicht änderte. Zahlreicher als der Sand am Meer wurden mir die Witwen im Volk. Ich schickte um die Mittagszeit den Vernichter zur Mutter von heranwachsenden Kindern, ließ jäh Angst und Schrecken auf sie fallen. Die Frau, die siebenfach geboren hat, welkte dahin, verlor ihr Leben, ihre Sonne sank am hellen Tag, sie wurde entwürdigt und ging zugrunde. Die restlichen Überlebenden will ich dem Schwert übergeben angesichts ihrer Feinde – so Gottes Spruch. Jer 15,5-9.

„Wie eine Frau, die gebiert“, das ist ein Ausdruck für Notsituationen. Wehen bedeuten Todesgefahr, sie werden nicht als Beginn einer glücklichen Geburt, als sinnvoll für eine neue Schöpfung beschrieben. Die Feinde – hier ist es Babel – sollen in Panik geraten:

Darum werden alle Hände sinken und alle Herzen der Menschen werden vergehen. Und sie werden erschrecken, Wehen und Geburtsschmerzen werden sie ergreifen, wie eine Gebärende werden sie beben, sie starren sich gegenseitig an, Flammengesichter sind ihre Gesichter. Jes 13,7f.

„Frauen werden nicht als Subjekte gesehen, sondern auf ihren Körper als ‚räumliche Ausdehnung mit Grenzen' reduziert. Die dem Körper angetane Gewalt führt dann auch noch zur Zerstörung und zur Auslöschung dieses Körpers.“[154]

Die Heilung der blutenden Frau

Jesus von Nazareth erscheint in seinem Verhalten ohne Angst gegenüber dem Frauenkörper. Das drückt sich in einer Szene aus, die die Evangelien überliefern. Für Jesus steht Heil und Heilung im Mittelpunkt seines Glaubens und Handelns. Die seit Jahren menstruierende Frau kann durch die Kraftübertragung von Jesus geheilt werden: *Da gab es eine Frau, die seit zwölf Jahren an*

[154] Maria Häusl, *Bilder der Not. Weiblichkeits- und Geschlechtermetaphorik im Buch Jeremia*, 360.

Blutungen litt und von vielen Ärzten vieles erlitten hatte. Sie hatte ihr ganzes Hab und Gut eingesetzt und ihr war doch nicht geholfen worden. Stattdessen wurde ihre Krankheit immer schlimmer. Die hörte von Jesus, näherte sich in der Menschenmenge und berührte von hinten sein Gewand. Denn sie sagte sich: ‚Wenn ich ihn berühre, und sei es nur sein Gewand, werde ich gesund werden.' Im gleichen Augenblick hörte ihr Blut auf zu fließen, und sie spürte an ihrem Körper, dass sie von ihrem Leiden befreit war. Gleichzeitig fühlte auch Jesus an sich, wie die Kraft aus ihm heraus floss, drehte sich in der Menschenmenge um und fragte: ‚Wer hat mich am Gewand berührt?' Da sagten seine Jüngerinnen und Jünger zu ihm: ‚Du siehst doch, wie die Menschenmenge sich um dich drängt, und du fragst: Wer hat mich berührt?' Jesus blickte sich weiter nach der um, die dies getan hatte. Die Frau fürchtete sich und bebte, denn sie hatte begriffen, was mit ihr geschehen war. Sie trat vor, warf sich vor ihm nieder und sagte ihm die ganze Wahrheit. Da antwortete er ihr: ‚Tochter Gottes, dein Vertrauen hat dich gesund gemacht. Gehe hin in Frieden, und sei dauerhaft von deinem Leiden geheilt.' Mk 4,25-34.

Die Theologin Ulrike Metternich zeigt, wie die Einstellung zur Frau und zur Sexualität die Sicht auf den Text prägen. Dabei betont sie die Absage an eine Auslegung, die die Lichtgestalt Jesus auf dem Hintergrund einer frauenfeindlichen jüdischen Religion sieht. Es geht bei allen Heilungsgeschichten um die *dynamis*, die Kraft, mit der das Reich Gottes hereinbricht.[155]

Jesus warnt auch Frauen vor der drohenden Gewalt im Krieg gegen Jerusalem:

Denn es werden Tage für dich kommen, da werden deine Feinde um dich herum einen Wall aufwerfen und dich umzingeln und dich von allen Seiten bedrängen. Sie werden dich samt deinen Kindern dem Erdboden gleichmachen und sie werden in dir nicht Stein auf Stein lassen, denn du hast den Zeitpunkt nicht erkannt, als Gott dich besuchte.' Lk 19, 41-43.

An anderer Stelle richtet Jesus sich direkt an die Frauen, warnt sie und rät ihnen: *Wenn ihr aber rings um Jerusalem Heereslager sehen werdet, dann merkt, dass seine Verwüstung genaht ist! Dann sollen die in Judäa ins Gebirge fliehen, und die in der Stadt sollen aus ihr hinaus und die auf dem Land sollen ja nicht in sie hineingehen. Denn dies sind die Tage der Rache, wo alles erfüllt wird, was geschrieben steht. Den Schwangeren und Stillenden wird es schlecht ergehen in dieser Zeit! Denn große Not wird über die Erde kommen und Zorn über dieses Volk. Und sie werden durch die Schärfe des Schwertes fallen und unter alle Völker als Gefangene weg-*

[155] Siehe auch: Ulrike Metternich, *„Sie sagte ihm die ganze Wahrheit". Die Erzählung von der „Blutflüssigen" – feministisch gedeutet.*

geführt werden; und Jerusalem wird von den Völkern besudelt werden, bis sich die Zeit für die Völker erfüllt! Lk 21, 20–24.

In diesem Zusammenhang findet sich auch eine Seligpreisung derjenigen Frauen, die nicht schwanger sind und nicht stillen, sie werden hier Töchter der Mutter Jerusalem genannt: *Eine große Menge Volk folgte ihm (sc. zur Hinrichtung), wobei die Frauen ihn beweinten und sich vor Trauer auf die Brust schlugen. Jesus wandte sich zu ihnen um und sagte: ‚Töchter Jerusalems, weint nicht über mich. Weint aber über euch und über eure Kinder! Seht, es kommen Tage, wo sie sagen werden: Glücklich sind die Unfruchtbaren und die Bäuche, die nicht geboren haben, und die Brüste, die nicht gestillt haben.'* Lk 23, 26–31.

Johannesevangelium

Im Johannesevangelium ist Inneres/Unterleib/*koilia* ein Ausdruck für den Ort der Wandlung, der Kreativität, des Lebendigseins: *Wie kann ein Mensch geboren werden, der alt ist? Es ist doch nicht möglich, ein zweites Mal in den Bauch der eigenen Mutter hineinzugehen und geboren zu werden!* Joh 3,4. *Alle, die an mich glauben, über die heißt es in der Schrift: ‚Flüsse lebendigen Wassers werden aus ihrem Inneren fließen.'* Joh 7,8.

Ein Bildwort Jesu verwendet die Geburtsarbeit der Frau als Symbol für das Göttliche. Jesus vergleicht in einer Rede an die Jüngerinnen und Jünger seinen Abschied und seine Wiederkunft mit dem Umschlag von Schmerzen zur Freude bei der Geburt:

Eine Frau, die gebiert, hat Schmerzen, wenn ihre Zeit gekommen ist. Wenn sie aber das Kind geboren hat, erinnert sie sich nicht mehr an die Qual vor Freude, dass ein Mensch zur Welt gekommen ist. Auch ihr habt jetzt Schmerzen, aber ich werde mich wieder von euch sehen lassen und euer Herz wird sich freuen und die Freude wird euch nicht weggenommen werden. Joh 16,21f.

Dieses Bild wurde in der kirchlichen Tradition gegen die Frau verwendet: Die Frau muss Schmerzen haben, denn das sei ein Gebot Jesu!

Weibliche Gottesbilder aus der Symbolik von Schwangerschaft und Geburt

Wenn die patriarchale Voreingenommenheit durchbrochen ist, finden wir viele weibliche Gottesbilder, die mit der Gebärmutterthematik zusammenhängen. Der Körper der Frau ist symbolwürdig für das Göttliche. Der Dualismus der Geschlechter wird dabei überwunden, auch Gott kann gebären, er/sie kann arbeiten wie eine Hebamme. Das hebräische *bätän* gilt für die Gebärmutter/Unterleib von Mann und Frau.

Zu den folgenden Versen schreibt die Neutestamentlerin Luzia Sutter Rehmann: „Hier beschreibt jemand sein Leiden, aus dem er oder sie neu geboren wird. Gott erscheint in der Rolle der Hebamme, die das Neugeborene liebevoll hinausführt."[156]

Gott als Amme: V*on Mutterleib an habe ich dir geholfen.* Jes 44,2.

Gott im Bild der Hebamme: *Ja, du hast mich aus dem Mutterleib gezogen, mir Vertrauen eingeflößt an der Brust meiner Mutter. Auf dich bin ich geworfen vom Mutterleib an, vom Schoß meiner Mutter an bist du mein Gott.* Ps 22,10. *Sollte ich durchbrechen, aber nicht gebären lassen?* Jes 66,9.

Gott im Bild einer Gebärenden: *Ich habe geschwiegen seit ewig, soll ich weiter still sein, mich zurückhalten? Wie eine Gebärende will ich stöhnen, hecheln und dabei nach Luft schnappen.* Jes 42, 14.

Die Alttestamentlerin Irmtraud Fischer schreibt hierzu: „Die Schöpfungsaussage wird nicht mit dem männlichen Bild des Zeugens illustriert, sondern mit dem gottgewirkten Werden des Embryos während der Schwangerschaft."[157]

Bevor die Berge geboren wurden und du unter Wehen Erde und Erdkreis geboren hast – durch alle Zeiten bist du, Gott! Ps 90,2.

An den Felsen, der dich hervorgebracht hat, dachtest du nicht mehr, die Gottheit, die dich geboren hat, hast du vergessen. Dtn 32,18.

Gott als Mutter: *Wie eine Mutter tröstet, so will ich euch trösten.* Jes 66,13.

Mein Vater und meine Mutter haben mich verlassen, die Ewige jedoch nimmt mich auf. Ps 27,10.

Und wer hat mit Toren das Meer verschlossen, als es hervorbrechend aus dem Schoß trat, als ich ihm Gewölk zum Kleid machte und Wolkendunkel ihm zur Windel? Hiob 38,8f.

Gott im Bild der Weberin:

Ja, du hast meine Nieren gebildet, hast mich gewebt im Leib meiner Mutter. Ps 139,13.

Die Ewige schuf mich zu Beginn ihrer Wege, als Erstes all ihrer Werke von jeher. Gewoben wurde ich in der Vorzeit; zu Urbeginn, vor dem Anfang der Welt. Spr. 8,22.

Hast du mich bei meiner Erzeugung nicht wie Milch hineingegossen und wie Käse mich gerinnen lassen, mit Haut und Fleisch mich umkleidet, mit Knochen und Sehnen mich durchflochten? Hiob 10,10f.

[156] Luzia Sutter Rehmann, *Vom Mut, genau hinzusehen*, 153.
[157] Irmtraud Fischer, *Das Buch Jesaja*, 249.

Gottes Mutterschößigkeit

Zu Beginn dieses Kapitels wurde schon die Übersetzung des hebräischen Wortes *rachamim* angeführt. Es wird im Griechischen mit *eleos* übersetzt und im Deutschen mit Mitleid, Barmherzigkeit. Es ist jedoch das Pluraletantum von *rächäm*= Gebärmutter und heißt wörtlich übersetzt: Mutterschößigkeit. Bei der Übersetzung „Barmherzigkeit" wird die Assoziation vom Mutterschoß auf das Herz verlegt. Damit geht im Griechischen und Deutschen der weiblich-mütterliche Bedeutungshintergrund des Begriffs *rachamim* verloren.

Die Alttestamentlerin Marianne Grohmann führt dazu aus: „*Rächäm* ist ein Beispiel für das enge Zusammenwirken von Mensch und Gott im Bereich der Fruchtbarkeit. ... Das Vergleichbare zwischen Gebärmutter und Erbarmen liegt einerseits im Bergenden, Bewahrenden und andererseits darin, dass bei beiden Mensch und Gott eng aufeinander treffen. Interessant ist hier die Interaktion, das Ineinander, die Wechselwirkung zwischen ‚wörtlicher' und ‚übertragender' Bedeutung. Ist von der weiblichen Gebärmutter die Rede, klingt das göttliche Erbarmen mit und umgekehrt."[158]

In der christlichen Tradition finden sich vereinzelt Beispiele für die Verwendung der Metapher „Schoß Gottes" gleichrangig mit der Metapher „Gottes Hand", d. h. jedoch als Schoß eines männlich gedachten Gottes.[159]

Schriften der Gnosis

Gnosis ist ein Sammelbegriff für eine vielschichtige religiöse Bewegung zur Zeit des Urchristentums und der frühen Kirche. Sie wird heftig bekämpft von verschiedenen Kirchenvätern, die in ihren Werken Sätze aus gnostischen Werken zitieren und so Kenntnis der von ihnen verurteilten Ansichten geben. 1947 wurde in Nag Hammadi in Oberägypten eine ganze Bibliothek von gnostischer Literatur gefunden, die einen Einblick in das Gesamtdenken ermöglicht.

Das Grundgefühl des gnostischen Menschen ist das der Fremdheit in dieser Welt. Die eigentliche Heimat ist die göttliche Welt. Dort ist die Seele zuhause, von dort ist sie in die Welt gefallen und dorthin kann sie zurückkehren. Die Schriften sprechen in einer für uns heute befremdlich wirkenden sexuellen Metaphorik.

[158] Marianne Grohmann, *Fruchtbarkeit und Geburt in den Psalmen*, 130.

[159] Siehe das Kapitel über die Symbolwürdigkeit der Gebärmutter für das Göttliche.

Die gnostischen Mythen benutzen das Bild der Gebärmutter (matrix) sehr häufig und zwar in dreifacher Weise:[160]

- Im physischen und neutralen Sinn ist die Gebärmutter der Ort, in dem der Embryo heranwächst, so heißt es in der Schrift „Zeugnis der Wahrheit", Johannes der Täufer sei durch das Wort in der Gebärmutter der alten Frau Elisabet, Christus durch das Wort in jungfräulichen Gebärmutter Marias empfangen worden.
- In einem positiven metaphorischen Sinn ist die Gebärmutter ein Bild für das All.
- Die Gebärmutter ist drittens, und das ist das häufigste Motiv, das negative Bild für die ganze sichtbare Welt als Herrschaftsbereich des Bösen, der Lust. Denn diese Welt wird durch die sexuelle Beziehung des Männlichen und Weiblichen aufrechterhalten.

Diese gnostischen Systeme nehmen die Mutterleibsymbolik der hellenistischen Mysterienreligionen auf. Der Myste ruft: „Ich bin im Himmel, ich bin in der Erde, im Wasser, in der Luft, in den Tieren und Pflanzen, im Mutterleib, von Mutterleib, nach Mutterleib."[161] Dies soll an einigen Texten gezeigt werden.

Die dreigestaltige Protennoia

In dieser Schrift (Protennoia TrimProt) ist die Gebärmutter das All, das von Gott erfüllt ist, das Pleroma. Gott selbst oder eine Gottheit dieser Ordnung ist der mütterliche Körper aller Dinge: Die dreigestaltige Protennoia, eine pantheistische Allgottheit, offenbart sich mit folgenden In-bin-Aussagen:

„Ich bin das Abbild des unsichtbaren Geistes,
und durch mich nahm das All Abbild an;
und ich bin die Mutter und auch das Licht,
das sie eingesetzt hat als Jungfrau, die ‚Meirothea'
genannt wird,
der unerreichbare Mutterschoß,
der unbegreifbare und unmessbare Ruf...
Ich bin mannweiblich. ...
Ich hatte Geschlechtsverkehr mit mir selbst ...
durch mich allein hat das All Bestand.
Ich bin die Gebärmutter, die Gestalt gibt dem All,
indem ich das Licht gebäre."

[160] Takashi Onuki, *Le Monde comme Matrice.*
[161] Richard Reitzenstein, *Hellenistische Mysterienkulte*, 29, 35.

Ähnliche Ich-bin-Aussagen werden im Johannesevangelium Jesus in den Mund gelegt: „Ich bin das Licht der Welt, das Brot des Lebens“ u. a.

Dieser positiven symbolischen Verwendung der Gebärmutter stehen zahlreiche weitere gegenüber, die Frauenkörper, Sexualität und das Böse in Eins sehen. Diese Texte sollen hier ausführlicher dargestellt werden, weil sie das christliche Denken stark beeinflusst haben mit ihrer negativen Bewertung der Gebärmutter als Reich des Bösen, der Lust und der Bereitschaft zur Gewalt gegen sie.

Die Erzählung über die Seele

Die Schrift „Erzählung über die Seele“ (ExAn) ist in koptischer Sprache überliefert, vermutlich eine Übersetzung aus dem Griechischen, aus der ersten Hälfte des 4. Jahrhunderts. Ich zitiere hier nach der Übersetzung von Cornelia Kulawik[162], die das entsprechende koptische Wort nicht poetisch mit „Mutterschoß“ sondern realistisch mit „Gebärmutter“ übersetzt, ebenso statt „Unzucht treiben“ „sich prostituieren“. Im ersten Teil der Schrift wird der Mythos vom Schicksal der Seele erzählt: Die Seele befand sich in der himmlischen Welt beim Vater, war eine Jungfrau und mannweiblich. Doch sie fällt herab in diese Welt, in einen Körper und ist nun weiblicher Natur. Sie wird von Räubern überfallen und gibt sich schließlich der Prostitution hin. Stets in der Hoffnung, ihren wahren Ehemann zu finden, läuft sie immer wieder anderen Männern hinterher. Doch diese täuschen die Seele, missbrauchen sie und verlassen sie am Ende. Aus diesen Verbindungen empfängt sie nur taube, blinde und kranke Kinder. Schließlich erkennt die Seele ihre erbärmliche Situation in der Welt. Sie weint, bereut und fleht zum himmlischen Vater, ihr zu helfen. Dieser hat Erbarmen und sendet ihr nun ihren himmlischen Bräutigam, der zugleich ihr Bruder ist. Nun kann die wahre Hochzeit stattfinden. Die ursprüngliche Androgynität wird wieder hergestellt. Die Seele gebiert gute Kinder und zieht sie auf. Sie ist wiedergeboren und kann in die himmlische Welt zurückkehren. „Denn mit der Gebärmutter verhält es sich nicht wie bei den Frauen. Denn die Gebärmutter des Körpers ist im Inneren des Körpers wie auch die Eingeweide. Die Gebärmutter der Seele aber zieht sich außen herum, wie die Schamteile des Mannes außen sind.“ Das Bild von der außen liegenden Gebärmutter in Platos Symposion, wird hier wieder aufgenommen.[163]

[162] Cornelia Kulawik, *Die Erzählung über die Seele, Nag-Hammadi-Codex II,6.*
[163] Siehe auch das Kapitel über die Gebärmutter in der Philosophie.

Die Paraphrase des Seem

Eine weitere Schrift aus Nag Hammadi, die Paraphrase des Seem (VII,1), in der Seem über seine Himmelsreise berichtet, ist durchzogen von Metaphern der weiblichen und männlichen Geschlechtsorgane: Gebärmutter, Hymen, Nachgeburt, Penis, das Reiben. Dies alles wird dem Reich der Finsternis und des Bösen zugeordnet. Die Welt ist die Gebärmutter und das Reich des Bösen, aus dem der Tod befreit.

„Und aus der Finsternis wurde das Wasser zur Wolke. Und in der Wolke empfing der Mutterschoß Gestalt. Das unruhige Feuer, welches (bekanntlich) eine Täuschung war, ging dorthin. Als die Finsternis den Mutterschoß sah, wurde sie unrein. Als sie nun das Wasser in Unruhe brachte, rieb sie den Mutterschoß. Ihr Verstand löste sich auf zu den Tiefen der Natur hinab. Er vermischte sich mit der Kraft der Bitterkeit der Finsternis."[164] Das Hymen ist die Wolke, die die Gebärmutter von der reinen Welt oben trennt. „Die Winde aber, die die Dämonen aus Wasser und Feuer, Finsternis und Licht sind, hatten Geschlechtsverkehr bis zum Verderben. Und durch diesen Geschlechtsverkehr empfingen die Winde in ihrem Mutterschoß einen Schaum durch den Penis der Dämonen. ... Als die Zeiten der Geburt nahe waren, versammelten sich alle Winde aus dem Wasser, das der Erde nahe ist. Sie brachten alle Unreinheit hervor. ... Die Finsternis geriet in Verwirrung durch ihren Mangel. Sie löste die Muskeln des Mutterschoßes. Der Mutterschoß öffnet arglistig das Auge, sah Dinge, die er noch nie gesehen hatte ... und der zornige Mutterschoß ließ den Verstand trocken werden ... Aber der Mutterschoß war traurig ... er blieb verwitwet ..." Dann wird vor der Wassertaufe, dem Finsternis-Wasser und der katholischen Kirche gewarnt und die Christen werden beschuldigt, nicht genug asketisch zu leben.

Der Jordan ist das Bild für die Kraft der Lüste, sein Wasser ist das Verlangen nach dem Koitus und Johannes ist der Archont, der Dämon, die Gebärmutter.[165]

In anderen Schriften wird der Unterschied von Seele und Körper beschrieben mit dem Unterschied von Nachgeburt und Fötus.

Es bleiben Fragen: Woher kommt dieser metaphorische Gebrauch der Gebärmutter? Hat er etwas zu tun mit der realen Frauenerfahrung seiner Zeit? Wie wirkte die Abwertung des Weiblichen in der Realität auf das Leben von Frauen?

[164] *Paraphrase des Seem* VII,1.
[165] *Testimonium Veritas*, IX,3.

Verschiedene Theologien der frühen Kirche

Ephraem, der Syrer

Die christliche Theologie hätte zwei Möglichkeiten gehabt, über die Gebärmutter zu sprechen. Die eine wäre die Würdigung der realen Gebärmutter in jeder Frau als Ort der Schöpfung des Menschen, die andere die metaphorische Verwendung der Gebärmutter als Wandlungssymbol für den Taufkessel, für die so genannte Zweite Geburt, die Taufe. Nur die zweite Bedeutung ist von den Theologen der frühen Kirche angewandt worden. Die reale Gebärmutter wurde selbst bei Maria durch die Lehre von der unbefleckten Empfängnis ausgeblendet.

Bei Ephraem, dem syrischen Kirchenvater des 4. Jahrhunderts, finden wir auch diese zweite Variante. Da er einen großen Einfluss hatte auf die theologische Entwicklung und die kirchliche Verkündigung und auch heute noch verehrt und rezipiert wird, soll er hier ausführlicher dargestellt werden.

Ephraem der Syrer lebte in der heutigen Südosttürkei, die damals zum semitischen Sprachraum gehörte. Er war Asket, Diakon, Theologe, Dichter, Prediger. Seine Werke umfassen Hymnen zur Genesis, Exodus, über die Jungfräulichkeit, das Paradies, den Glauben, die Perle, polemische Traktate gegen die Arianer und Manichäer, u.a.m. Seine zentrale Aussage ist: Gottes Heilshandeln in der Geschichte zielt auf die Rückführung der in Adam gefallenen Menschheit zum paradiesischen Urzustand.

Ephraem schrieb in poetischer Form und benutzte Metaphern aus der Natur, aus der Bibel und „aus der Menschwerdung Gottes, die alle Symbole bündelt." Die Symbole sind Geheimnisse und Sakramente, in denen eine verborgene Kraft wirkt. So die Symbole „Gewand", „Perle", „Namen" und auch „Gebärmutter". Im Syrischen gibt es zwei Ausdrücke für Gebärmutter: *karsa* als allgemeiner Ausdruck und *úba,* die durch das Fruchtwasser feuchte Gebärmutter.

Ephraem verwendet das Symbol Gebärmutter in fünf Bedeutungen:

- Gebärmutter ist Symbol für die Inkarnation, die Menschwerdung Gottes.
- Gebärmutter ist Symbol für den Jordan, in dessen Wasser Christus getauft wurde.
- Gebärmutter ist Symbol für die Taufe aller Menschen.
- Gebärmutter ist Symbol für das Kreuz Jesu.
- Gebärmutter ist Symbol für das Totenreich.

Die Gebärmutter Marias wurde ohne Geschlechtsverkehr mit einem Mann durch den Heiligen Geist befruchtet und ist deshalb rein geblieben.

Auch die Taufe, die zweite Geburt, ist rein. Die Anrufung der trinitarischen Gottheit während der Taufe ist der Wehenschmerz der Taufe: „... baptism, that is in travail with them in its womb, ...the former Adam who was corrupted; it gives birth to them with triple pangs, accompanied by the three glorious namens, of Father, Son and Holy Spirit. – Taufe, das ist der Wehenschmerz in der Gebärmutter ... der alte Adam war korrupt, er wurde mit dreifachen Wehenschmerzen geboren, die begleitet wurden durch die drei glorreichen Namen des Vaters, des Sohnes und des Heiligen Geistes."[166]

Das Kreuz Jesu ist Gebärmutter, weil Jesus durch diesen Tod die zweite Geburt durchlebte.

Papst Benedikt XVI nimmt diese Theologie und ihre negative, seiner Meinung nach jedoch positive Bewertung des Körpers der Frau auf, wenn er in der Generalaudienz am 28.11.2007 sagt: „Die Gestalt Ephräms ist für das Leben der verschiedenen christlichen Kirchen noch immer sehr aktuell. ... Für Ephräm ist die Rolle der Frau bedeutsam. Die Art und Weise, in der er von ihr spricht, ist immer von Einfühlungsvermögen und Achtung inspiriert: Der Aufenthalt Jesu im Schoß Mariens hat die Würde der Frau sehr erhöht. Wie es keine Erlösung ohne Jesus gibt, so gibt es für Ephräm keine Menschwerdung ohne Maria. Die göttlichen und menschlichen Dimensionen des Geheimnisses unserer Erlösung finden sich schon in den Texten Ephräms; auf poetische Weise und mit Bildern, die grundsätzlich der Heiligen Schrift entnommen sind, nimmt er den theologischen Hintergrund und in gewisser Weise selbst die Sprache der großen christologischen Definitionen der Konzilien des 5. Jahrhunderts vorweg." Für Benedikt XVI ist die Würde der Frau dadurch erhöht, dass sie keinen Geschlechtsverkehr hatte. Reale Gebärmuttererfahrungen sind für ihn theologisch nicht denkbar.

Hier schließen sich wieder Fragen an: Wie war die Geburtskultur zu Ephraems Zeit in seiner Gegend? Hat er als Mann je Geburtsschreie gehört? Wusste er etwas über die reale Gebärmutter?

Ist es die Würde der Frau, die – nach Benedikt – erhöht wurde oder die Würde der sündlosen, reinen Frau, die nur Maria gewesen ist? Und ist nicht allein schon die reale Gebärmutter in jeder Frau ihre Würde, ihr Anteil am Schöpfungsgeschehen, warum sollte sie erhöht werden müssen?

Der Himmel als Vater-Schoß ist das Gute, die Erde als Mutter-Schoß das vergänglich Minderwertige. Damit ist die Theologie und Anthropologie des

[166] Ephraem, der Syrer: *De Virginitate* 7.7.

Alten Israel verlassen, der griechische Dualismus von Leib und Geist hat gesiegt und die kirchliche Einstellung zur Gebärmutter wurde für Jahrhunderte geprägt.

Clemens von Alexandrien, Kirchenvater und Lehrer von Origines, steht der ursprünglichen hebräischen Bibel noch nahe. Er gehört zu den griechischen Theologen, die sich in vielem unterscheiden von den römischen Kirchenvätern. Clemens setzt sich mit Gegnern wie Marcion auseinander, die in der Natur des Menschen das Böse und in der Seele das Gute sehen. Er schreibt, das Neugeborene könne kein Sünder sein. „Wenn aber jemand die Geburt böse nennt, so muss er sie deswegen gut nennen, weil wir in ihr die Wahrheit erkennen. ... denn wenn aber die Geburt etwas Böses ist, so sollen die Lästerer sagen, dass der Herr, der an der Geburt teilgenommen hat, im Bösen gefangen war, und im Bösen gefangen auch die Jungfrau, die ihn gebar. Wehe über die bösen Leute! Sie lästern über den Willen Gottes und über das Geheimnis der Schöpfung, indem sie von der Geburt Böses sagen. ... Sie sagen nämlich, der Mensch sei dadurch ‚den Tieren gleich' geworden, ... aber die Geburt ist heilig, wegen welcher die Welt entstanden ist und ebenso die lebenden Wesen da sind, die Naturen, die Engel, die Mächte, die Seelen, die Gebote, das Gesetz, das Evangelium, die Erkenntnis Gottes."[167] Diese positive Auffassung von Clemens hatte keine Wirkungsgeschichte im christlichen Abendland.

Gregor von Nyssa, Bischof, Heiliger, nimmt das Bild von der Kleidung, um die leibliche Natur niedriger zu bewerten als die geistliche Natur des Menschen: „Was wir aber mit dem Tierfell überkommen haben, ist die Begattung, die Empfängnis, die Geburt, das Alter, die Krankheit, der Tod." Dies alles wird von Gott verwandelt, vom Leib befreit, in „einen geistigen, leidenschaftslosen Zustand."[168]

Das **„Te Deum laudamus"** ist der Anfang eines feierlichen, lateinischen Lob-, Dank- und Bittgesangs der christlichen Kirche. Es ist um 400 n. Chr. entstanden, man schreibt es den Kirchenvätern Augustinus und Ambrosius zu. Josef Haydn, Anton Bruckner u. v. andere haben diesen Text vertont. Darin heißt es von Jesus: „Du hast der Jungfrau Schoß nicht verschmäht."

[167] Clemens von Alexandrien, *Teppiche III.* Buch, 100-103 und passim.
[168] Gregor von Nyssa, *Gespräch mit Makrina über Seele und Auferstehung,* 97-104.

Der lateinische Text „non horruisti Virgines uterum“ drückt es deutlicher aus: Jesu Sein im Mutterschoß Marias muss als ein schrecklicher Aufenthalt gedacht worden sein. Müsste es nicht stattdessen heißen: „Du hast den wunderbaren Weg gewählt und bist im Schoße Marias Mensch geworden“?

Dasselbe Motiv findet sich in dem bekannten Weihnachtslied „Herbei o ihr Gläubigen“. Dort heißt es in der 2. Strophe: „Du König der Ehren, Herrscher der Heerscharen, verschmähst nicht zu ruhen in Mariens Schoß.“

Grundsätzlich sehen die Kirchenväter in der Gebärmutter das Einfallstor der Sünde in die Welt, denn sie stellt für den Mann die Versuchung dar, sich von Gott abzuwenden. Das Menstruationsblut, so Augustinus, ist das Zeichen für die chaotische Urflut, es kennt keine Grenzen und Ordnung.

Papst Innozenz III schreibt um 1200 n. Chr. über das Menstruationsblut: „Von diesem Blut heißt es nun, es sei so abscheuerregend und unrein, dass in der Berührung mit ihm die Früchte zu sprossen aufhören, Weingärten verdorrten, Pflanzen stürben, die Bäume ihre Früchte verlieren und Hunde, die davon äßen, toll würden ...“[169]

Maria gilt nur deshalb als Frau vorbildlich, weil sie nach dem katholischen Dogma schon unbefleckt empfangen wurde und auch nach der Geburt jungfräulich geblieben ist.

Wie konnte nach dieser Auffassung je ein gesundes Kind zur Welt kommen? Jesus jedenfalls bedurfte danach eines göttlichen Blutes.

Uterus cordis – Die Gebärmutter des Herzens

Eine andere Tradition spricht vom uterus cordis, der Gebärmutter des Herzens, und fügt einmalig beide Metaphern zusammen: „Jüdische und christliche Theologen verwendeten weibliche Metaphern, um die Wirklichkeit der Seele bzw. des Herzens, im Gegenüber zum männlich vorgestellten Gott zu beschreiben. Es wurde geläufig, vom uterus cordis zu sprechen (...), der das verkündigte Heilswort gleich einem Samen aufnimmt, es in Treue bewahrt und wachsen lässt und im bekennenden Wort und der tugendhaften Tat aus sich heraus gebiert.“[170] Das Herz ist die Hauptmetapher, es wird seinerseits als Gebärmutter beschrieben.

[169] gefunden in: Peter Sloterdijk, *Blasen Sphären*, 632.

[170] Irmgard Kampmann, *Vom Gebären Gottes*, 410.

Theophrastus von Hohenheim genannt Paracelsus, 16. Jahrhundert

Obwohl Arzt, hat Paracelsus seine Sicht auf die Gebärmutter theologisch begründet, weshalb er hier zu Wort kommen soll. Paracelsus unterscheidet drei Gebärmütter, die er im Sinne von Parallelitäten des Makro- und Mikrokosmos, den Schöpfungshymnus Gen 1 als Grundlage, beschreibt.[171] Der Himmel als Großwelt, der Mensch als Kleinwelt und die Gebärmutter als kleinste Welt:

„Der Himmel hat seine unteren und oberen Sphären, die er als Großwelt umschließt. Die kleine Welt aber ist der Mensch. Die Haut scheidet den Menschen als Mikrokosmos vom Makrokosmos. So bleiben große und kleine Welt in ihrem Gehäuse. Aber es gibt noch eine kleinste Welt: die Gebärmutter. ... Nun ist der Mensch nichts anders in den Frauen als wie ein Fisch im Wasser, der darin lebt und wächst und ohne es nicht bestehen kann. Die Frau ist das Meer, der Mensch der Fisch. Bei der Geburt werden die beiden getrennt wie bei den Tieren. Matrix ist das, woraus der Mensch wächst. Wie die Welt die Gebärmutter aller Lebewesen ist, so ist die Gebärmutter im Leibe der Frau die Welt ... Bevor Himmel und Erde geschaffen wurden, schwebte der Geist Gottes über dem Wasser: dieses Wasser war die Gebärmutter... Von diesen Wassern wurde der Geist Gottes getragen, der auch im Menschen wohnt, ... So ward das Wasser die Gebärmutter der Welt, aus dem sich alle Geschöpfe entwickelten. ... Des Menschen Gebärmutter war also die ganze Welt, sein Same war der Limbus, der die ganze Welt im Keime enthielt. So entstand der erste Mensch, der hernach von dieser Matrix losgelöst eine eigene Gebärmutter in der Frau erhielt. Die Frau hat also die ganze große Welt abgelöst."[172]

Das Menstruationsblut erfährt hier eine positive Bedeutung: „Die Frau ist die Mutter der Kinder wie das Meer eine alle Gewässer aufnehmende Mutter. Darum tritt bei ihr alle vier Wochen einmal eine Flut ein... Da also die Gebärmutter die Welt ist, welche Himmel, Erde, Luft und Wasser enthält und den Menschen vorgeburtlich ernährt, so ist die Frau in ihrem ganzen Leibe vom Manne verschieden."

Paracelsus zieht daraus die Konsequenz, in der Gebärmutter „ist der Geist des Herrn, der die Frucht in ihr zur Entwicklung bringt. Wie dieser Geist von den Wassern getragen wurde, also tragen wir Menschen ihn auf Erden

[171] Theophrastus von Hohenheim, *Propädeutischen Schriften*.

[172] Vergleiche Henry Miller im Kapitel über die Gebärmutter in der Literatur.

und auf dem Wasser. Niemand hat diesen Geist je gesehen, der in der Gebärmutter der Frau wohnt. Und doch wohnt er darin, weshalb man die Frauen nicht zu Hurerei gebrauchen soll. Denn in der Matrix ist Geist, der vom Herrn kommt und wieder zu ihm zurückkehrt."

Doch darf nicht unerwähnt bleiben, dass für Paracelsus der Mann das Gestirn, das Firmament und der Himmel der Frau ist. So bewirkt das Verhalten des Mannes die Veränderungen in der Frau. „So kommt zum Beispiel die Gebärmuttererstickung (gleich Hysterie) nur vom männlich-sexuellen Firmament her, das die Konstellation im Frauenkörper (das heißt im sympathischen Nervensystem) verändert hat."[173]

Nikolaus von Flühe, 15. Jahrhundert

Nikolaus von Flühe war Bergbauer in der Schweiz, verheiratet und Vater von zehn Kinder. Von seinem fünfzigsten Lebensjahr an lebte er als Eremit, wie ein Heiliger verehrt. Er beschreibt seinem Vertrauten, Heiny Am Grund, seine Vision im Mutterleib. Nikolaus von Flühe sieht in seiner pränatalen Vision einen Stern, einen Stein und das heiligen Öl und nach der Geburt erkennt er seine Mutter und seine Hebamme, sieht seine Taufe und einen alten Mann: „... das er im mutterlib vor und ehe er geboren sie, einen sternen am hymel gesehen, der die gantzen welt durchschinen und sid das er im Ranft gewonet, habe er alwegen ein sternen am hymel gesehen, der im glich were, das er eygentlich meynte, er sollte es sin ... Ouch habe bruder Claus im geseyt, das er vor siner purd im mutterlib seche ein großen stein, der bedütte die veste und stetty sins wesens, darinn er beharren und von sin fürnemen nit abefallen solt. Daby habe er im mutterlib das heylig öll gesechen, und als er geborn sy worden und an die welt komen sy, habe er sin mutter und sin hebamman bekent und sich selbs gesechen zu touffen trägen ... Er hette ouch dennzumal gesehen ein altten man bym touff stän, den bekantte er nit, aber den priester, der inn touffte, bekantte er wol."[174]

Marie-Luise von Franz legt die Symbole Stern, Stein, Öl und Alter Mann im Sinne von C. G. Jung aus. Der Stern kündigt ein archetypisches Schicksal und die Möglichkeit der Individuation an, wie es Bruder Klaus selbst versteht: dieser Stern meint ihn selbst. Der Stein ist der innere Mensch, hier also der zur Erde gekommene Stern. Das heilige Öl verweist den Menschen auf

[173] Theophrastus von Hohenheim, genannt Paracelsus: *Sämtliche Werke* in zeitgemäßer Kürzung Band V, 297ff und 327.

[174] Marie-Luise von Franz, *Die Visionen des Nikolaus von Flühe*, 18.

die numinose Gegenwart Gottes. „Alle drei Symbole der vorgeburtlichen Vision des Heiligen bedeuten seine Berufung zur Individuatio und deuten auch an, von welcher Art das Göttliche ist, das sich in Bruder Klaus realisieren möchte: *der alchemistische Lapis, eine ‚analogia Christi', möchte in ihm Wirklichkeit werden.*"[175] Auch der Alte Mann ist ein Symbol des Selbst, jetzt nach der Geburt. Es ist der Archetyp des Alten Weisen.

So zeigt die Vision dieses Mystikers, wie in der Gebärmutter schon sein Selbst und seine Beziehung zur göttlichen Welt angelegt ist.

Der Hexenhammer - Malleus maleficarum, 15. Jahrhundert

Die Frauen diskriminierende und für sie lebensgefährlich negative Einstellung der christlichen Theologen und Kirchenmänner fand ihren Höhepunkt in dem so genannten Hexenhammer, einem Anleitungsbuch für Hexenprozesse, das die beiden Dominikaner und glühende Marienverehrer Jakob Sprenger und Heinrich Institoris geschrieben haben, nachdem sie von der päpstlichen Bulle dazu aufgefordert waren. Die beiden Autoren zitieren zum Beweis ihrer These von der Unersättlichkeit der Gebärmutter einen Text aus der Bibel, dem Buch der Sprüche. Sie schreiben: „Schließen wir: Alles geschieht aus fleischlicher Begierde, die bei ihnen unersättlich ist. S p r ü c h e am Vorletzten: ‚Dreierlei ist unersättlich (etc.) und das vierte, das niemals spricht: es ist genug, nämlich die Öffnung der Gebärmutter.' Prov 30,15b-16. Darum haben sie auch mit den Dämonen zu schaffen, um ihre Begierde zu stillen.... und gepriesen sei der Höchste, der das männliche Geschlecht vor solcher Schändlichkeit bis heute so wohl bewahrte; da er in demselben für uns geboren werden und leiden wollte, hat er es deshalb auch so bevorzugt."[176] Dann heißt es weiter im Hexenhammer: „Darum haben sie auch mit den Dämonen zu schaffen, um ihre Begierde zu stillen. ... kein Wunder, wenn von der Ketzerei der Hexer mehr Weiber als Männer besudelt werden. Daher ist auch folgerichtig die Ketzerei nicht zu nennen die der Hexer, sondern der H e x e n, damit sie den Namen bekomme a potiori; und gepriesen sei der Höchste, der das männliche Geschlecht vor solcher Schändlichkeit bis heute so wohl bewahrte: da er in demselben für uns geboren werden und leiden wollte, hat er es deshalb auch so bevorzugt."

[175] A. a. O., 24. Kursiv im Original.
[176] Jakob Sprenger, Heinrich Institoris Hg, *Der Hexenhammer. Malleus maleficarum*, I 106.

Die Verteufelung richtet sich auch auf die Hebammen, die der Gebärmutter am nächsten zuarbeiten. So heißt es: Die Hexen-Hebammen übertreffen alle anderen Hexen an Schandtaten. Sie verhindern die Empfängnis im Mutterleibe auf verschiedene Weisen, sie bewirken auch Fehlgeburten oder opfern die Neugeborenen den Dämonen.[177] Reuige Hexen sagen unter der Folter aus: „Niemand schadet dem katholischen Glauben mehr als Hebammen. Denn wenn sie die Kinder nicht töten, dann tragen sie, gleich als wollten sie etwas besorgen, die Kinder aus der Kammer hinaus, und sie in die Luft hebend opfern sie dieselben den Dämonen."[178] Dabei handelt es sich ursprünglich um eine germanische Sitte, nach der die Hebamme das Neugeborene von der Erde aufhebt und dem Vater darreicht, der über dessen Leben und Tod entscheiden kann.

Im 2. Teil des Hexenhammers werden konkrete Taten der vermeintlichen Hexen berichtet, so heißt eine Überschrift: „Über die Art, wie die Hexenhebammen noch größere Schädigungen antun, indem sie die Kinder entweder töten oder sie den Dämonen weihen."[179]

Dreihundert Jahre lang, von ca 1450 bis ca 1750, war die Vorstellung, Frauen, und durch sie auch Männer, gingen mit dem Teufel einen Bund ein, Bestandteil katholischer und protestantischer Frömmigkeit. Da der Teufel mit Frauen Geschlechtsverkehr habe, muss deren Gebärmutter vernichtet werden. Ein Folterinstrument war die so genannte Birne, die, durch Drehung der Schraube ausgeweitet, Eingeweide und Gebärmutter zerfleischt.

Das Ende dieses Wahns wurde eingeläutet durch die Prozessreform der Kaiserin Maria Theresia „Constitutio Criminalis Theresianus", wonach Geständnisse unter Folter nicht zur Begründung weiterer Verurteilungen angeführt werden dürfen. Darauf hatte schon der Jesuitenpater und Beichtvater der verurteilten vermeintlichen Hexen Johannes Spener mit seinem Buch „Cautio Criminalis oder Rechtliches Bedenken wegen der Hexenprozesse" im Jahr 1631 aufmerksam gemacht. Der Philosoph Christian Wolff (1679–1754) klärte darüber auf, dass Teufel geistige Wesen seien, die nicht körperlich mit Frauen Geschlechtsverkehr haben können.

[177] A. a. O., 157.
[178] A. a. O., III. 157ff, 211.
[179] A. a. O., II, 135.

Hildegard von Bingen

Die Benediktinerin Hildegard von Bingen (1098–1179) hat ein reichhaltiges Werk hinterlassen: Naturkunde, Heilkunde, Ethik, Kompositionen von Liedern und einem Singspiel, eine große Korrespondenz, Predigten und drei Visionsbücher, deretwegen sie auch als Mystikerin bezeichnet wird. Später wurden die geschilderten Visionen ausgemalt, wie sie uns heute bekannt sind. Obwohl Hildegard als Frau zu schweigen hatte, konnte sie ihre Theologie dennoch veröffentlichen, nachdem Papst Eugen III. ihre Visionen als Privatoffenbarung Gottes anerkannt hatte.

Hildegard von Bingen beschreibt in der Heilkunde, dass und wie der Mutterschoß Ort der Gegenwart des Heiligen Geistes ist. In ihren Visionen sieht sie den Mutterschoß als symbolwürdig für das Göttliche, für den Glauben und für die Kirche. Frauenkörper und Gott zusammen zu sehen, ist für sie kein Tabu. Im Gegensatz zu ihren männlichen Kollegen wie Thomas von Aquin anerkennt sie die volle Gottebenbildlichkeit der Frau. Ihre große theologische Leistung wird heute weniger rezipiert als ihre Ernährungslehre und Medizin.[180]

Schwangerschaft und Geburt in der medizinischen Schrift

In „Causae et Curae", dem „Buch von dem Grund und Wesen und der Heilung von Krankheiten" beschreibt Hildegard „Wie ein Mensch wird", darin auch die vorgeburtliche Entstehung der Seele und ihre Wirkungsweise. Diese ist eine Lebenskraft, die die Entfaltung des Embryo und Fötus ermöglicht.

„Darauf (sc. einen Monat nach der Zeugung) naht sich nach Gottes Willen und Plan der Geist des Lebens und berührt jene Gestaltung, ohne dass die Mutter etwas davon bemerkt, rührt sie an wie ein kräftiger warmer Wind, der mit einem Brausen über die Ebene fährt;... Dann bewegt sich das Kind, was die Mutter spürt, so, als ob es plötzlich einen Stoß erhielte, und es bleibt fortan in Bewegung. Wie gesagt, tritt der lebendig machende Hauch, also die Seele, mit dem Willen des allmächtigen Gottes in jene Gestaltung ein, kräftigt sie und macht sie lebensfähig; ... Die Seele lässt nun wie ein lebendiger Luftzug das Blut durch all die angeführten Teile strömen. ... Dieses macht der zweite Monat, die Zeit, in der die besprochene Gestaltung während eines abnehmenden und zunehmenden Mondes durch die Seele gefestigt

[180] Erst im Jahr 2012 wurde Hildegard heilig gesprochen und zur Kirchenlehrerin ernannt.

wird. ... wie nun die Seele auf keine Weise ohne Leib sein kann, so auch Gott in keiner Weise ohne Werk (opus).“[181] So *„... wird das Kind von der ersten Einpflanzung des Samens an in mancherlei Wechselfällen hin und her geworfen, bevor der Lebensgeist in ihm rege wird und in der richtigen Weise in ihm zu wirken beginnt.“*[182]

Auch die Geburt ist ein Prozess, der durch den Geist Gottes und die Seele des Kindes bewirkt wird: *„Wenn aber die Geburt unmittelbar bevorsteht, wird das Gefäß, in das das Kind eingeschlossen ist, zerrissen und die gleiche Kraft der Ewigkeit (vis aeternitatis), die Eva aus Adams Seite nahm, kommt schnell herbei und ist zur Stelle, um alle Winkel seiner Behausung im weiblichen Körper aus ihrer alten Lage zu werfen. Alle Verbindungen im weiblichen Organismus kommen dieser Kraft entgegen, nehmen sie auf und öffnen sich ihr. ... Die Seele des Kindes aber spürt während dieses Austritts die Kraft der Ewigkeit, die sie gesandt hat, und sie freut sich unterdessen. ... Steht die Geburt des Menschen nahe bevor, so dass die göttliche Macht den Verschluss der mütterlichen Gebärmutter öffnet, dann fühlt das Kind die Kraft Gottes an der Stelle ... dann durchtränkt der Heilige Geist mit Seinem Tau die Grünkraft des Wissens (viriditas scientiae).“* Viriditas, die grünende Lebenskraft, ist ein zentraler Begriff, mit dem Hildegard die vitale Kraft in allem Lebendigen bezeichnet.

In der Auslegung ihres Visionsbildes „Die Seele und ihr Zelt“ wiederholt Hildegard diese Einheit von Körper und Seele und die Wirkung des Heiligen Geistes im Kind während der Schwangerschaft.

Sie symbolische Verwendung der Gebärmutter in den Visionen

Hildegards Bilder und deren ausführliche theologische Interpretationen sind in zwei Visionsschriften enthalten: „SCIVIAS – Wissen die Wege“, in den Jahren 1141-1147 entstanden, und „LIBER DIVINORUM OPERUM – Welt und Mensch“, an der Hildegard zwanzig Jahre später gearbeitet hat.

Während bei dem ersten der hier vorgestellten Visionsbilder „Die Seele und ihr Zelt“ die natürliche Bedeutung des Mutterschoßes für Schwangerschaft und Geburt verbunden ist mit dem Schicksal der weiblichen Seele, gewinnt in den weiteren Visionsbildern der Mutterschoß eine ausschließlich theologische Symbolik: als Wurzel des christlichen im jüdischen Glauben, als Ort der Reinigung und Wiedergeburt, als Zukunft der Kirche der Laien,

[181] Hildegard von Bingen, *Heilkunde,* 126.
[182] A.a.O., 130.

als Ort des Antichristes und als der Kosmos-Leib Gottes/Caritas. In verschiedenen anderen Visionen erscheint das Mandalasymbol, die Urform des Mutterschoßes.

Vulva und viscera werden beide in Hildegards Latein für Mutterschoß verwendet.

1. Gottes Geist ergießt sich in das Kind im Mutterschoß (Abb. 22, S. 136)

Das Visionsbild

Auf dem Hintergrund ist im oberen Teil ein Sternenhimmel, im unteren Teil die braune Erde. Im Vordergrund zwei geometrische Figuren: eine auf der Spitze stehende Raute und ein Oval, in dem sich verschiedene Menschen aufhalten. Die Raute hat einen goldenen Grundton und unzählige Augen darauf. In der Mitte zieht sich ein rotgoldener Streifen von der oberen Spitze nach unten. Das Gesicht eines Menschen ist erkennbar. Dieser Streifen ergießt sich in das untere Bild. Dort liegt eine Frau, die ihre Hände in einer Gebärde des Empfangens erhoben hat. In ihrer Gebärmutter liegt ein Kind vor der Geburt. Der Lichtstrahl von oben gelangt direkt in das Kind und alle seine Glieder. Im Oval stehen rechts und links Frauen und Männer mit Schüsseln. In die Schüssel links oben legt gerade eine unheimliche Gestalt etwas Dunkles hinein.

Theologische Interpretation

Die Raute ist ein Sinnbild für die Gottheit, die sich bis an die Enden der Erde erstreckt. Mit ihren unzähligen Augen blickt sie auf alle Menschen. Die Farbe Gold weist auf Gottes Heiligkeit hin. Mitten in diesem Glanz ist ein rotgoldener Streifen, ein Bild für Christus, durch den der Heilige Geist die Seele des Kindes berührt und in sein Herz und in seine Glieder strömt. Christus ist die Verbindung zwischen Gott und den Menschen. Dank dieser Berührung ernährt die Seele den Körper, d. h. der Geist der Gottheit verleiht den Menschen schon in der Gebärmutter die Lebenskraft.

Abb. 22. Hildegard von Bingen: Die Seele und ihr Zelt.

2. Die Synagoge, eine Frau, trägt Israel in ihrem Schoß (Abb. 23, S. 138):

Das Visionsbild
Auf dem Kopf trägt die Frau einen Stirnreif, der wie Morgenrot leuchtet, vor ihrer Brust Moses, der die Gesetzestafeln hochhält, in ihrem Mutterschoß Abraham und die Propheten.

Theologische Interpretation
Die Synagoge, das jüdische Gebets- und Lehrhaus, wird als eine mütterliche Frau gesehen. Sie ist die Mutter der Menschwerdung, denn sie ging mit Christus schwanger, der aus dem Mutterschoß der Synagoge geboren wurde. Diese hat die Augen geschlossen und sie sieht nicht das Licht, das Gott in Christus sandte. Aber von dem Stirnreif aus strahlt es wie Morgenrot. Abraham ist der Anfang der Beschneidung als Kennzeichnung des jüdischen Glaubens, und Moses legte das göttliche Gebot in die Herzen der Menschen. Auch die Propheten haben auf Christus hingewiesen. Sie alle sind versammelt im Schoß und in der Brust der Mutter Synagoge.

3. Im Mutterschoß der Kirche werden Menschen gereinigt und wiedergeboren (Abb. 24, S. 139)

Das Visionsbild
Die Frau trägt eine Krone, ihr Unterleib ist wie ein Netz mit dunklen Köpfen darin. Von links schwimmen dunkle Menschen wie Fische in das Netz hinein und gelangen – jetzt hell – aus dem Mund der Frau wieder ins Freie, wo sie unterhalb einer Mandala-Scheibe mit drei Farbkreisen weiter schwimmen.

Theologische Interpretation
Das Taufgeschehen wird in drei Symbolen dargestellt: Als Wiedergeburt in der Gebärmutter, als Reinigung durch den Atem der Mutter Kirche und als Stärkung durch den Kraftbereich der Dreieinigkeit. Die Frau ist die Mutter Kirche. Sie zieht ihre Kinder in ihren Schoß und reinigt sie mit einem tiefen Atemzug, dem Heiligen Geist.

Abb. 23. Hildegard von Bingen: Die Synagoge.

Abb. 24. Hildegard von Bingen: Mutterschaft aus dem Geist und dem Wasser.

4. Mutter Kirche trägt die Gläubigen in ihrer Brust
(Abb. 25, S. 140)

Das Visionsbild

Eine Frau, groß und stark wie ein Stadtturm, trägt in ihrer Brust eine Gruppe von Menschen. Vom Mutterschoß an abwärts wird sie von einer blendend weißen Wolke umhüllt. In der Mitte des Bildes erscheint ein Mädchen. Hildegard schreibt dazu: „Bei diesem Anblick befiel mich ein solches Zittern, dass mir die Kräfte schwanden. Ich sank zu Boden und war nicht imstande zu reden. Da näherte sich ein hell leuchtender Glanz, berührte mich wie mit einer Hand, und so kam ich zu Kräften und fand die Sprache wieder.“

Abb. 25. Hildegard von Bingen: Der mystische Leib.

Theologische Interpretation

Im Gegenüber zur Synagoge steht hier die Kirche wie Luna (lateinisch Mond), die beständig wächst und abnimmt, und die nicht aus sich selbst brennt, sondern ihr Licht an dem Sonnenlicht entzündet. So ist auch die Kirche in stets wechselnder Bewegung und lebt vom Licht des Gottessohnes. Alle Menschen werden „Töchter Sion". Maria spricht über das Mädchen: „Mutter wird sie sein und doch eine Rosenblüte und Lilie der Täler, du wirst dem erlauchtesten Kinde Mutter sein!" Die Laien sind im Schoß der Mutter Kirche verborgen.

5. Das Böse verletzt Mutter Kirche (Abb. 26, S. 142)

Das Visionsbild

Der Unterleib der Frau ist mit Schuppen überzogen. An der Stelle der weiblichen Genitalien ist ein widerlicher schwarzer Tierkopf, die Oberschenkel sind wund, die Unterschenkel bluten. Im rechten Teil des Bildes, den wir hier nicht vor uns haben, sieht und hört Hildegard, wie der Kopf aus der Gebärmutter der Frau mit lautem Krachen herunterfällt und von einer Masse Kot nach oben getragen wird. Danach wird er mit einem Donnerschlag getötet. Eine Gruppe hilfloser Menschen schreit laut.

Theologische Interpretation

Das Böse ist dort eingedrungen, wo eigentlich Leben entstehen will: in der Gebärmutter der Frau. Sie ist die Kirche, der Tierkopf der Antichrist, die zerstörerischen Kräfte, die die Kirche und ihre Einrichtungen vernichten wollen. Der Antichrist wird aus einer vergewaltigten Kirche geboren, die Flecken, die Verwundungen und das Blut zeugen von den Verletzungen durch das Böse.

6. Der Kosmos als Mutterschoß (Abb. 27, S. 143)

Das Visionsbild

Ein Mutterschoß in der Gestalt eines Mandalas, das den Leib der Gottheit ausfüllt: Oben das Antlitz von GottVater, darunter in Rot das Antlitz der Liebe – Caritas mit ausgebreiteten Armen, den kreisrunden Schoß umfangend, in dem aufrecht ein Mensch steht, umgeben von Tieren und Winden.

Theologische Interpretation

Die Liebe Gottes umarmt den ganzen Kosmos. An seinen äußeren Grenzen sind Schichten aus Luft. „Mitten im Weltenbau steht der Mensch... Was er mit seinem Werk in rechter oder linker Hand bewirkt, das durchdringt das All ... Der Mensch besteht durch die Kraft der Elemente und mit Hilfe der übrigen Geschöpfe so fest und sicher, dass er durch keinerlei widrigen Ansturm aus seinem Wohlstand herausgerissen werden könnte, solange ihn die göttliche Allmacht darin beschützt." Hier wird die behütende Bedeutung des Mutterschoßes deutlich. Weiter schreibt Hildegard: „Schließlich siehst

Abb. 26. Hildegard von Bingen: Das Ende der Zeiten.

Abb. 27. Hildegard von Bingen: Der Kosmosmensch.

Du noch, wie aus dem Mund der Gestalt, in deren Brust das Weltenrad erscheint, ein Licht, heller als der klarste Tag, hervorgeht, nach Art eines Lichtgespinstes. Aus dem Urgrund der wahren Liebe, in deren Wissen der Weltenlauf ruht, leuchtet ihre überaus feine Ordnung über alle Dinge hervor und kommt, alles haltend und alles hegend, immer neu ans Licht … Aus dieser wahren Liebe, die ganz und gar göttlich ist, besteht alles Gute, wünschenswert über alles."[183] Gebärmutter, Kosmos, Mensch und Liebe sind vereinigt in Gott.

Elisabeth Gössmann, die an der Sophia-Universität in Tokio gelehrt hat, gibt zur Vision „Die Weltkräfte", auf der ein Mensch im kreisrunden Kosmos steht, eine bemerkenswerte Beobachtung wieder: „Und so sagen mir Japanische Studierende wie Kolleg/innen/en, ... mit großer Selbstverständlichkeit, dass es sich hier um ein Mutterschoß-Mandala handele."[184]

Der Glaube ist wie ein Mutterschoß

Auf der einen Seite würdigt Hildegard von Bingen die natürliche Bedeutung der Gebärmutter, wenn sie schreibt: „Aus mütterlichem Schoße wird das ganze Menschengeschlecht geboren."[185]

Auf der anderen Seite ist für Hildegard die Gebärmutter Symbol für die nährende, schützende und bergende Kraft des Glaubens. So formuliert sie: „Der Glaube der Heiligen ist wie ein Mutterschoß – quoniam velut vulva fides sanctorum est."[186] Die Frau „bildet das Haus der Weisheit, weil in ihrem Wesen das Irdische wie das Himmlische zur Verwirklichung kommt. Auf der einen Seite ist durch sie ja der Mensch ins Leben getreten, andererseits leuchten aber auch aus ihrem Wesen alle guten Werke der Keuschheit." Mutterschaft ist demnach ebenso wie Vaterschaft transparent für die göttliche Schöpferkraft. Die Frau ist mit ihrem „Willen der Liebe" aktiv am Zeugungsakt beteiligt.

Weitere Symbolisierungen seien erwähnt: Im *Naturbereich* ist die Erde die Mutter, die regnenden Wolken gleichen Mutterbrüsten, die mütterliche Erde lässt Kräuter und Blüten und wieder deren Samen hervor sprießen. Mutterschaft in der Natur bedeutet Bergen, Hervorbringen, Nähren und Anleiten. Die vorgeburtliche Erfahrung im Mutterschoß erwähnt Hildegard, wenn sie den gebückten Greis auffordert, sich zu erinnern an seine Herkunft aus dem Mutterschoß, wo er auch mit angezogenen Knien lag.

[183] Hildegard von Bingen, *Welt und Mensch,* 59.
[184] Elisabeth Gössmann, *Hildegard von Bingen,* 161.
[185] Hildegard von Bingen, *SCIVIAS,* 190.
[186] Hildegard von Bingen, *Der Mensch in der Verantwortung,* 69.

Im Bereich des *mitmenschlichen Umgangs* stellt Hildegard die Mütterlichkeit als Tugend vor, die auch Männer, z. B. Äbte, üben sollen. Die weibliche Symbolik hat dabei gesamtgesellschaftliche Bedeutung, denn sie bezieht sich vor allem auf die Weitergabe des Glaubens.

Im Bereich der *gnadenhaften Vermittlung von Menschlichem und Göttlichem* spielt die mütterliche Kraft und die Geborgenheit im Mutterschoß eine zentrale Rolle. „Wie die Geburt aus dem Mutterschoß das Leben der Menschen sichert, so der Glaube das Heil der Menschen, was exemplarisch an den Heiligen sichtbar wird, deren Glaube auf andere auszustrahlen vermag." Hildegard bezieht sich hier auf einen Text aus einem Buch der Apokryphen: *„Anfang der Weisheit ist es, die Ewige zu ehren und zu achten, / ja, für die Treuen gilt: Sie wurden zusammen mit der Weisheit im Mutterleib gebildet. Bei solchen Menschen baute sie ein Nest – ein festes Fundament für alle Zeit, / und noch bei ihren Nachkommen wird sie in Treue bleiben."*[187]

Wäre Hildegard von Bingen ebenso Kirchenlehrerin geworden wie Thomas von Aquin und nicht erst im Oktober 2012, dann wäre ihre Theologie in den Universitäten der letzten sieben Jahrhunderte gelehrt worden, so hätte die christliche Anthropologie und mit ihr die Geschlechterdifferenz einen anderen Charakter bekommen. Sie ist in ihrer Kreativität der weiblichen religiösen Symbolik bis heute unerreicht.

Islam: Texte aus dem Koran

Eine Geschichte der Gebärmutter im Islam würde den Rahmen dieses Buches sprengen. Es sollen aber Texte des Koran,[188] die zu wenig bekannt sind, doch für das Verständnis des Islam heute eine wichtige Rolle spielen, hier zitiert werden. In einigen Suren wird die Geburt thematisiert.

a) Zur Geburt Jesu durch Maria, Sure 19:

22. Und sie empfing ihn und zog sich mit ihm an einen entlegenen Ort zurück.
23. Und die Wehen der Geburt trieben sie zum Stamm einer Palme. Sie sprach: „O wäre ich doch zuvor gestorben und wäre ganz und gar vergessen!"
24. Da rief es ihr von unten her zu: „Betrübe dich nicht. Dein Herr hat unter dir ein Bächlein fließen lassen;

[187] Jesus Sirach 1,14f, siehe auch Elisabeth Gössmann, *Hildegard von Bingen. Versuche einer Annäherung*, 213.
[188] DER KORAN in der Übersetzung von Max Henning, Stuttgart 1960.

25. Schüttle nur den Stamm der Palme gegen dich, sie wird frische reife Datteln auf dich fallen lassen.
26. So iss und trink und kühle (dein) Auge. Und wenn du einen Menschen siehst, dann sprich: ‚Ich habe dem Allerbarmer ein Fasten gelobt, darum will ich heute zu keinem Wesen reden.'"

b) Zur Ehrung der Mutter, die das Kind geboren hat, Sure 31:
14. Und wir haben dem Menschen im Hinblick auf seine Eltern anbefohlen – seine Mutter hat ihn (doch vor seiner Geburt) überaus mühsam (unter dem Herzen) getragen, und bis zu seiner Entwöhnung waren es (weitere) zwei Jahre –: ‚Sei mir und deinen Eltern dankbar! Bei mir wird es (schließlich alles) enden.

c) Zur Geburtlichkeit, Sure 39:
6. Er hat euch aus einem einzigen Wesen geschaffen und hierauf aus ihm seine Gattin gemacht. Und er schuf für euch acht Haustiere in Paaren. Er erschafft euch im Leib eurer Mutter in einem Schöpfungsakt nach dem andern, (wobei ihr euch, ehe ihr das Licht der Welt erblickt, nacheinander) in dreierlei Finsternis (befindet).

d) Zur Ehrung der Eltern, besonders der Mutter, Sure 46:
15. Wir haben dem Menschen Güte gegen seine Eltern zur Pflicht gemacht. Seine Mutter trug ihn mit Schmerzen, und mit Schmerzen gebar sie ihn. Und ihn zu tragen und ihn zu entwöhnen erfordert dreißig Monate, bis dann, wenn er seine Vollkraft erlangt und vierzig Jahre erreicht hat, er spricht: ‚Mein Herr, sporne mich an, dankbar zu sein für Deine Gnade, die Du mir und meinen Eltern erwiesen hast, und Rechtes zu wirken, das Dir wohl gefallen mag. Und lass mir meine Nachkommenschaft rechtschaffen sein. Siehe, ich wende mich zu Dir; und ich bin einer der Gottergebenen.'

e) Zur Geschöpflichkeit, Sure 80:
18. Aus was hat Allah ihn (denn) geschaffen?
19. Aus einem Tropfen (Sperma) hat er ihn geschaffen. Und er setzte ihm sein Maß und Ziel (für den Aufenthalt im Mutterleib).
20. Hierauf machte er (ihm) (bei der Geburt) den Weg (ins Dasein) leicht.
21. Hierauf läßt er ihn sterben und bringt ihn ins Grab.

Und Sure 96:
1. Trag vor im Namen deines Herrn, der erschaffen hat,
2. den Menschen aus einem Blutklumpen erschaffen hat!

In dem Roman „Das Buch, das vom Himmel kam“ spricht der Romanheld Zayd, er ist Sekretär Mohammeds, über dessen Beziehung zu seiner Frau Karima: „Zayd war die Beziehung zwischen Karima und ihrem Kind oft wie ein Wunder vorgekommen. Einmal hatte ihm Mohammed gesagt, dass der Uterus einer Mutter direkt am Himmel aufgehängt sei, was Zayd als großartiges Bild empfand.“[189]

Jüdischen Mystik: die Kabbalah

Die Kabbalah ist eine Lehre, deren Wurzeln weit zurückgehen und die sich im späten Mittelalter von Südfrankreich bis Osteuropa ausbreitete bei Juden, Humanisten und Christen. Sie will eine Möglichkeit bieten, Gott zu finden, indem sie Gott und Mensch in Beziehung setzt. Dabei interpretiert sie biblische und andere Traditionen.

Das symbolische Kernstück der Kabbalah ist der Sefirotbaum, der Lebensbaum. Er zeigt, wie Gegensätze und Geschlechterpolaritäten einander ergänzen (o. Abb.):

Aus der einen Urpotenz Gott gehen zehn weitere Potenzen hervor, jeweils polar einander zugeordnet, von oben betrachtet:

Weisheit, Chochma, die oberste Potenz, darunter Wille und Verstand, Kether und Bina, ein weiblicher Ausdruck. Aus ihnen gehen rechts Gnade, Chessed, und links Gericht, Din oder Gevurah, hervor. Die Mitte bildet rachamin = die Mutterschößigkeit = Barmherzigkeit, das Herzstück des Lebensbaumes. Darunter Ewigkeit und Lob, Nezach und Hod, die sich in Jessod, dem Fundament vereinigen, auch Zaddik = der Gerechte genannt. Die verschiedenen Varianten des Zefirotbaumes erklären sich aus dem stärker werdenden Einfluss männlichen und frauenfeindlichen Denkens.[190]

Prinzessin Antonia von Württemberg übernahm die Kabbalah in dem christlichen Lehr-Altar, auf dem sie den Sefirothbaum weiblich interpretiert malen ließ (o. Abb.). Damit ging sie auf die Anfänge der Kabbalah zurück, die in die vorpatriarchale Zeit reichen:

189 Ahmad Vincenzo, *Das Buch, das vom Himmel kam*, 304

190 Elisabeth Moltmann-Wendel, Antonia von Württemberg, 1613-1679, Kabbalistin und Mäzenatin. Ein Altar weiblicher Heilsgeschichte, in: dies., *Das Leben lieben – mehr als den Himmel,* 125-141.

In der Mitte des Bildes ist in einem Tiefenraum die Rachamim = Mutterschoß = Barmherzigkeit als Mutter dargestellt, von zwei Kindern umgeben. Um sie herum sind weibliche Vogelsymbole zu sehen: Gluckhenne, Tauben und die Pelikanmutter, die ihre Jungen mit eigenem Blut nährt.

Zeitgenössische jüdische Theologinnen

Aus den theologischen Arbeiten jüdischer Frauen werden hier drei Texte vorgestellt: Die jüdische Schoschana Rürup interpretiert die Mikwe, das liturgische Bad der Frauen. Die Rabbinerinnen Naomi Janowitz und Rabbi Maggie Wenig entwerfen eine Schabbat-Liturgie zur Menstruation und begründen sie im einzelnen, Rabbi Lynn Gottlieb schreibt einen Midrasch zu Genesis 1, in dem die Gebärmutter symbolwürdig für den Kosmos ist.

Die Mikwe

Der monatliche Rhythmus im Leben der Frau, der durch die Menstruation entsteht und aufrechterhalten wird, war Jahrhunderte lang für jüdische Frauen Anlass zu einem rituellen Tauchbad. In der Gegenwart wird dieses von vielen Jüdinnen wieder zelebriert im Sinne einer kultischen Handlung.

Die folgende Darstellung basiert auf einem Text von Schoschana Rürup, in dem die in Berlin lebende Jüdin die Praxis und die theologische Begründung wiedergibt: „Mikwaot in Berlin: Taharah, Tumah und Mikwe (Mikvah). Erläuterungen im Kontext ritueller Reinheitsgebote.“[191]

Tahara ist rituelle, nicht hygienische, Reinheit und Tuma rituelle Unreinheit, wie sie die Tora verlangt. Wir sprechen besser von der physischen und psychischen Unversehrtheit.

Tuma betraf Menschen, die mit einem Toten in Berührung gekommen waren. Ebenso waren Männer betroffen nach dem Samenerguss und Frauen nach der Menstruation (Lev. 15). „Entgegen häufiger Missinterpretationen wird hier deutlich, dass nicht nur die Frauen rituell unrein sein können.“

Eine gründliche körperliche Reinigung geht der eigentlichen kultischen Handlung, dem Eintauchen in fließendes Wasser, voraus. Interessant ist auch, dass während der Menstruation und einige Tage danach kein Geschlechtsverkehr sein darf. Das wäre auch für viele nichtjüdische Frauen ein guter Schutz für Ruhe und Erneuerung.

[191] http://www.berlin-juedisch.de/info_tahara.html, Zugriff 3.2.2014.

„Bis ins zwanzigste Jahrhundert war die Mikwe ein maßgeblicher Teil des Gemeindelebens – ohne Mikwe keine Gemeinde. Heute benutzen nur wenige Menschen – auch hier in Deutschland – die vereinzelten Mikwen, die noch in Betrieb sind. Diese Minderheit ist oft dem Vorurteil ausgesetzt, rückständig und Frauen verachtend zu sein. Allerdings macht sich der Trend bemerkbar, die Mikwe wieder stärker in das religiöse Leben einzubetten, und so werden auch hierzulande neue ... Mikvaot gebaut."

Jüdische Frauen werden kreativ und gestalten neue Liturgien. Sie gewinnen so einen eigenen Raum für eine ihnen gemäße Spiritualität.

Ein Menstruationsgebet

Schon im Jahr 1976 haben die beiden jüdischen Theologinnen Naomi Janowitz und Maggie Wenig die Würde des Frauenkörpers am Beispiel der Menstruation betont. In einer Textsammlung zu Sabbat-Feiern formulieren sie eine Meditation und ein Gebet für den ersten Tag der Menstruation, wobei sie in allen Sabbath-Gebeten Gott als weiblich, bzw. als Mutter imaginieren.[192]

Meditation before Reciting Prayer on Menstruation:

You have woven through me
The possibility of life
and today it is unfolding within me.
Woman is not as strong as the hills
nor as enduring as the deserts.
Yet, created in Your image,
She has the greater gift.
For what are the hills and deserts before Your womb?

I know that for an offering to be acceptable it must be brought before You with the proper intentions. When I stand before You, may my body be pure and strong and my mind clear and deep. May I humble all my being before Your skirts as I bow down in Your presence.

[192] *Siddur Nashim. A Sabbath Prayer Book for Women,* translated and supplemented with original and traditional material by Naomi Janowitz and Maggie Wenig, 95f. Übersetzungen: Hanna Strack.

Meditation vor dem Menstruationsgebet:

Du hast durch mich
die Möglichkeit von Leben gewoben
und heute entfaltet es sich in mir.
Eine Frau ist nicht so stark wie die Berge
noch so ausdauernd wie die Wüsten.
Und dennoch, geschaffen als Dein Ebenbild,
hat sie die größere Gabe.
Was sind die Berge und die Wüsten vor Deiner Gebärmutter
(Mutterschoß)?

Ich weiß, dass ein Opfer, wenn es angenommen werden soll,
mit reinen Absichten vor Dich gebracht werden muss. Wenn ich
vor Dir stehe, möge mein Körper rein und
stark sein und mein Geist klar und tief. Möge ich all
mein Sein demütigen vor Deinen Absichten, wie ich
nieder knie in Deiner Gegenwart.

Prayer of Menstruation (to be said in the first day of menstruation)

Lord our God and God of our mothers, accept this day
my offering of blood.
It is a sign between You and Your daughters of our
dependence upon You. For You not only created us but
breath of life, which is blood, and You renew every month
that life within us.
The blood is a gift from You to me, as You said
(Leviticus 17:11): „The breath of life is the blood and I have
given it to you to make atonement for your souls,
for it is the blood that makes atonement by reason of the life."
The blood is a gift from You to us, for through our blood
we breathe the breath of life into our creations.
Blessed are You Adonai, who continually recreates within us the blood of life.
May it be Your will, Lord our God and God of the
mothers and fathers, that the day soon come when Your Presence will return to
dwell within us. Then our blood will no longer beneeded for atonement.
And all of our wombs's strength will be directed towards replenishing
the earth and assisting You in the deliverance of a full
creation. Amen."

Menstruationsgebet (für den ersten Tag der Periode)

Herr, unser Gott und Gott unserer Mütter, nimm heute
mein Opfer des Blutes an.
Es ist ein Zeichen zwischen Dir und Deinen Töchtern
für unsere Abhängigkeit von Dir.
Denn Du hast uns nicht nur geschaffen sondern auch
den Atem des Lebens eingehaucht, der unser Blut ist,
und Du erneuerst jeden Monat dieses Leben in uns.
Das Blut ist ein Geschenk von Dir für mich, wie Du
gesagt hast (Lev 17,11):
„Der Atem des Lebens ist das Blut. Und ich habe
es euch auf den Altar gegeben zur Versöhnung eurer Seelen,
denn es ist das Blut, das durch das Leben diese Versöhnung vollzieht."
Das Blut ist ein Geschenk von Dir für uns, denn durch unser Blut
atmen wir den Atem des Lebens in das hinein, was wir erschaffen.
Gesegnet seist Du Adonai, der du unaufhörlich in uns das Blut
des Lebens erschaffst.
Möge es Dein Wille sein, Herr, unser Gott und Gott
unserer Mütter und Väter, dass der Tag bald komme,
an dem Deine Gegenwart zurückkehrt, um unter uns zu wohnen.
Dann wird unser Blut nicht länger nötig sein für die Versöhnung.
Und alle Kraft unserer Gebärmütter wird direkt einfließen
in die Fülle der Erde und Dir beistehen bei der Geburt einer
ganzen Schöpfung. Amen.

Naomi Janowitz und Maggie Wenig ergänzen den vorgegebenen liturgischen Text durch Erläuterungen zu den einzelnen Sätzen. So verstehen sie die weibliche Menstruation ebenso wie die männliche Beschneidung als ein Zeichen für die Gottesbeziehung. Das Blut ist ein Sühnopfer. Es hat den Sinn, dass wir Leben geben. „In a post-Holocaust age, we cannot believe that sacrifice of human life will still be expected of us in the Messianic days – im Nach-Holocaust-Zeitalter können wir nicht glauben, dass in den Tagen des Messias von uns das Opfer menschlichen Lebens verlangt wird."[193]

Es wird keine Tempelopfer mehr geben, auch nicht wenn der Messias kommt, denn statt Gottes Gegenwart wird die Shekhina, die Geistkraft und Weisheit, anwesend sein. Es geht nicht nur um Fortpflanzung sondern um

[193] Ebd.

alle kreativen und produktiven Aktivitäten. Die Geburtsmetapher deutet hin auf die Geburt eines „ganzen" Kindes als Ausdruck der Vollkommenheit der Schöpfung. Alle helfen mit bei dieser Geburt wie Hebammen.

Menstruation ist in diesem Gebet dreifach verstanden: als ein Zeichen des Bundes, als ein persönliches monatliches Opfer und als ein Symbol der schöpferischen Kraft in den Frauen. Menstruation ist geheiligt, hervorgehoben als heilig durch dieses Gebet. Menstruationsblut wird auch nicht als „rituell unrein" betrachtet, denn nur ein reines Opfer kann Gott dargebracht werden.[194]

Die Theologinnen verweisen auf Num 28,11f, wo es heißt, dass das Opfer jeden Monat dargebracht werden muss am Neumond: *Und an euren Monatsanfängen sollt ihr mit einem Ganzbrandopfer Gott nahe kommen.*

Ein Midrasch „Lilith-Eve"

In dem Midrasch „Lilith-Eve" von Lynn Gottlieb entsteht die Frau nicht aus der Rippe sondern aus einer Gebärmutter. So holt Lynn Gottlieb, Rabbinerin am Temple Beth Or der jüdischen Reformbewegung in USA, Friedensaktivistin und Mit-Begründerin des Muslim-Jewish Peace Walk, die männliche Vereinnahmung der Geburt für Frauen zurück. Für sie ist Gott im folgenden Text weiblich.[195]

Am Anfang
schuf Gott die Erde und den Himmel und das Meer.
Gott fasste in das Wasser
formte eine Gebärmutter in ihrer Hand
und setzte sie in den Himmel.
Dann
mit ihrem eigenen Atem
füllte Gott die Gebärmutter mit Lilith,
der ersten Frau.
Tief in der Gebärmutter
begann die Geburt der Lilith.
Die Gebärmutter wurde schwer mit der Frau,
bis eines Tages Lilith ihre Arme herausstreckte
die Wände, die sie hielten, niederriss,
um den Himmel zu berühren.

[194] A. a. O., VIIf.
[195] Lynn Gottlieb, *She who dwells within,* 73-78, Übersetzung: Ursula Rudnick.

Der Himmel lächelte, nahm sie auf.
Lilith umfasste alles Leben
mit ihren Flügeln aus Feuer
und wusste nicht, wo der Himmel begann
und sie selber aufhörte.

Zeitgenössische christliche Theologinnen

Zeitgenössische Theologen haben, soweit bekannt, nichts zu diesem Thema geschrieben. Eine Ausnahme bilden Wissenschaftlerinnen der Hebräischen Bibel, des Alten Testaments, die zu einzelnen Bibelstellen gearbeitet haben. Pionierinnnen sind Helen Schüngel-Straumann und Luzia Sutter Rehmann. Auch bei Theologinnen anderer Fachbereiche finden sich keine expliziten theologischen Entwürfe zur Bedeutung der Gebärmutter. Doch sie weisen alle auf eine positive Wertung des Frauenkörpers hin und in diesem Zusammenhang auch auf die Gebärmutter. Wenn hier einige Frauen und ihre Arbeiten vorgestellt werden, so erhebt dies nicht den Anspruch der Vollständigkeit.

Elisabeth Moltmann-Wendel hatte auf einer Amerikareise in den siebziger Jahren erste Kontakte zu feministischen Theologinnen, deren Erkenntnisse sie nach Deutschland brachte. Sie stellte in ihren Büchern die Frauen um Jesus und in der Kirchengeschichte dar als Subjekte, nicht wie bisher als Objekte des männlichen Handelns: „Ein eigener Mensch werden" heißt der erste Buchtitel. Ein nächster Schritt ihrer Arbeit war die Rehabilitation des Frauenkörpers. Wie bei den Frauen um Jesus so entdeckte sie auch hier die positiven Einstellungen Jesu, die von den Kirchenvätern zugeschüttet waren: „Eine Theologie der Leiblichkeit ... erkennt Gott in vielen menschlichen Erfahrungen wieder, die uns in Erinnerung bringen, dass Leben im Leibe von Müttern beginnt, dass es zweisam, nicht einsam anfängt und dass unser leibliches Leben Gottes Leben auf Erden darstellt."[196] Elisabeth Moltmann-Wendels Verdienst ist es außerdem, die Kategorie der Natalität bei Hannah Arendt für die Theologie fruchtbar gemacht zu haben. Damit ist auch der Blick auf die Geburt selbst gerichtet.

[196] Elisabeth Moltmann-Wendel, *Mein Körper bin ich. Neue Wege zur Leiblichkeit*, 135.

Maria Kassel ist katholische Theologin in Münster und Dozentin am C.G.Jung-Institut in Zürich. Sie hat schon in den 80er Jahren Theologie, Tiefenpsychologie und feministische Theologie in einer Einheit gesehen und gelehrt. Es geht ihr um die Entpatriarchalisierung der christlichen Theologie und im Gegenzug dazu um die Wiederherstellung und Erlebbarkeit weiblicher religiöser Motive des Unbewussten. Gerade bei der Lektüre biblischer Texte wird deutlich, dass es gilt, Relikte weiblicher Archetypen wahrzunehmen. Doch nicht nur die Kraft des weiblichen Unterbewussten sondern in Verbindung damit die Symbolwürdigkeit des Frauenkörpers für das Göttliche muss wieder belebt werden: „... die in der männlichen Religion verbotene religiöse Bedeutung des weiblichen Körpers und seiner mit der Natur und dem Kosmos zusammenhängenden Rhythmen.“[197]

Während Eugen Drewermanns tiefenpsychologische Analyse christlicher und anderer Texte, z. B. Märchen, auf ein großes Interesse des Publikums stößt, stellt Maria Kassel fest, Drewermann mache „ ... eine solche, sich modern und frauenzugewandt gebende Exegese (sc. Lk 7) doppelbödig und gibt ihr den Charakter von Falschmünzerei. Es handelt sich um eine (vor-)täuschende feministische Exegese ... die dabei aber sexistische Vorurteile befestigt.“[198] In Bezug auf die Gebärmutter beobachtet Maria Kassel: „Die Unterwelt, die in archaischen weiblichen Religionen noch als Mutterschoß der Erde und als Ort der Wandlung des gestorbenen Lebens durch Wiedergeburt bzw. Auferstehung galt, wurde in der christlichen Deutung zur Hölle, zum Ort grauenhafter Torturen.“[199]

Auch die Religionsphilosophin **Grace M. Jantzen** schließt sich dem Perspektivenwechsel an, den Hannah Arendt mit der Hinwendung zur Natalität vollzieht. Doch sie fügt hinzu: „I have also insisted that a symbolic of natality is not reducible to a symbolic of maternity. ... We are all natals, whether or not we are mothers. ... We have all begun as part of somebody else; we have all been utterly dependent, nurtured well or badly into being who we are both physically and spiritually... – Ich habe auch darauf bestanden, dass eine Symbolik der Geburtlichkeit nicht reduzierbar ist auf eine Symbolik der Mutterschaft. ... Wir alle sind Geborene, ob wir Mütter sind oder nicht ... – Wir alle haben als Teil einer Anderen begonnen; wir waren alle äußerst ab-

[197] Maria Kassel, *Traum, Symbol, Religion. Tiefenpsychologie und feministische Analyse*, 165.
[198] A.a.O., 157.
[199] A.a.O., 69.

hängig, gut oder schlecht aufgezogen, zu dem, was wir sowohl physisch als spirituell sind..."[200]

Aus der Kategorie der Geburtlichkeit entwirft Grace M. Jantzen eine Theologie des Blühens, die im Gegensatz steht zur Theologie der Erlösung und die dennoch in den alten Texten der Bibel wurzelt. Es geht jetzt nicht um Sünde und Schuld und Erlösung durch einen Gott über uns, sondern um Wachsen und Sich Entfalten bis zur Fülle durch einen Gott, der in uns wirkt: „... this understanding of the divine as creative possibility for fecundity and flourishing is precisely what is invoked by a symbolic of natality ... dieses Verstehen des Göttlichen als kreative Möglichkeit der Fruchtbarkeit und des Blühens ist genau das, was durch eine Symbolik der Geburtlichkeit hervorgerufen wird."[201]

Diese wenigen Zitate machen deutlich, dass die Anerkennung des Geborenseins Konsequenzen für die Theologie in ihrem Kern hat. Statt Erlösung steht das Blühen im Mittelpunkt. Dieser Entwurf birgt noch sehr viele Möglichkeiten, die zu einer Entfaltung drängen.

Karin Ulrich-Eschemann, Religionspädagogin, nimmt Hannah Arendts Kategorie der Natalität kritisch auf im Interesse einer christlich fundierten Theologie. Es geht ihr darum, „zu probieren, von welchen Zugangsweisen aus sich erkunden lässt, was es heißt geboren zu werden."[202] Der Begriff „Kooperation" beschreibt phänomenologisch das Zusammenwirken von Gott und Frauenkörper. Doch „ein Mitschöpfertum ist ausgeschlossen."[203] Um die Geschöpflichkeit zu bewahren, nimmt Karin Ulrich-Eschemann den „Schöpfer in den Blick, der Leben werden lässt und der in Kooperation mit der Mutter am Werk ist." Auch die Menschwerdung Gottes geschah in der Kooperation mit Maria. Einen Neuanfang machen zu können, das liegt aber nicht, wie Hannah Arendt sagt, in der Tatsache der Natalität, sondern in der Auferstehung Jesu begründet. „Das Geborensein kann so das sein, was es wirklich ist: geschenktes Dasein und der Anfang des Lebens in Hoffnung. Von der Auferstehung und der Hoffnung her leben, lässt es nicht mehr nur zu, vielmehr fordert es dazu auf, unser Leben von der Geburt her zu verstehen als das geschenkte Leben in Hoffnung."[204]

[200] Grace M. Jantzen, *Becoming Divine,* 243, alle Übersetzungen: Hanna Strack.
[201] A.a.O., 15.
[202] Karin Ulrich-Eschemann, *Vom Geborenwerden des Menschen*, 11.
[203] A.a.O., 107, 135.
[204] A.a.O., 247.

Ina Praetorius, Germanistin und evangelische Theologin, gab mit ihren Arbeiten zur kritischen Überprüfung der Ethiken protestantischer Theologen den Anstoß, bei den Diskursen über Schwangerschaftsabbruch und Gentechnik immer auch den Frauenkörper zu berücksichtigen. Da Ina Praetorius von der Wirklichkeit des Frauenkörpers ausgeht, konnte sie den Begriff „Zwei in Einer" für das Verhältnis zwischen schwangerer Frau und Embryo einführen. „Zwei in Einer" ist ein Phänomen, das in keinen anderen Lebenszusammenhängen vorkommt, es gibt sonst nur „das eine" und „das zweite."[205] Ina Praetorius fragt: „Was aber bedeutet es, dass wir alle als blutige, schleimige schreiende Anfänger und Anfängerinnen aus dem Leib eines Menschen der vorangegangenen Generation in die Welt gekommen sind?" Sie antwortet mit einer Ökonomie, der Lehre von der Befriedigung menschlicher Bedürfnisse, der die Geburtlichkeit zugrunde liegt. Der Haushalt als Ort primärer Daseinsvorsorge rückt wieder in die Mitte, der Markt wird wieder erkannt als das, was er von Anfang an war: „... eine zwar sinnvolle und notwendige, aber *zweitrangige* Instanz zur Verteilung von Überschüssen."[206]

Andrea Günter Religionsphilosophin, verknüpft den Begriff Natalität von Hannah Arendt mit der symbolischen Ordnung der Mutter von Luisa Muraro: „Das Subjekt der Fülle (sc. nicht des Mangels!) verweist ... auf das Geschaffensein der Menschen. Die Tatsache wiederum, dass ein jeder Mensch von einer Frau geboren ist, siedelt das menschliche Leben unhintergehbar in den Beziehungen zu anderen an."[207] Weil wir von einer Geburt herkommen, sind wir beides, einzigartig und untereinander verschieden. Wir verdanken unserer Mutter nicht nur das Leben sondern auch die Fülle des Lebens. „Der ‚mütterliche Körper' schenkt dabei *alles*: das Leben, körperliches und seelisches Wohlbefinden, Nahrung, Sprache, Geist und Weltdeutung, die Achtsamkeit für die Dinge der Welt und deren Wirklichkeit, gesellschaftliche Orientierung und Handlungsfähigkeit im menschlichen Beziehungsnetz." Das Geschenk der Fülle gilt auch da, wo Mangel herrscht, Vernachlässigung, Hunger, Lieblosigkeit, neurotische Grundhaltungen. Gerade der Mangel verweist auf das hin, was eigentlich sein müsste.

Wir haben von Anfang an, d.h. vorgeburtlich, in der Gebärmutter gelernt, auf die Mutter angewiesen zu sein. Wir haben aus der Fülle des mütterlichen

[205] Ina Praetorius, *Das Ungedachte. Zwei in Einer,* 29, 31.
[206] Ina Praetorius, *Immer wieder Anfang. Texte zum geburtlichen Denken.* Kursiv im Original.
[207] Andrea Günter, *Die symbolische Ordnung der Mutter und das Subjekt der Fülle,* 126, 135.

Leibes gelebt und sind von ihr mit äußerster Hingabe und Kraft geboren worden. Aber umgekehrt hat die Mutter auch eigene Wünsche und Ziele. Andrea Günter überwindet den strukturellen Mutterhass des Patriarchats: „Diesen Mutterhass zu durchbrechen fordert dazu heraus, an die Stelle des Patriarchats das Geborensein und die mütterliche Beziehung als Grundphänomene der menschlichen, geschichtlichen Existenz zu setzen, wie Arendt es angefangen hat. Gleichzeitig aber verheißt Arendt, dass die – mütterliche – Ordnung der Gebürtigkeit das Prinzip Hoffnung birgt."[208]

Die evangelische Theologin und Ethikerin **Eva Pelkner** führt den Gedanken von Ina Praetorius weiter aus in Beziehung auf die künstliche Befruchtung. Ihr Buch mit dem Titel „Gott – Gene – Gebärmütter: Anthropologie und Frauenbild in der evangelischen Ethik zur Fortpflanzungsmedizin" ist 2001 erschienen. Eva Pelkner kritisiert die Tatsachen verdeckende Sprache im Zusammenhang mit der künstlichen Befruchtung sowie die Rechtfertigung mit dem Argument der Nächstenliebe. Es ist eine Fragmentierung der Mutterschaft, wenn die Gebärmutter nur als Gegenstand der Fortpflanzung gesehen wird. Im Hintergrund steht die Motivation, durch die Entnahme von Eizellen aus dem Frauenkörper wissenschaftliche Forschungen betreiben zu können. Arme Frauen sind gefährdet, zum Dienstleistungspersonal für Reiche zu werden, ihre Gebärmutter zur Rohstofflieferantin.[209] Ist dies eine Folge aus dem 19. Jahrhundert, als Protestanten in der Frau den „Dienstleib" sahen? Frauen sind Betroffene und Handelnde. Eva Pelkner fragt, warum Frauen Qualitätskontrollen an ihren Embryonen und Föten durchführen lassen, warum sie damit einverstanden sind, lebende Fabriken für Pharmaprodukte zu sein. Es ist nicht nur eine Aufgabe der kirchlichen Beratungsstellen, die die „Frauen jenseits erfüllter oder erfüllbarer Kinderwünsche zu einer liebevollen, anerkennenden Beziehung zum eigenen Körper ermutigen, Verunsicherung und Faszination durch die medizinischen Möglichkeiten ernst nehmen, sie aber auch im Verzicht auf technische Intervention bestärken."[210] Es ist auch eine gesamtgesellschaftliche Aufgabe.

In ihrer groß angelegten Doktorarbeit legte **Gunhild Buse** eine Arbeit über Hysterektomie aus feministisch-ethisch-theologischer Sicht vor: „ ... als hätte

208 Andrea Günter, *Die weibliche Hoffnung der Welt,* 78.
209 Eva Pelkner, *Gott – Gene – Gebärmütter*, 270.
210 A. a. O., 276.

ich mein Schatzkästlein verloren." Darin bringt Gunhild Buse eine Übersicht über die Gebärmutter in Geschichte und Gegenwart, ihre symbolische Bedeutung und gesellschaftliche Wertung. Dies wurde auch ein Anstoß für die Arbeit an dem vorliegenden Buch. „Die Entscheidung für oder gegen eine Hysterktomie hängt ... nicht nur vom medizinischen Befund ab, sondern sie ist auch maßgeblich davon beeinflusst, welche Bedeutung und welchen Wert der/die Indikation stellende Gynäkolog/in und die Patientin der Gebärmutter beimessen."[211] Der Umgang mit dem Frauenkörper zeigte sich an der Häufigkeit der so genannten Totaloperationen. Gunhild Buse stellt diese Tatsache in den weiten Raum einer Theologie, die den männlichen Gott als Handelnden und Richtenden glaubt und dem Frauen sich unterzuordnen haben, konkret in Gestalt männlicher Mediziner. Sie fordert eine feministische Care-Medizinethik. „Den Leib als wertvoll und heilig, als lebendige Mitte des Seins von Frauen zu würdigen, heißt, der körperlichen Unversehrtheit von Frauen mehr Bedeutung beizumessen."[212]

Die moderne Medizin, so fasst Gunhild Buse zusammen, sieht die Gebärmutter als ‚Gebärmaschine', der mit Hilfe von Technik beizukommen ist.[213] Das Buch ist im Jahr 2003 erschienen. Zwischenzeitlich hat sich ein neues Verständnis zumindest in der Geburtshilfe angebahnt, die Gebärmutter auch als Organ der Kraft und Stärke anzuerkannen.

Christiane Kohler-Weiß, heute Pfarrerin, schrieb ihre Doktorarbeit „Schutz der Menschwerdung. Schwangerschaft und Schwangerschaftskonflikt als Thema evangelischer Ethik" aus der Sicht des „Zwei in Einer" von Ina Praetorius. Deshalb kann es im Diskurs um Geburten nicht allein um den Embryo gehen, immer ist auch das Leben der Mutter zu sehen. Hierin liegt auch ihre Stellungnahme zum Schwangerschaftsabbruch begründet.

In ihrer Theologie der Schwangerschaft betont Christiane Kohler-Weiß in besonderer Weise die Geschöpflichkeit. Das menschliche Leben ist unverfügbar, ist immer ein Geschenk und eine Aufgabe und ist auch grundsätzlich angewiesen auf Zuwendung. „Die Schwangerschaft kann von einer schwangeren Frau als religiöse Erfahrung erlebt und gedeutet werden."[214] „Denn der Sinn dieses ‚risikoreichen' Zusammenwirkens von Gott und der schwan-

[211] Gunhild Buse, *„ ... als hätte ich mein Schatzkästlein verloren."* 125.

[212] A. a. O., 520.

[213] A. a. O., 220.

[214] Christiane Kohler-Weiß, *Von der Gnade, geboren zu werden*, 230, 223.

geren Frau bei der Menschwerdung besteht darin, uns das freie Ja Gottes zu unserem Dasein und Sosein erfahrbar zu machen, es in unserem Leib bei seinem Werden einzuzeichnen, indem unsere Mutter – und im Idealfall auch unser Vater – Gottes Ja nachsprechen."[215] Es kann deshalb nicht gut sein, ein „perfektes Kind" zu wollen, wie Christiane Kohler-Weiß in ihrem neuesten viel beachteten Buch „Das Perfekte Kind. Streitschrift wider den Anforderungswahn" schreibt.

Bärbel Wartenberg-Potter, Bischöfin i. R., hat auf Grund ihres beruflichen Engagements als Leiterin der Frauenabteilung des Weltkirchenrates und Dozentin in Jamaica Einblick in weltweite Kulturen. Auf Grund persönlicher Erfahrungen mit Krankheit und Tod von Kindern hat sie auch einen direkten Zugang zur Thematik der theologischen Bedeutung der Gebärmutter.

In zwei Büchern beschreibt sie Gebärmuttererfahrungen:

a) Die Reise der Pachamama. Eine theologische Erzählung: Welten, die wir in uns tragen.

Natürlich hat mich Pachamama, die Weitblickende, dann irgendwann auch zurück in meine Kindheit geführt, in die Zeit, in der all das, was von wirklicher Bedeutung ist, seinen Anfang nimmt. Wo Traum und Wirklichkeit noch nicht durch jene Ernüchterung getrennt sind, die uns angeblich zu Erwachsenen macht. Als Kind hatte ich mir die Welt in einem wunderbaren Gefüge vorgestellt. Inwendig in meinem Körper, so dachte ich, sei alles ganz hohl. In diesem Hohlraum befinde sich nun eine ganze Welt mit Menschen, Häusern, Bäume, Seen, Tieren, Himmel, genauso wie ich es um mich herum sah. Aber die Leute in meinem Inneren wussten nicht, dass sie nur im Raum meines Körpers lebten. Ich selbst wiederum und meine Schwestern, Eltern, das Dorf und die Wälder, wir alle waren im Hohlraum einer anderen, riesigen Person, und diese wiederum wohnte in einem nächst größeren Körper. Es war so wie bei den russischen ‚Puppen in der Puppe.' Eine endlose Kette von Welten war so ineinander geschachtelt. Ich ganz allein schien dieses Geheimnis zu wissen, denn niemand hatte es mir erzählt, niemand sprach darüber. Soviel aber verstand ich: Was immer auch geschah in der Welt, in der ich lebte, ich war ganz sicher, dass nichts jemals verloren gehen konnte. Denn da war immer ein weiter, schützender Raum, der letztlich alles umgab. Ich selbst aber, auch dessen war ich sicher, hatte die Aufgabe, einen solchen schützenden Raum für die Welt in meinem Inneren abzugeben.

Niemals habe ich diesem alles umfassenden, schützenden Raum einen Namen gegeben. Heute aber weiß ich: Es war ein Bild für Gott, das ich als Kind, wer weiß

[215] A. a. O., 233.

woher, gefunden hatte, so gefunden wie der Psalmist, wenn er sagt: ‚Von allen Seiten umgibst du mich.'[216]

In einem Brief an ein Kind zum Tod von dessen Vater tröstet sie:

Sie sind weggegangen in ein anderes, unsichtbares Land – dorthin, wo schon viele, viele andere sind: Dein Großvater, M. und F. und viele andere Menschen warten dort schon auf Deinen Papa, auch Tiere, auch Pflanzen. Sie alle, wir alle gehen einmal zurück zur Mutter Erde, die uns aufnimmt in ihren kühlen, braunen Schoß, die ihre erdigen Arme um uns schlingt und uns eine neue Heimat gibt. Die Toten gehen zurück dahin, woher alles Leben kommt, zu Gott, der in der Tiefe der Erde, im Himmel über uns, in den Herzen der Menschen, überall ist. Gott hat einen großen weichen Schoß, in der Bibel dachten sie an Abrahams Schoß, aber vielleicht denkst Du eher an den Schoß Deiner Mutter. Dort dürfen alle sitzen, die einmal gelebt haben – und Gott lässt sich von ihnen ihre Erdengeschichten erzählen: ihren Kummer und ihre Freuden, worüber sie gelacht und geweint haben, von den Menschen, die mit ihnen gelebt haben, von Dir und mir. Dann lacht Gott und freut sich, oder er weint, ist zornig und empört, je nachdem. Wie schön zu denken, dass sich Dein Papa und M. begegnen … .[217]

Die Liturgiewissenschaftlerin **Teresa Berger**, die in USA lehrt, sagte in einer Diskussion: „I seem to suggest that, Christian tradition thrives on a nagation of a women lived life – Ich scheine zu unterstellen, dass die Kirche von der Negierung weiblicher Lebenszusammenhänge lebt."[218] Doch ist die kirchliche Liturgie geeignet, Frauenleben transparent zu machen. So sucht sie Fragmente realer Gegenwart Gottes, denn Gott ist mit dem realen Leben von Frauen verwoben, „encounter with the Holy", und Fragmente momentaner Begegnung zwischen lebendiger Liturgie und Frauenleben. Die Tradition ist reicher als die androzentrische Auslegung den Anschein erweckt. Das zeigt Teresa Berger an verschiedenen Liturgien des Lebens- und Jahreskreises, deren Gebete sie z.T. neu formuliert. Daraus seien zwei zitiert, das Fest der Verkündigung an Maria, 25. März[219] und die Taufe.[220] Maria empfängt und trägt in ihrer Gebärmutter den Heiland, den Corpus Christi. So ist ihr Leib das erste Tabernakel, der Behälter, in dem der geweihte und damit verwandelte Körper und das Blut Christi aufbewahrt werden: „What the Eucharist ‚makes',

[216] Bärbel Wartenberg-Potter, *Die Reise der Pachamama*, 65f.
[217] Bärbel Wartenberg-Potter, *Mit-Leidenschaft*, 35.
[218] Teresa Berger, *Fragments of Real Presence. Liturgical Traditions in the Hands of Women*, 208.
[219] A.a.O., 176-180.
[220] A.a.O., 209-219.

the body and blood of Christ, was first made not by a priest but by the body of a woman – not on an altar, but in a womb." Darin besteht „Mary's sacerdotal role – die priesterliche Rolle Marias." Lange bevor Jesus sagen konnte „das ist mein Leib – das ist mein Blut" waren die Worte geformt, eingebettet in ihrer Gebärmutter.

Das theologische Verständnis und die Liturgie der Taufe sind transparent zu gestalten im Hinblick auf das Schöpfungsereignis der Geburt. Fruchtwasser und Taufwasser korrespondieren miteinander, „Embracing the One Gift of Life."

Die neue, Frauen gerechte Formulierung des Taufwasserweihgebetes nimmt weibliche Lebenszusammenhänge, Schwangerschaft und Geburt, Glaubenserfahrungen von Frauen, in der Auswahl von Bibelstellen und in der Sprache ernst. Hatte das Gebet aus der Tradition der Liturgie vom allmächtigen Gott, von der Sintflut, den Kindern Abrahams, vom Heiligen Geist und anderen männlichen Konnotationen gesprochen, so formuliert Teresa Berger:

Gott,
wir nennen Dich Mutter,
denn Du bist die Quelle allen Lebens.
Von Anbeginn der Welt hast Du das Wasser zu einem Bild gemacht
für alles, was uns eintauchen lässt ins Leben.
In der Taufe, in der Du selbst uns gebierst,
wird das Wasser uns zum Fruchtwasser Deiner Liebe.

Schon am Anfang der Schöpfung
als Du dem ganzen Kosmos Leben schenktest,
schwebte Deine Geisteskraft behutsam über den Wassern
und machte sie fruchtbar.
Seit jener Zeit schenken alle Mütter
wie Du zu Beginn der Zeit
im Fruchtwasser ihres Leibes neues Leben.

Du gabst im Regenbogen dem Wasser die bunten Farben der Hoffnung
und zeigtest Hagar in der Wüste einen Brunnen,
damit ihr Kind lebe.
Die Nachkommen Saras und Abrahams führtest Du
trockenen Fußes

durch die Wasser des Roten Meeres,
und auf dem Weg in das Land der Verheißung
schenktest Du ihnen immer wieder Wasser in der Wüste.
Propheten und Seherinnen
sprachen von Deiner Liebe in Bildern des Wassers,
als Morgentau und rettendes Nass,
als Flut, die das Böse vernichtet.

Als die Fülle der Zeiten kam,
wurde Dein eingeborener Sohn
im schützenden Wasser des Mutterleibes der Jungfrau Maria Mensch.
Im Wasser des Jordan wurde er von Johannes getauft
und von Dir mit heiliger Geisteskraft gesalbt.
Am Kreuz flossen Wasser und Blut aus der Seite Deines Sohnes;
in ihnen gebarst Du selbst Deine Kirche.

Deshalb bitten wir Dich:
Wie Du von Anbeginn der Schöpfung
das Wasser fruchtbar hast werden lassen
und zum Zeichen neuen Lebens gemacht hast,
so lass auch dieses Taufwasser heute fruchtbar werden
und neues Leben hervorbringen.

Deine Geisteskraft schwebe behutsam über diesem Wasser,
damit NN tiefer eintauchen kann in das eine Leben,
das Du ihr/ihm zuerst im Fruchtwasser des Mutterleibes
geschenkt hast.
Lass ihr/ihm das Wasser zum bunten Regenbogen werden,
zur sprudelnden Quelle in der Wüste,
zum Ort der Begegnung mit Dir.[221]

[221] Teresa Berger, *Sei gesegnet meine Schwester. Frauen feiern Liturgie*, 180f.

Entdecken – Staunen – Würdigen: Ein Zwischenergebnis

Alles bisher über die Gebärmutter Geschriebene bestätigt die These, dass sie mehr ist als ein erstaunlich vielseitig lebendiges und Leben bringendes Organ. Menschen setzen sich zu ihr in Beziehung. Sie ist Ort der Sehnsucht, zu dem Menschen zurück wollen oder in dem sie sich symbolisch geborgen fühlen wollen. Sie ist das Machtvolle und Schöpferische. Sie prägt als erste Heimat alle Menschen. Sie gibt dem Leben von Frauen einen Rhythmus. Sie ist Grundmodell von Liebe und Angenommensein, Erneuerung und Erkenntnisquelle. Sie ist auch Ursprung von Enttäuschungen und Trauer für alle, die sich Kinder erhofft hatten. Sie ist als das Unheimliche Ziel von Gewalt für diejenigen, die das Weibliche hassen, Angst vor ihm haben oder es demütigen wollen. Sie ist Tor der Sünde oder Heimat, sie ist Segen oder Fluch, Liebes- oder Hassobjekt.

Warum diese extremen Grundhaltungen? Warum das Bedürfnis nach Macht und Verfügungsgewalt über den Frauenkörper? Warum wird die Erkenntnisquelle, die aus diesen Erfahrungen sprudelt, wenig entdeckt? Die Verneinung, Vereinnahmung und Verachtung weiblicher Lebenszusammenhänge ist eine Grundhaltung unserer Kultur.

Oft hätte auch in einzelnen Kapiteln das konkrete Leben der Frauen dargestellt werden müssen, wenn die symbolische Verwendung der Gebärmutter geschildert wurde, wie z. B. in der Gnosis. Gibt es eine Diskrepanz zwischen dem, was die meist männlichen Schriftsteller ausdrücken und der konkreten Lebenswelt der Frauen? Antworten hierauf bedürfen einer gesonderten Untersuchung, dies hätte den Rahmen dieser Arbeit gesprengt.

Theologie als Nachdenken über Gott kann gefährlich sein, wenn sie ihre Aussagen absolut setzt. Theologie als Nachdenken über die bestimmenden Mächte kann zu einem erfüllten Leben helfen, wenn sie Gott beschreibt als nährende, bergende, tragende Kraft. Beide extreme Haltungen prägen auch die Einstellung zur Gebärmutter. Da das Denken der Theologie immer Strukturen philosophischer Systeme übernimmt, hatte die griechische Philosophie eine Wirkungsgeschichte auf die Theologie der frühen Kirchenväter, die den ursprünglichen biblischen Text in eine misogyne Grundhaltung umgewandelt haben. Die Angst vor der schöpferischen und sexuellen Kraft des weiblichen Körpers ist eine unheilvolle Verbindung mit dieser Grundhaltung eingegangen.

Hildegard von Bingen, die große Ausnahme, zeigt, dass Christentum und Frauenfeindlichkeit nicht zusammen gehören, sondern Gott – Frau – Körper zueinander gehören. Zeitgenössische jüdische und christliche Theologinnen folgen dem Perspektivenwechsel Hannah Arendts von der Mortalität zur Natalität und können damit die Würde des Frauenkörpers wieder herstellen. Ihr Einfluss auf den Mainstream der kirchlichen Lehre ist gering, solange nicht der Frauenkörper auch Symbol für das Göttliche sein kann. Erst langsam entwickeln Christinnen eine neue Sprache, vor allem in der religiösen Lyrik.

Wir haben heute in den Industrie- und Schwellenländern eine völlig neue Situation. Die Gebärmutter als Organ des Frauenkörpers ist eingebettet in die Machbarkeit, die die Wissenschaft und Medizin, die Gerätehersteller und die Wirtschaft ermöglichen. Szenarien der umfassenden Planbarkeit des zu gebärenden Menschen von der künstlichen Befruchtung zum Design der Gene, von der Leihmutterschaft bis zur künstlichen Gebärmutter sind erschreckend. Andererseits darf nicht vergessen werden, wie viel Schmerz und Leid, Sterben und Krankheit durch diese Leistungen vermieden wird.

Gleichzeitig spüren Frauen, dass sie selbst entscheiden müssen, ob sie instinktiv die natürliche Kraft ihres Körpers leben wollen. Sie sehnen sich nach oder empfinden eine Spiritualität, die den Angeboten der Kirchen fehlen, in den Ritualen, Liedern und Texten, in Predigten und Ansprachen.

Diese beschriebene neue Situation führt nun direkt zur Verbindung von Gebärmutter und Leben der Frauen, wie sie bisher zu kurz kam. Deshalb wird im letzten Kapitel von den Erfahrungen ausgegangen, den Phänomenen, die auf verschiedenen Ebenen eine Rolle spielen: im körperlichen und seelischen Bereich, in sozialen Beziehungen, existentiellen Wandlungen und in religiösen Bedürfnissen.

Wer nicht in Gegenpolen denkt, sondern den Erfahrungen standhält, wird feststellen, dass von den Erfahrungen mit dem Organ Gebärmutter ein Erkenntnisgewinn ausgeht, der zu einer Spiritualität führen kann, die dem modernen Menschen und seinem Denken entspricht. Es wird dann kein Be- und Verurteilen geben sondern ein Entdecken der Tiefendimension im Erlebten und ein großes Staunen.

Dies ist zugleich ein Beitrag zur weiblichen Symbolik für das Göttliche, einem Haus-der-Sprache, in dem Frauenerfahrungen sich widerspiegeln. Damit ist eine Einstellung gemeint, die Frauen ermöglicht, ihren Körper zu lieben, sich selbst wert zu schätzen und eine ihrer Würde entsprechende Rolle in der Gesellschaft und im bildhaften Denken einzunehmen. Darin müssen alle Erfahrungen aufgehoben sein, die Beglückenden und die Schmerzlichen, die Hoffnungen und Enttäuschungen, das Begehren und die Hingabe.

Diese Forderung geht weit über die rechtliche Gleichstellung der Geschlechter hinaus. Sie wirkt in den Sinn-, Sprach- und Glaubenshorizont hinein.

Spiritualität auf Grund von Gebärmuttererfahrungen

Gott, durch Deine gebärende Lebenskraft
entstand diese Welt.
Du stärkst und ernährst uns
wie eine Mutter ihr Kind.
Wie ein Vater sein Neugeborenes hält,
so hältst Du uns.

Tanja Oldenhage

Transzendenz und Spiritualität

Im letzten Kapitel richtet sich der Blick auf die Frage nach der Spiritualität in der Postmoderne. Das moderne Denken ist von der Aufklärung geprägt, die den Fortschritt durch Wissenschaft und Technik als Sinn und Ziel des Lebens ansah. Postmodern meint beides, Aufklärung und die Erkenntnis, dass der Mensch sich nicht selbst gemacht hat und dass ihm Grenzen gesetzt sind. Neben Wissenschaft und Technik spielen wieder Gefühle und Fragen nach der Verbundenheit von allem mit allem eine tragende Rolle.

Ausgehend von den körperlichen und seelischen Erfahrungen, mit dem erweiterten Blick durch archetypischen und künstlerische Gestaltungen, durch die anderen Denksysteme der Alten Kulturen und anderer Ethnien und nach einer kritischen Wiedergabe der philosophischen und theologischen Systeme werden nun Transzendenzerfahrungen mit, wegen und in der Gebärmutter beschrieben und die Grundzüge einer Spiritualität als der lebenspraktischen Seite dieser Transzendenzerfahrungen zusammengestellt.

Es soll eine Theologie im Ansatz entworfen werden, die den Erfahrungen und den religiösen Bedürfnissen von Frauen gerecht wird. Diese Aufgabe stellt sich, weil Frauen in der Vergangenheit kein religiöses Selbst zugestanden wurde. Sie konnten ihre Spiritualität nur in kleinen Gruppen, Lebensgemeinschaften und Orden leben. Und die Aufgabe stellt sich auch, weil das alte, vergangene Matriarchat oder die Göttinnenkulte keine Antwort auf das moderne Leben geben. Dennoch helfen sie, die Kraft der alten Rituale wieder zu entdecken und mit neuen Inhalten zu füllen.

Eingangs gestellte Fragen werden nun wieder aufgenommen: Welche tief greifenden Erfahrungen mit, in und wegen der Gebärmutter sind Grundlage einer theologischen Deutung? Wie kann die Gebärmutter wieder symbolwürdig werden für das Göttliche? Wie beantworten unsere Kultur, die Gesellschaft, die Politik und die Kirchen, die Tatsache, dass alle Menschen in dem Frauenorgan heranwuchsen und von einer Frau geboren wurden? Die brasilianische Ordensfrau Ivone Gebara fordert: „Eine Theologie, die sowohl dem Mann als auch der Frau gerecht werden will, muss phänomenologischer vorgehen und versuchen, näher an das heranzukommen, was uns wirklich in unserer Welt widerfährt."[222] An anderer Stelle gibt sie den Weg vor: „Vom Körper ausgehen heißt, von der ersten Wirklichkeit ausgehen, die wir sind und die wir kennen. Das heißt, sein Wunderwerk bestätigen und anerkennen und zugleich die Unmöglichkeit einsehen, dass ohne ihn irgendetwas bestätigt werden kann. Der Körper ist Bezugspunkt sowohl für diejenigen, die ihn missachten, wie für diejenigen, die ihn lobpreisen, für diejenigen, die ihn unterdrücken, wie für diejenigen, die ihn respektieren."[223]

Transzendenz ist das, was die körperlich-seelischen Alltagserfahrungen übersteigt. Das Lateinische *transcendere* bedeutet hinübersteigen, überschreiten. Wir erfahren Transzendenz als das, was uns zutiefst ergreift oder erschüttert. Eltern und Hebammen erleben diese Ergriffenheit z. B. beim ersten Blickkontakt mit dem Neugeborenen. Frauen mit unerfülltem Kinderwunsch erleben eine alles erschütternde Infragestellung ihrer selbst. Junge Frauen heute sind nicht offen für Transzendenzerfahrungen, bzw. sie können nicht benennen, was sie erleben, sie haben durch diesen Mangel und die dadurch entstandene Lücke oft keinen Boden unter den Füßen. Transzendenzerfahrungen stellen die Beziehung her zum umfassenden Ganzen, zur Natur, zu den Generationen vor und nach uns, zum Kosmos und damit zu einer geistigen Beheimatung. Die Frage nach der Heimat und dem Grund des Seins, die sich äußert in der Sehnsucht nach Geborgenheit und Sinn, kann so eine Antwort erfahren.

Es wäre hier angemessen, von Gott als den Allumfassenden, das persönliche Gegenüber oder die in uns wirkende Kraft zu sprechen. Doch mit dem

[222] Ivone Gebara, *„Steh auf und geh!"*, 71.
[223] Ivone Gebara, *Der Körper – neuer Ausgangspunkt für die Theologie*, 14.

Wort „Gott“ assoziieren wir zu viel Unterschiedliches und z. T. Lebensfeindliches: strafender Richter, liebender Vater, Quelle des Lebens, Herr über Leben und Tod, Religionskriege und wunderbare Rettung, die These „es gibt keinen Gott“ und völlige Hingabe an Gott.

Unter dem Titel „Das Beständige, Tragende, Nährende: die Liebe“ wird eine Antwort darauf gegeben werden, was unter Einbeziehung weiblicher Lebenszusammenhänge mit dem Wort „Gott“ gemeint sein kann.

Spiritualität ist die Praxisseite dieser Transzendenzerfahrung. Sie ist das Gefühl des Eingebundenseins in ein Großes Ganzes und sie ist eine Einstellung, die es ermöglicht, diese Bezogenheit auch zu leben. „Die Spiritualität von Frauen in der katholischen Kirche ist … *kolonisiert, amnetistisch* und *analphabetisch.*“[224] Kolonisiert, das meint, Frauen mussten glauben nach der Definitionsmacht der Männer. Amnetistisch heißt, es fehlt darin die Kraft der eigenen Erfahrung. Und analphabetisch war diese Spiritualität, weil die Symbolsprache der Religionen weibliche Lebenszusammenhänge nicht berücksichtigt. Dennoch ist es möglich, sich auch mit weiblichen Traditionen zu verknüpfen, das zeigt das Beispiel der Hildegard von Bingen eindrücklich.

Spiritualität ist ein Wort für eine Frömmigkeit oder Glaubenshaltung, die sich nicht an Dogmen und Lehrmeinungen einer Religion orientiert. Sie geht von der Lebenserfahrung aus und spricht deshalb auch eine andere Sprache, verwendet neue Bilder und Ausdrucksformen. Das ist „Theologie in der Muttersprache.“[225] Sprache und Symbole der etablierten Religionen können im Nachhinein verwendet werden, wenn ein neuer, authentischer Zugang zu ihnen gegeben ist.

Fragen, die zur Spiritualität von Frauen führen, sind:

- Wo finde ich die tragenden Kräfte des Lebens?
- Wo ist das Licht, das mich wärmt?
- Wo ist die Quelle tief empfundener Freude?
- Was trägt, nährt, schützt mich heute und auch im Sterben?
- Was lässt mich Wüstenzeiten, Trauer und Schmerz durchzustehen?
- Was verbindet, vernetzt mich mit anderen Menschen, mit der Natur, mit dem Kosmos?

[224] Luce Irigaray, *Der Atem der Frauen*, 8. Kursiv im Original.
[225] Luisa Muraro, *Der Gott der Frauen*, passim.

Auch die Theologin Elisabeth Naurath bezieht die Spiritualität auf die Geburt und fordert, „dass gegenwärtige Initiativen, eine Theologie der Geburt(lichkeit) zu reflektieren und zu diskutieren, konstruktiv in die kirchlichen Handlungsfelder Eingang finden. Gerade im Kontext der medizinischen Entzauberung des Lebensbeginns ist das Bedürfnis einer vertrauensvollen Rückbindung an den Ursprung des Lebens auch in seiner religiösen Dimension neu zu entdecken, zu benennen und zu gestalten. Dies gilt in besonderem Maß für die christliche Theologie, denn die enge Verbindung von Schöpfer und Geschöpf in der Menschwerdung Gottes wirft auf das Geschehen der Geburt ein neues Licht."[226]

Erste Transzendenzerfahrungen des Kindes in der Gebärmutter

Die Gebärmutter ist nicht nur die „Schule des Lebens," in der wir die „Melodie des Lebens" lernen, wir könnten sie auch die „Schule des Glaubens" bezeichnen, wenn der Ausdruck nicht zu pädagogisch wäre. Während man früher dachte, das Kind fühle sich wie im Paradies, im Wasser schwimmend, wie im Schlaraffenland immer gut genährt, so wissen wir heute, dass das Kind auch Angst spürt. Es erfährt die Ambivalenz von Geborgenheit und Verlassenheit, Schutz und Begrenzung, aber auch Gewalt, zerstörerische und krankmachende Erfahrungen. Es spürt die Kraft der Daseinsentfaltung, das starke Wachstum. Es erfährt die Liebe der Mutter körperlich und indirekt auch die des Vaters. Der Vater ist idealerweise der schützende Raum, gewissermaßen die Gebärmutter für beide, die Mutter und das ungeborene Kind.

Die positiven Erfahrungen in der Pränatalzeit können Selbstvertrauen, Vertrauen in andere Menschen und in eine göttliche Kraft ermöglichen. Die negativen Erfahrungen entstehen, wenn die Gebärmutter das Kind zurückweist (ungewünschtes Kind) oder wenn Mutter und Kind sich nicht mehr frei austauschen können. Diese Grund-Muster werden den Heranwachsenden begleiten als Misstrauen gegenüber sich selbst, gegenüber anderen und als Zweifel an einer göttlichen Kraft.

Die Annahme einer Transzendenzerfahrung des vorgeburtlichen Kindes stützt sich auf sechs Beobachtungen von pränatalen Psychologen:

[226] Elisabeth Naurath, *Geburt,* 83.

Grenze zwischen Leben und Tod

Das Kind erlebt von der Empfängnis an Situationen auf der Grenze zwischen Leben und Tod. Forschende der prä- und perinatalen Psychologie und Medizin haben dies entdeckt, unter ihnen der Basler Psychotherapeut Franz Renggli. Er nennt vier urtraumatische Situationen.[227]

- Die Zeugung kann ein Nah-Tod-Erlebnis sein.
- Die Einnistung ist immer ein Nah-Tod-Erlebnis.
- Die Zeit des Erkennens, dass die Frau schwanger ist, kann die Frage aufwerfen, ob die Mutter das Kind behält.
- Das Kind erlebt die Geburt als lebensgefährlich.

Das Große Bewegende

Die Erfahrung der „Großen Bewegenden" ist eine zweite Transzenzerfahrung. Der Psychotherapeut Bernd Oberhoff stellt die Frage: „ ... als was für ein Wesen wird der Embryo in der präauditiven Phase die Mutter erleben, in der und mit der er ein einer Einheit lebt?"[228] Und er beschreibt diese Erfahrung als „dieses erste mit Bewegungsenergie aufgeladene, diffus-elementare, noch unpersönliche Beziehungsobjekt mit dem Namen ‚Das Große Bewegende' ..."

Die Große Stimme

Noch größer ist die Faszination des Großen in der mütterlichen Stimme. Oberhoff findet dafür den lateinischen Ausdruck *vox coelestis.* „So wie man sich im kirchlichen Ritus und im Gebet an einen mächtigen, fernen und doch nahen Gott wendet, von dem man sich angenommen und sicher gehalten fühlt, so fühlt sich der Fötus von der mächtigen, fernen aus einer anderen Welt herüber klingenden und doch so nahen Person in der er enthalten ist, sicher aufgehoben und geborgen. Dass diese Person eine Sprache beherrscht, macht sie mächtig, dass sie aus einem Jenseits des uterinen Milieus spricht, macht sie mythisch und transzendent und lässt sie mit magischen und omnipotenten Kräften ausgestattet erscheinen. ... eine neue innere Macht erlebt wird: die Macht der Gefühle."[229]

Das Große Bewegende und die Große Stimme sind Erfahrungen von Begegnung und Beziehung, die Erfahrung der göttlichen Macht in uns, die

[227] Franz Renggli, *Ursprung des Seelenlebens,* passim.
[228] Bernd Oberhoff, *Das Fötale in der Musik*, 215.
[229] Ebd.

nicht als eine hierarchische All-Macht-über-uns interpretiert werden muss. Dieses Umfangensein führt zu dem Empfinden des Verwobenseins mit den kosmischen Kräften.

Die Kraft des Wachstums

Das Kind erlebt das ungeheure Wachstum als elementare Kraft. Es wächst täglich etwa zwei Millimeter, von wenigen Millimetern bis zu über 50 Zentimetern. Es wächst „ohne Hast und ohne Rast," wie es im chinesischen „Buch der Wandlungen" heißt. Würde eine 70jährige so weiter gewachsen sein wie vor ihrer Geburt, würde sie 6 000 Kilo wiegen. Das vorgeburtliche Leben ist geprägt von einer Urkraft, die zum Wachstum und zur Daseinsentfaltung drängt. Das Kind will ständig gewissermaßen über sich hinaus wachsen.

Die Plazenta

Eine fünfte Transzendenzerfahrung ist die Quelle der Nahrung und damit auch der Kraft: die Plazenta. Nicht umsonst gibt es viele Namen für dieses lebenswichtige und hochwertige Organ: Mutterkuchen, Nachgeburt, Bett des Kindes, das *alter ego*, das zweite Ich, Zwilling, das Mit. Die Plazenta ist das erste Objekt für das Kind, es fühlt sich verbunden mit einer Quelle, aus der es lebt. Die äußere Form der Plazenta mit ihren Blutgefäßen zur Nabelschnur hin gleicht einem Baum. Wir sehen vermutlich deshalb den Baum des Lebens als Sitz von Gottheiten und Symbol für den Menschen.

Lichtsignale

Eine weitere Transzendenzerfahrung kann aus der Beobachtung geschlossen werden, dass die Haut des Kindes Lichtsignale aufnimmt. Das Kind erfährt etwas, das es fasziniert. Menschen träumen von sich als vorgeburtliches Kind als Licht, Feuer oder Glanz. Dies ist die Darstellung des fötalen Hautgefühls.

Eine jüdische Legende erzählt, dass alle Ungeborenen ein Licht auf dem Kopf tragen.

Die Seele

Die Transzendenzerfahrungen des pränatalen Kindes sind seelische Empfindungen. Pränatale Psychologie spricht davon, dass im Mutterleib, in der Gebärmutter, die Seele entsteht. Über die Seele etwas zu schreiben, muss mit einer ähnlichen Vorsicht geschehen wie das Sprechen über Gott. Religiöse Institutionen haben die Seele der Gläubigen missbraucht als Einfallstor für

Ängste, mit denen sie dann die Menschen beherrschten. Die Angst vor dem Fegefeuer, in dem die Seelen der Verstorbenen brennen, ist solch ein Beispiel. Dies ist auch heute noch aktuell.

„Seele“ hat auf jeden Fall eine umfassende Bedeutung. Sie ist Symbol für das psychosomatische Erleben, das korporale Gedächtnis, die vorsprachlichen Gefühle, das sinnhafte Erleben, die schöpferischen Gestaltungen, das In-Liebe-miteinander-verbunden-Sein, die Identität, das Selbst und die Fähigkeit zur transpersonalen Erfahrung. Die Seele ist es auch, die ein religiöses Bedürfnis hat.

Es gibt Erlebnisberichte, die zeigen, dass die Seele schon die Empfängnis erlebt hat. So stellte Shamil Tashaev, Psychotherapeut in St. Petersburg, auf einem Kongress in Moskau Ton-Aufnahmen vor, auf denen Menschen in Hypnose von ihrer Empfängnis berichten. z. B.: „Conception happened in love, without drinks, in a good comfortable atmosphere.“[230] Auch von Gewalt und anderen negativen Erfahrungen haben die Probanden berichtet.

Mütter und Hebammen sprechen mit dem Kind vor oder während der Geburt, z. B. wenn die Geburt sich verzögert. Das Kind scheint dies zu verstehen. Oft kann dies Komplikationen verhindern.

Damit ist noch nichts über ihre Herkunft gesagt. Ist die Seele göttlich, kommt sie aus der geistigen Welt? Geht sie dorthin zurück? Wandert sie von Körper zu Körper durch die Jahrtausende?

Was wir über die Herkunft und das Wesen der Seele sagen, das hängt von unserer eigenen Weltsicht und unserer Religion ab.

Die Seele kommt, so eine mögliche Auffassung, aus der geistigen, der göttlichen Welt, der Welt des Lichtes und der Liebe zum Kind. Die Seele selbst ist „voller Transzendenzerfahrung.“[231] Anders ausgedrückt: Die Seele steht in Verbindung mit dem Urstrom des Lebens.

[230] Shamil Tashaev, *Pre- and Perinatal Imprint Influence on the Postnatal Life of the Person,* 255.
[231] Franz Renggli im persönlichen Gespräch.

Transzendenzerfahrungen mit und wegen der Gebärmutter

Erfahrungen von Frauen und über sie auch von Männern mit und wegen der Gebärmutter sind auf fünf Ebenen tief greifend und verlangen nach einer spirituellen Interpretation:

1. Themen der körperlichen Erfahrungen sind Blutungen, Schwangerschaften und Geburten, neues Leben und Sterben, Manipulationen und Operationen, Menarche und Menopause.
2. Themen des seelischen Erlebens sind Angst und Sorgen, Glück und Liebe, Schuldgefühle und Dankbarkeit, Hilflosigkeit und Depression, Sich-Neugeboren fühlen, Abschied nehmen, Umschlag von Schmerz zu Freude, Erneuerung und Wandlung, große Enttäuschungen, seelische Verletzungen, auch Hass.
3. Themen der zwischenmenschlichen Beziehungen: „Fast alle Fragestellungen, um die es in der frauenärztlichen Praxis geht, haben mit Beziehung zu tun: sei es mit der der Frau zu sich und ihrem Körper, zu einem Partner, oder zu der zur künftigen Generation."[232] Wie reagiert der Partner auf eine operative Gebärmutterentfernung? Welche Unterstützung bekommt die Schwangere durch die Schwiegermutter? Wie reagieren ArbeitskollegInnen, Vorgesetzte nach einer Fehlgeburt? Erfährt die Frau, dass sie sowohl in ihrer Stärke als auch in ihrer Bedürftigkeit ernst genommen wird?
4. Themen der existenziellen Erfahrung sind Leben und Tod, Liebe und Gewalt, Hoffnung und Trauer, Schicksal und Entscheidung, Lebenskrise und neues Selbstverständnis, Werdekrise. Die Identität wird in Frage gestellt und neu gefunden. Die Frau erfährt ihre Körperlichkeit als Abhängigkeit und als Chance und sie kann die Nähe von Leben und Tod unmittelbar erleben. Ministerin Ursula von der Leyen bekennt während einer Debatte im Bundestag: „Die Wucht des Schicksals rund um Schwangerschaft und Geburt haben mich still werden lassen."[233]
5. Themen der religiösen oder spirituellen Erfahrung sind Offenheit für die Transzendenz, für das, was den Alltag übersteigt, Wunder des Lebens, Heilige Zeit und Ort, Schöpfung, Kraftquelle, Liebe, durch die Tiefe gehen müssen, Staunen, Quelle des Lebens, Gnade, Gottverlassenheit, Engel, Licht, Ekstase, Grenzerfahrungen.

[232] Rupert Linder, *Der Schwangerschaftskonflikt,* 82.
[233] PID-Debatte im Bundestag 7.7.2011, SZ 8.7.2011, 2.

Aspekte gelebter Spiritualität

Im Geschaffensein kommt
die göttliche Dimension des Menschseins zum Ausdruck,
wie sie an den mütterlichen Körper gebunden ist.

Andrea Günter

Der Wunsch nach einer postmodernen Spiritualität wird sehr unterschiedlich geäußert und mit einem reichhaltigen Angebot beantwortet. Jede einzelne Person sucht und findet dies für sich. Die Verkündigung der Kirchen ist zu einem Beispiel unter vielen geworden.

In der folgenden Reihe soll ein Ansatz, ein Grundriss, versucht werden, der auf Erfahrungen mit, in und wegen der Gebärmutter beruht, denn diese sind wie ein Brennglas, in dem Leben und Glauben sich bündeln. Es bedarf der Fantasie, Empathie und Kreativität, um eine gelebte Spiritualität, die den Frauenkörper mit einbezieht, sprachlich und praktisch zu gestalten und zu vermitteln. Dabei ereignet sich auch ein Perspektivenwechsel: Wenn bisher im Zentrum des christlichen Glaubens die Rede von Schuld, Sünde und Erlösung steht, so wird jetzt die Schöpfungsfreude, das Blühen und Gedeihen, die Lebensentfaltung hin zur Fülle in den Vordergrund treten. Das wurde im Kapitel „zeitgenössische Theologinnen" über die Arbeit von Grace M. Jantzen dargelegt. Schon 1941 schrieb der Religionsphilosoph Walter Schubart über das Erlösungsmotiv: „Es ist der Seelenantrieb, der im Manne zur Religion hinleitet. Zur rein weiblichen Gefühlswelt passt es nicht. Es wurde ihr erst zugänglich, als sie sich am Ausgang des matriarchalischen Weltalters der männlichen Lebensbewertung näherte. ... Es gibt kaum ein fesselnderes Schauspiel als den Wettkampf zwischen Schöpfungswonne und Erlösungsmotiv, zwischen weiblicher und männlicher Religionsform."[234] Heute bedarf es einer Religionsgestalt, deren Symbolsprache und Riten beiden Geschlechtern gerecht wird.

Für das, was in diesem Zusammenhang „Gott" genannt werden kann, hat die Therapeutin und Theologin Monika Renz fünf Erfahrungsweisen des Einen, Heiligen, Ganzen beobachtet:

„*Einheitserfahrung*: ein Gefühl von Körper, Gegenwart, Sein, Raum und Zeit, Erfahrungen von Eins-Sein, Teil-Sein, Sein schlechthin.

[234] Walter Schubart, *Religion und Eros,* 32.

Gegenübererfahrung: ein Äußerstes, Numinoses, als solches oft gar nicht sichtbares und bisweilen gesichtsloses oder gewaltiges Gegenüber, manchmal im Traum als Stimme hörbar.

Der mütterlich-väterliche Gott: Erfahrung eines verkraftbaren, näher getretenen Gegenübers, das mütterliche oder väterliche Züge trägt, Erfahrungen, gewärmt, getragen, umhüllt oder beschützt zu sein, von Mutterschoß oder einem gütigen Vatergesicht.

Der Gott inmitten: eine äußerste Erfahrung, ein Gott, der einsteigt in die tiefste Ohnmacht des Menschen, oft Christus genannt.

Geist-Erfahrung: wo sich in einem Geistkampf plötzlich Sieg ereignet oder wo Geist als Innewohnender, Bewegender und Prozesse Vorantreibender wie von außen spürbar wird, dasjenige, das den Menschen über sich hinaus reißt, ihn teilhaben lässt an den großen Dimensionen Gottes."[235]

Hoffnung und Vertrauen

Die medizinische Begleitung der Gebärmutter, besonders während der Familiengründungsphase bedeutet sowohl Heilungschancen als auch immer währende Kontrolle. Immer mehr Risiken werden entdeckt. Zwischen Kontrolle und Ohnmacht entsteht ein Raum für Ängste, Angst vor Kontrollverlust, Angst davor, ins bodenlose Nichts zu fallen, gesellschaftliche Zwänge und Ohnmachtserfahrungen. Ins Extreme gesteigert ist dies, wenn eine Frau in Prozenten das Risiko einer Krankheit des Ungeborenen dargestellt bekommt und dann noch selbst entscheiden soll.

Die wissenschaftlichen Erkenntnisse können nicht das, was uns trägt, nährt und schützt, bieten. Spiritualität kann dagegen eine Atmosphäre des Vertrauens in die tragenden Kräfte des Lebens schaffen.

Frauen vertrauen auch den Rhythmen der Natur, mit der sie sich verbunden fühlen, sie vertrauen auf ihre eigene Kraft und Stärke, mit der sie befähigt wurden, Leben zu geben. Sie vertrauen auf ihren Partner, auf die sie begleitende Hebamme oder auf eine Freundin, die ihrerseits ebenso vertrauen. Das alles ist eingebunden in das Vertrauen in die Macht der Liebe, die auch Leid und Enttäuschung mit trägt.

Aus Vertrauen wächst Hoffnung. „Guter Hoffnung sein" heißt, die Möglichkeit zu erwarten, dass alles gut sein wird.[236] Und diese Hoffnung wirkt

[235] Monika Renz, *Spiritualität und die Frage, was heilt*, 203, siehe auch: Monika Renz, *Zwischen Urangst und Vertrauen*, 121f.

[236] Siehe auch: Hanna Strack/Gunhild Nienkerk, *Guter Hoffnung sein. Ein spiritueller Begleiter für Schwangerschaft und Geburt.*

umgekehrt wie eine Salutogenese, eine Verstärkung der heilenden Kräfte. Aus Vertrauen und Hoffnung wächst Gelassenheit. Diese kann unterscheiden zwischen dem, was in der Macht des Menschen steht und dem, was diese Macht übersteigt, eine Grenze, die immer fließend ist. So kann dem Anforderungswahn eine Gegenkraft erwachsen.

Sicherheit und Vertrauen, beide sind nötig, beide sollten sich komplementär ergänzen, d.h. wer auf Sicherheit setzt, muss für Vertrauen sorgen, wer auf Vertrauen setzt, muss für Sicherheit sorgen. Das ist der Weg verantwortungsvoller Hebammen und derjenigen Kliniken, die sich des besonderen elementaren Ereignisses der Geburt bewusst sind.

Grenzen der Machbarkeit

Es ist heute angesichts der zunehmenden Verheißungen und Möglichkeiten von Wissenschaft, Medizin und Geräteherstellern schwer anzuerkennen, dass diese ihre Grenzen haben. So gibt es einen Bluttest, mit dem schon zu Beginn der Schwangerschaft aus dem Blut der Mutter eine Trisomie 21 erkannt werden kann. Die Werbung des Test- und Geräteherstellers suggeriert, dass Frauen Sicherheit bekommen. Doch sie finden sich in Entscheidungssituationen vor, die sie nicht selbst geschaffen haben, ja sich nicht vorstellen konnten.

Der Ablauf eines Sprechstundentages in einer gynäkologischen Praxis macht diesen Aspekt deutlich:
„Frau 1 will sich die Pille verschreiben lassen. Frau 2 ist schwanger und glücklich aber das Kind nicht am Leben. Frau 3 wird aus irgendeinem Grunde nicht schwanger. Frau 4 dagegen will einen Schwangerschaftsabbruch vornehmen lassen. Frau 5 freut sich über ihre Schwangerschaft, würde aber ein Kind mit Down-Syndrom töten lassen." Der Arzt resümiert: „Kurz gesagt hat der säkularisierte postmoderne Mensch den Göttern jede Mitsprache über das wann, wie und wie oft einer Elternschaft entzogen. Für die Inszenierung einer Biographie gibt es nur noch objektive Kriterien wie beruflicher Werdegang, Selbstverwirklichung und materielle Ausstattung. Die tieferen intrapsychischen Mechanismen, die der Gestaltung unseres Lebensentwurfes zugrunde liegen, finden somit keine Berücksichtigung mehr."[237]

Der Anteil am Nicht-Glücken ist groß bei Schwangerschaft und Geburt, in der Menopause, bei Erkrankungen. Ein Sinn-Horizont jenseits des Machbaren kann diese Erfahrungen der Unverfügbarkeit einbetten in eine Atmosphäre der Willkommenskultur und der Annahme des Schicksals.

[237] Sven Hildebrandt, *Ambivalenz beim Umgang mit Schwangerschaftsverhütung,* 30, 34.

Sich dem Wandel öffnen

Die tief greifenden Veränderungen der Frau, die aus Aktivitäten der Gebärmutter herrühren, Menarche, Menstruationszyklus, Schwangerschaft, Krankheiten, Operationen, Wechseljahre, manchmal auch Scheidung, sie alle sind wahrzunehmen, sie bedürfen der Anerkennung, der Stärkung und der spirituellen Antworten, nicht nur der Hilfen aus Medizin und Pharmaindustrie.

Eine Mutter schreibt: „Die Berührung mit dem Urgrund, im Fall der Geburt ist es nicht nur eine Grenzerfahrung, sondern ein über die Schwelle Schreiten und ein Stück ins andere Land Gehen, wo wir herkommen und wieder hingehen." Und ganz konkret beschreibt sie ihre spirituelle Einstellung: „Ich begrüße die Anfangswehen mit ‚Ich öffne mich'".

Enttäuschte Hoffnungen und Leid kann verwandelt werden zu tieferen Einsichten, ohne dass das Leiden hier zynisch pädagogisiert wird. Eine Frau, deren Kind am ersten Lebenstag gestorben ist, sagt: „Wir wachsen in die Antwort hinein." Dieser Wandel ereignet sich im Dreierschritt von Loslassen, sich dem Offenen ausliefern und sich dem neuen Leben öffnen. So kann auch die Erfahrung von Trauer und Schmerz verortet werden, nicht als unnötig sondern auch als Prozess des Wachstums.

Die Schöpfungskraft der Frau

Geborenwerden heißt immer Von-einer-Frau-geboren-werden. Wir kommen nicht aus dem Nichts, werden nicht, mit den Worten der Existenzphilosophen, ins Dasein geworfen, wir werden von unserer Mutter geboren und von ihr versorgt. „Der kraftvolle Prozess der Geburt ist wie ein Schöpfungsakt, an dem die Frau durch ihre Fähigkeit zu gebären aktiv teilhat. ... Die Hebammen müssen diesen schöpferischen Prozess aufmerksam begleiten, die Frau in ihren Fähigkeiten bestärken und mögliche Gefahren schützend und rechtzeitig abwenden. Dann wird dieser faszinierende Vorgang der Geburt zur vollen Entfaltung kommen und die Eltern können bestärkt den gemeinsamen Weg mit dem Kind aufnehmen."[238]

Frauen erinnern sich: „Gerade bei meiner zweiten Geburt, die die intensivste war, hatte ich das Gefühl, da fährt etwas durch mich durch und aus mir kam ein Schrei, der kam woanders her, das war gar nicht meine Stimme. Ich will nichts an der Kraft des Gebärens zurücknehmen, relativieren oder reduzieren. Aber für mich selbst gibt es die Erfahrung der Energie, die nicht nur

[238] Hanna Strack/Johanna Vogt, *In jeder Geburt ist der Schöpfungsakt sichtbar*, 157.

aus mir selbst kommt oder eben nur in diesen Geburtszeiten aus mir kommt und sonst schlummert?" Und: „Ich erinnere mich an die schönen ersten Tage mit meiner Tochter, die mich lehrte, wie stark das Leben ist."

Die Unterschiede zwischen Frau und Mann werden nicht wahrgenommen, wenn werdende Väter sagen: „Wir sind schwanger" oder „Wir haben ein Kind geboren." Frauen erleben, dass ihr Mann Freunden und Verwandten die Schwangerschaft ankündigt so, als stünde er selbst im Mittelpunkt. Werdende Väter nehmen dabei nicht den Unterschied zum körperlich-seelischen Einsatz der Frau wahr. Die Gleichberechtigung darf aber nicht auf Kosten der Lebensgeberin gehen.

Eine differenzierte Auffassung hat ein Vater, wenn er bekennt: „Als Mensch habe ich ein winziges Quentchen teilgehabt am Schaffen und Werden eines und des Lebens. ‚Du hast Anteil daran, dass dieses Kind lebt.' Diese Entdeckung ist erschütternd und ergreifend."[239]

Grenzbereich zwischen Leben und Tod

Die Grunderfahrung, nicht über unser Leben gänzlich verfügen zu können, machen viele Menschen bei Katastrophen, Krankheiten und beim Sterben, doch schon das Geborenwerden haben wir selbst nicht geplant.

Es gibt Berufe, die in besonderer Weise an dieser Grenze angesiedelt sind: Hebammen und Totenwäscherinnen, PriesterInnen und ÄrtzInnen. In vielen Kulturen wurden Menarche und Menopause rituell begangen.

Diese Grenzerfahrungen sind immer auch Gotteserfahrungen, auch wenn die Frau keinen Zugang zu einer Religion hat. Es sind Erfahrungen der impliziten, der selbst erlebten Religion, nicht der expliziten Religion, die den Dogmen aus den Lehrbüchern der Kirchen folgt.

Frauen trauern, wenn sie keine Kinder oder Enkelkinder bekommen können, Mütter und Väter trauern, wenn sie eine Fehl- oder Totgeburt erleben müssen. Der Körper der Frau, ihre Gebärmutter ist dann der Ort des Sterbens. Es geschieht gegen ihren Willen, sie fühlen sich ausgeliefert. Andere Frauen entscheiden sich schweren Herzens für den Tod des Embryos oder gar des Fötus, weil er/sie krank ist. Ein totes Kind zu gebären ist unvorstellbar schwer. Auch wenn Frauen oft unter großem Druck ihrer Mitmenschen handeln, sie bringen dem heranwachsenden Leben den Tod. Extreme, doch immer häufiger vorkommende Situationen sind Frühgeburten und Spätabtreibungen, auf die niemand vorbereitet ist.

[239] Burckhard R. Knipping, *„Die Kinder als Lehrmeister der primordialen Spiritualität"*, 158.

„Dass diese Krisenstellen (sc. Geburt, Hochzeit, Tod) nicht allgemein solche des menschlichen, sondern des weiblichen Lebens sind, wird erst deutlich, wenn man erkennt, dass die Schicksalsgöttinnen immer Geburtsgöttinnen sind, und dass Gebären und Tod ebenso wie Hochzeit und Tod für das Weibliche wesensmäßig zusammengehören. ... numinose Situationen, von denen Leben und Tod des Weiblichen, nicht aber des Männlichen abhängt."[240]

Das Unheimliche, Gefahrvolle, Grenzüberschreitende der Frau besteht darin, dass sie in ihrem Körper Leben geben kann, aber auch in ihrem Körper Sterben stattfinden lassen muss oder kann. Hier ist das Numinose, das Heilige in seinem Schaudern gegenwärtig. Anders ausgedrückt: Wie groß müssen wir Gott denken, dass auch dieses in den Bereich des Göttlichen gehört?

Eine Mutter erkennt: „Gott ließ ein wunderschönes Kind werden und wachsen und dann darf dieses Kind außerhalb des Mutterleibes nicht leben. Es bleibt nur, mit diesem Widerspruch zu leben, auflösen lässt er sich nicht. Es steht nebeneinander, die Gewissheit, dass bei Gott alle Menschen geborgen sind, wie kurz oder lang ihr Leben auch war, und die Unbegreiflichkeit Gottes. Ja, Unbegreiflichkeit ist mir als Gotteszuschreibung wichtig geworden."

Alte Kulturen haben deshalb die Geburtsgöttinnen, die Schicksalsgöttinnen und die Todesgöttinnen in Einem gesehen oder in einer Dreiheit. So sind die drei Bethen, die in Südtirol verehrt wurden, Geburts-, Reife- und Todes-Frauen. Die Heilige Barbara war Lebens- und Todesgöttin. Daran erinnern die „Barbarazweige" am 4. Dezember, die das neue Leben in der Natur verkünden.[241]

Wunder des Lebens

Jedes Neugeborene erscheint uns wie ein Wunder des Lebens. Wunderbar – das meint hier nicht, dass Naturgesetze übersprungen oder außer Kraft gesetzt werden. Das Wunder ist hier das über die Naturgesetze Hinausweisende. Es regt uns zum Staunen an, auch diejenigen Menschen, deren Weltbild rein naturwissenschaftlich ist. Angesichts der Deutungsmacht der Wissenschaft, allen voran der Ultraschalluntersuchungen, meint Barbara Duden, dass die Medizin und ihre technischen Apparate gerade dies verhindern: „Nicht die Freude an der Lebendigkeit der ganzen Natur, der Akelei, der Amsel, des Auerhahns und des Säuglings, sondern die Angst um das Leben, um seinen Besitz, um seine Sicherheit, der Versuch, es zu planen und zu verbessern, be-

[240] Erich Neumann, *Die Große Mutter*, 220.
[241] Lore Kufner, *Getaufte Götter. Heilige zwischen Mythos und Legende,* 134-145.

stimmen das Lebensgefühl."[242] Wenn aber die Bereitschaft zum Staunen da ist, dann kann bei allen Beteiligten, wie es Eltern und Hebammen berichten, das Wunder des Lebens erfahren werden.

Im englisch-amerikanischen Sprachraum wird der Ausdruck „To fall in love with nature - sich in die Natur verlieben" für den Tourismus verwendet: „Auf der Pazifik-Kreuzfahrt werden Sie sich in die Natur verlieben" oder für die Pädagogik im Kindergarten: „Mit den Kindern gehen wir in die Natur hinaus, in die sie sich verlieben können". In einem tieferen Verständnis ist es aber dieses Staunen über das Wunder, es ist eine spirituelle Erfahrung, es ist das religiöse Staunen. Eine naturwissenschaftlich orientierte Frau, die keiner Religion angehört, bekennt: „Wir wissen ja, dass der aufrechte Gang zum Menschsein dazu gehört. Aber es ist doch ein Wunder!" Ihr Kind probte gerade die ersten Schritte. Die Offenheit für das Wunder des Lebens ruft auch Achtsamkeit hervor.

Dankbarkeit

Dankbarkeit entsteht aus der Differenz zwischen dem Sein und den Möglichkeiten. Es hätte auch anders sein können. Menschen wissen jetzt, dass nichts mehr einfach nur per Knopfdruck funktioniert.

Dankbarkeit ist keine Forderung sondern ein Grundbedürfnis. In der kirchlichen Tradition dagegen hatten Frauen dankbar zu sein für jedes Kind, auch wenn es ihren Körper überforderte. Wer auf die Sterblichkeit des Menschen, auf den Tod, blickt, empfindet Furcht und Unzulänglichkeit. Wer auf das Geborensein, die Geburt durch die Mutter, blickt, kann Dankbarkeit als spirituelles Grundgefühl leben. Heute erleben junge Eltern mit großer Dankbarkeit die Geburt eines ihrer wenigen Kinder, zumal wenn eine Fehlgeburt/Eileiterschwangerschaft oder künstliche Befruchtung voran ging: „Wir sind voller Dankbarkeit für unser gesundes Kindchen, das aus dem Bauch mitten in unser Herz gekommen ist."

Ein besonderes Ritual der Dankbarkeit erzählt eine alte Landhebamme. Sie betrachtet, wie die Plazenta verbrennt: „Das Feuer war ganz blau, violettblau – wie Gas. Dann bildete sich eine weiße Schicht, und alles fiel zusammen, brannte noch lange weiter. Ich stand immer ganz still davor und sann über den Lebensaustausch von Mutter und Kind nach. Das Gas war wie das vorherige Leben des Kindes in der Mutter – ein Wunder."[243]

[242] Barbara Duden, *Der Frauenleib als öffentlicher Ort*, 142.

[243] Marianne Grabrucker, *Vom Abenteuer der Geburt. Die letzten Landhebammen erzählen*, 83.

Der Dank an die Mutter, die ihren Körper, ihre Existenz, ihre Kraft, ihren Lebensplan für meine Existenz hergegeben hat, wird in dem Roman „Accabadora“ von Michela Murgia von der alten weisen Frau an die junge Pflegetochter schroff zur Sprache gebracht: „Bist du vielleicht von selbst geboren worden, Maria? Bist du aus eigener Kraft aus dem Bauch deiner Mutter geschlüpft? Oder bist du mit Hilfe von anderen auf die Welt gekommen, wie wir alle? ... Hast du die Nabelschnur vielleicht allein durchschnitten? Bist du nicht gewaschen und gesäugt worden? Bist du nicht geboren und aufgezogen worden, zweimal durch die Güte von anderen, oder bist du so gut, dass du das alles allein geschafft hast?“[244]

Große Gefühle leben

Große Gefühle sind ekstatische Erlebnisse. In der christlichen Tradition und Kultur gibt es nur sehr begrenzt ekstatische Erlebnisse. Mystikerinnen und Mystiker berichten uns davon. Frauen trauen sich oft nicht von Ekstasen unter der Geburt zu erzählen. Eine Mutter schreibt: „ ... zuletzt mag die Jahrhunderte lange Abwertung und praktische Entfremdung durch die patriarchale Kultur die Frauen hindern, die Geburt als Begegnung mit dem Heiligen wahrzunehmen und zur Sprache zu bringen. Ich selbst habe jedenfalls immer Hemmungen gehabt, die Ekstase zu verbalisieren, die ich erlebt habe, als frau mir erlaubte, mein zweites Kind selbständig zu gebären.“ Und eine andere Frau:„ ... bei meiner zweiten Geburt, die die intensivste war, hatte ich (auf dem Hocker) das Gefühl, da fährt etwas durch mich durch und aus mir kam ein Schrei, der kam woanders her, das war gar nicht meine Stimme.“

Die Angst vor totaler Hingabe in der Ekstase ist dann unbegründet, wenn sie ohne Drogen und in der Gegenwart anderer Menschen geschieht. Sie ist eine im weitesten Sinn religiöse Erfahrung.

Große Gefühle sind Freude und Trauer. Es ist die Freude über das Neugeborene oder die tiefe Trauer um das tote Kind, Trauer auch bei unerfülltem Kinderwunsch oder zu Beginn der Menopause. Wie gestalten wir diese großen Gefühle? In welche Worte fassen wir sie? Heute sind wir arm an Ritualen und an festlichen Gegebenheiten. Da die Taufe eines Kindes nicht mehr seine Begrüßung in der Gesellschaft ist, finden Eltern neue Formen dafür, z.B. ein Festessen mit Verwandten und Freunden. Selten bietet die Kirche Segnungsfeiern für Neugeborene an, andere rituelle Begleitungen in weiblichen Lebenszusammenhängen gibt es gar nicht. Die Trauer um ein sehr früh ver-

[244] Michela Murgia, *Accabadora,* 85.

storbenes Kind dagegen wird mehr und mehr ernst genommen und entsprechend gestaltet.

Gemeinschaft: Tragen und Getragenwerden

Aus dem Geborensein erwächst die Erkenntnis, dass Beziehung ein Grund-Muster des Lebens des Einzelnen und der Gesellschaft ist.

In der Tradition des frauengerechten Brauchtums gab es die Solidargemeinschaft der Nachbarinnen, die bei Geburten, Hochzeiten und bei Begräbnissen einander halfen. Diese Netzwerke werden heute neu geknüpft, z. B. Vorbereitungs- und Rückbildungskurse bei Hebammen, Krabbelgruppen in Kirchgemeinden. Sie spielen dieselbe Rolle, wie das was „die Psychoanalyse für die Mutter-Kind-Beziehung ‚containing' nennt. Das Getragen, Gehalten-, Geschützt- und Geborgensein durch eine elementare Gemeinschaft hat ... therapeutische Funktion: In einem stabilen und gleichzeitig flexiblen Rahmen ermöglicht es Entspannung und Loslassen in einem Zustand der Auflösung und Fragmentierung; es vermittelt Angstfreiheit, Sicherheit und Ruhe."[245]

Vertrauen in die Frauen und ins Leben, in die göttliche Kraft, wirkt gegen die Angst, gegen ein Geflecht der Angst. Eine Hebamme sagt – oft ohne Worte – zur Frau: „Du bist ausgeliefert, aber du bekommst eine sorgsame Begleitung." Als Übergangsmentorin begleitet die Hebamme einen umfassenden körperlichen, seelischen und sozialen Prozess. Deshalb verstehen sich heutige Hebammen als spirituelle Begleiterinnen und Ritualanleiterinnen von der Empfängnis bis zum Sterben.

[245] Angelica Ensel, *Vertrauen und Macht*, 20.

Die Symbolwürdigkeit der Gebärmuttererfahrungen für das Göttliche

Schon 1991 schreibt die Theologin und Jungianerin Maria Kassel: „Frauen entdecken auch neu die in der männlichen Religion verbotene religiöse Bedeutung des weiblichen Körpers und seiner mit der Natur und dem Kosmos zusammenhängenden Rhythmen. ... Für Frauen kann die Entpatriarchalisierung nur dann zum Ziel gelangen, wenn Werte des weiblichen Lebenszusammenhangs in die gesamte christliche Symbolik Eingang finden. Die Symbolisierung des weiblichen Menschseins vor allem muß ins Gottesbild eingehen und dessen männliche Einseitigkeit im Christentum aufheben."[246]

In die Symbolsprache für das Göttliche sind diese Aspekte einer Spiritualität in der Vergangenheit nicht eingegangen. Gott ist bisher eine statische Größe mit männlicher Konnotation. Die Tiefenerfahrung des Wandels dank der Gebärmuttererfahrungen bringt ein Gottesbild hervor, das Gott als sich im Wandel ereignende Kraft sieht.

Die Antworten auf die Fragen nach den tragenden Kräften des Lebens, die im Kapitel über die Spiritualität gestellt wurden, führen uns zurück auf die Gebärmutter als Symbol: „Der weibliche Grund ist das umfassende Behältnis, das empfängt, hält und trägt. Es gebiert und nährt und ermutigt uns, zu glauben. Dieser Grund ruft uns freundlich heim zu uns selbst, gerade so, wie wir sind. Ich wüsste nicht, wie wir uns besser, oder wie wir uns anders für das religiöse Moment vorbereiten können, als indem wir unsere eigene unbewusste Weiblichkeit kultivieren, ihr innere Kultur verleihen."[247]

Kann die Gebärmutter als göttliches Symbol, als „göttlicher Schoß" für Spiritualität wiederbelebt werden? Otto Rank wollte „das weibliche Genitale von einem Fluch befreien," der sich aus dem Trauma der Geburt ergeben hatte. Für die Theologie gilt dasselbe, doch liegt hier die Ursache für den Fluch in der hierarchischen Abwertung und Verteufelung der Frau.

Henry Miller schloss daraus, dass es Ursache allen Übels sei, die Welt nicht als Gebärmutter zu betrachten. Die Menschen des Mittelalters haben sich geborgen gewusst in einem universalen Schoß. „Die Welt ist heute für uns kein gottgegebener Schoß, der uns ein Gefühl kindlichen Geborgenseins vermittelt. ... Wir tun so, also ob wir über den Dingen stünden und aus einer

[246] Maria Kassel, *Traum, Symbol, Religion,* 178, 165.
[247] James Hillmann, *Die Suche nach Innen,* 141.

gottgleichen Perspektive dem irdischen Treiben zuschauen können: Cool, leidenschaftslos, interessiert, aber gleichgültig. Wir bauen dabei nicht auf Gott, aber wir vertrauen darauf, dass der Staat oder die Politiker über die Einhaltung der Spielregeln wachen und dafür sorgen, dass wir stets optimale Spielbedingungen vorfinden."[248] Der Psychologe und Marketingberater Stefan Grünwald fordert in dieser Analyse unserer Gesellschaft dagegen den Mut zur Leidenschaft.

Wir fragen weiter nach der Symbolwürdigkeit der Gebärmutter für das Göttliche. Wir kennen Symbole wie Quelle, Licht, Wasser, Baum, Vater, Hirte, Richter. Es sind elementare Erfahrungen in der Natur oder im zwischenmenschlichen Bereich.

Auch menschliche Körperteile werden als Bilder für Gottes Wesen und Handeln verwendet. Die Bedeutungen sind jeweils ambivalent. So ist die Hand Gottes sowohl ein Ausdruck für das „Sich-Beugen unter die gewaltige Hand Gottes", wie es anlässlich der vielen Kriegstoten von Theologen im 2. Weltkrieg gesagt wurde. Heute singen wir „He has the whole world in his hand" oder sagen „wir können nicht tiefer fallen als in Gottes Hand", und meinen damit Gehaltensein. Ambivalent ist auch das Symbol „Auge Gottes", das als Kontrolle bis in die geheimsten Ecken oder als fürsorgliches Sehen verstanden werden konnte.

In Kirchenliedern ist die Rede von Gottes Vaterschoß. So singt ein Weihnachtslied über Jesus: „Er kommt aus seines Vaters Schoß und wird ein Kindlein klein". Hier wird die schöpferische weibliche Kraft vom männlichen Denken vereinnahmt. Die „Mutterschößigkeit" Gottes dagegen ist aus dem hebräischen *rachamim* entwickelt. Bei Hildegard von Bingen konnten wir dies in Visionsbildern sehen.

Der Mutterschoß ist Geborgenheit, Wärme, Nahrung, Schutz und Grund des Seins, aber auch Gefahr durch Mangel und Tod. Mit dem Symbol „Gebärmutter," in der Leben wächst und stirbt, kann jetzt geglaubt und gebetet werden: „Die weibliche Gottheit trägt die ganze Welt in ihrem Schoß", und: „Gott gebiert uns immer wieder neu, sodass wir immer wieder neu anfangen können," und: „Wir bleiben in der Geborgenheit der göttlichen Gebärmutter, des Schoßes Gottes, auch wenn wir sterben." Das Symbol „Göttlicher Schoß" ist umfassender als das Symbol „Hand Gottes."

[248] Stephan Grünwald, *Deutschland auf der Couch*, 34, 211f.

In einem Psalmgebet ist dies poetisch ausgedrückt
(zu Psalm 2,7; 22,10f; 90,2; 139,13-16):

Gottfrau,
die du die Berge und die Meere geboren hast
und alle Menschen im Schoß ihrer Mütter
aus feinsten Fäden webst,
die du deine Schöpfung
in deinem Mutterschoß wiegst
und über ihre Zerstörung weinst,
wie eine Mutter über ihr totes Kind,
sei du auch heute meine Mutter!
Gebäre mich jeden Tag neu,
dass ich – getragen von deiner Liebe –
hoffen und neu beginnen kann,
um meine Gaben zu entfalten,
mit denen du mich im Schoß meiner Mutter gesegnet hast. Amen[249]

Weitere Beispiele aus verschiedenen Zusammenhängen sollen genannt werden:

Die Musiktherapeutin und Theologin Monika Renz schreibt über die Heilwirkung von spirituellen Erfahrungen, wobei sie Mutterschoß und Vatergesicht parallel setzt: „Der mütterlich-väterliche Gott ist die Erfahrung eines verkraftbaren, näher getretenen Gegenübers, das mütterliche oder väterliche Züge trägt. Hier ordne ich Erfahrungen ein, gewärmt, getragen, umhüllt oder beschützt zu sein, Erfahrungen von Mutterschoß oder einem gütigen Vatergesicht."[250] „Ob mütterlich oder väterlich, die wesentliche Aussage dieser Gottesbilder liegt darin, dass sich der Mensch ‚drin', genährt, getragen, behütet, beschirmt weiß."[251]

Die frühere Bischöfin von Lübeck, Bärbel Wartenberg-Potter, verwendet die Mutterschößigkeit Gottes als Symbol in unterschiedlichen Texten, die schon zitiert wurden im Kapitel über zeitgenössische christliche Theologinnen.

[249] Hanna Strack, unveröffentlichter Text.
[250] Monika Renz, *Spiritualität und die Frage was heilt*, 202.
[251] Monika Renz, *Zwischen Urangst und Urvertrauen,* 123.

Der Liedermacher und Dichter Gerhard Schöne formuliert in der Neudichtung des Kirchenliedes „Großer Gott, wir loben dich", beginnend mit: „Sanfter Gott, wir loben dich" in der 5. Strophe:

Gott, dein Atem ist so groß
und er haucht in Steine Leben.
Fruchtbar ist dein Mutterschoß.
Du kannst nehmen, du kannst geben.
Du erhältst uns lebenslang.
Nichts als Staunen mein Gesang.[252]

In einer Trauer-Ansprache zum Bild der Pietà wechselt Willi Hoffsümmer zwischen dem Motiv der mütterlichen Arme und dem mütterlichen Schoß Gottes: „Wir sterben in die mütterlichen Arme Gottes hinein. So wie wir aus dem Schoß der Mutter herausgekommen sind, so werden wir im Tod in den mütterlichen Schoß Gottes hineinfallen."[253]

Freya von Moltke tröstet ihren Mann Helmuth James Moltke, während er im Gefängnis Tegel auf seinen Prozess wartet, bei der er zum Tode verurteilt werden wird, am 11. Dezember 1944: „Verliere nicht die Ruhe und den Mut, mein Jäm, fühl Dich nur ganz in seinem Schoß, lass Dich aus seiner Hand nicht fallen, mein Geliebter."[254]

Christa Peikert-Flaspöhler, christliche Lyrikerin, gibt Gott viele Namen, so auch: Lebensspenderin, schützender Schoß. „Göttliche Liebe vereint in sich das Mütterliche und das Väterliche. Wie sollten gerade das Gebärende, das Leben Tragende und Stillende, das dem Bedürftigen und Kleinen Zugeneigte nicht in Gott wohnen?"[255]

[252] Gerhard Schöne, cd *„ich bin ein gast auf erden"*, www.gerhardschoene.de, Zugriff 1.7.2012.
[253] Willi Hoffsümmer, *70 Ansprachen mit Symbolen,* 114.
[254] Helmuth James und Freya von Moltke, *Abschiedsbriefe Gefängnis Tegel*, 310, 315.
[255] Christa Peikert-Flaspöhler, *Du träumst in mir, mein Gott,* 6,17.

Das Beständige, Tragende, Nährende: Die Liebe

Mit dem Wechsel der Perspektive von der traditionellen Definition „der Mensch ist sterblich" hin zur Aussage „der Mensch ist geburtlich, ein Geborener", d. h. von der Mortalität zur Natalität als existentieller Kategorie, wechselt auch der Schwerpunkt von der Angst zur Liebe. Die Angst vor dem Tod und dem, was danach kommen könnte, ist verbunden mit dem Erlösungsbedürfnis. Das hat die Menschen des Abendlandes von der Kirche abhängig gemacht und seelisch zutiefst geprägt.

Die Geburt aber, von der aus alle Menschen ihren Weg gehen, verweist auf das Hormon Oxytozin, das so genannte Liebeshormon.[256] Es ist die Grundlage der menschlichen Liebesfähigkeit, weil es die Grundlage des menschlichen Geborenseins ist. Es wird bei der Geburt im Körper der Mutter ausgeschüttet, es wirkt in den Wehen und beim Milchfluss. Das geschieht natürlich auch unter äußerlich belastenden Umständen. Durch die Körperhaltung bei der Geburt, so meint der Arzt und Geburtshelfer Michel Odent, am besten durch den Vier-Füßler-Stand, wird die neokortikale, d.h. verstandesgesteuerte Aktivität gedrosselt und vermehrt Oxytocin ausgeschüttet. Dies sei, so Michel Odent, auch die natürliche Gebetshaltung.

Empfangen worden zu sein, in der Gebärmutter wachsen und sich entfalten zu können, geboren zu werden, Nahrung zu bekommen – alles bedingt durch Hingabe der Mutter und nur möglich in Beziehung, bei der der Vater eine wichtige Rolle spielen kann.

Von der Geburt her gedacht, ist die Liebe das Schöpferische und Beständige, das Tragende und Nährende.

Diese Erfahrung der Zuwendung ohne eigene Leistung zu erbringen ist eingebettet in die Erfahrung, Teil eines Ganzen zu sein. So entstehen beide Seinsweisen der Liebe: Liebe zum Ganzen und In-Liebe-Geborgensein.

Die Geburtserfahrung einer Frau bestätigt diese Spiritualität: „Als mein Töchterchen soeben geboren war und ich erst einmal entspannt tief durchatmen konnte, spürte ich mit einem mal eine ganz tiefe Klarheit: Ich brauch nichts auf der Welt zu fürchten. Alles ist in der Liebe geborgen. Und als ich unser Kind zum ersten Mal in die Arme nahm und ansah, war der erste Impuls, dieses kleine Gottesgeschenk meinerseits zu segnen. Aus tiefstem Herzen und in einem als ozeanisch empfundenen Eins-Sein." Und ein drei-

[256] Michel Odent, *Die Wurzeln der Liebe,* 98, 109.

jähriges Mädchen sagt aus tiefstem Herzen heraus: „Ich hab alles lieb, vom Himmel bis auf die Erde."

Diese Liebe, die im Körper der Frau ihren Ursprung hat, wird transzendiert in das Göttliche. Einerseits wird Liebe erlebt als Sexus, Eros und Nächstenliebe, *agape, caritas*, andererseits ist die Liebe selbst mehr, sie ist eine beständige Kraft, die das Leben der Menschen trägt und umfängt, auch wenn sie durch psychische oder körperliche Gewalt massiv unterdrückt wird. Aus dem Mangel an ihr kommt Leiden.

Es gibt eine schmale Traditionskette im Christentum, die die Liebe ins Zentrum der Gottesaussage rückt, so heißt es im 1. Johannesbrief: *Gott ist Liebe und wer in der Liebe bleibt, der bleibt in Gott und Gott in ihm.* 1. Joh 4,16b. Dabei wurde sie allerdings vom männlich gedachten Gott vereinnahmt. In einem Lied von Hildegard von Bingen ist diese Liebe die alles Umfassende. Sie ist die Aktive, die ihrerseits die Verbindung zum männlichen Prinzip herstellt.

„Von der Tiefe bis hoch zu den Sternen
überflutet die Liebe das All,
sie ist liebend zugetan allem,
da dem König, dem höchsten,
sie den Friedenskuss gab."[257]

Der Dichter der Mystik, Gerhard Tersteegen, bekennt in der Sprache seiner Zeit:

Ich bete an die Macht der Liebe,
die sich in Jesu offenbart;
…
Ich will, anstatt an mich zu denken,
ins Meer der Liebe mich versenken.

Das bekannte Lied mit der Melodie von Dmytri Bortniansky wurde jedoch auch zu politischen Zwecken vereinnahmt, z. B. beim Großen Zapfenstreich oder vor dem Kriegerdenkmal beim Nationalfeiertag auf Kreta.

Zuletzt sei die Philosophin Simone Weil genannt. Sie betont, dass die Liebe kein zusätzliches Attribut Gottes ist, sondern zu Gott gehört, wie der Smaragd grün ist und: „Falsch ist jede Gottesvorstellung, die mit Regungen der reinen Liebe unvereinbar ist. Wahr sind, in unterschiedlichen Graden, alle übrigen."[258]

[257] Caritas abundat in omnia, Hildegard von Bingen, *Lieder*, 228f.
[258] Simone Weil, *Entscheidung zur Distanz*, 53.

Das Symbol „Göttlicher Schoß" entspricht dieser Anforderung.

Damit schließt sich der Kreis: Die Würde, die mit dieser Arbeit der Gebärmutter zurückgegeben werden soll, führt zu einer Spiritualität der Post-Moderne. Diese geht aus vom Körper, sie transzendiert die Erfahrungen in das Göttliche und ermöglicht Vertrauen in das, was trägt, nährt, schützt und beständig bleibt, und doch immer wieder Neues gebiert.

Ergebnis

Die Perspektive auf die Gebärmutter als Körperorgan, als Anlass und Ort seelischen Erlebens, als symbolfähiges Ur-Bild, als Sehnsuchts- oder Schreckensort in der Malerei und in der Dichtung, als Gegenstand philosophischer Systeme und theologischer Grundaussagen und als Ausgangspunkt einer Spiritualität der Post-Moderne führt zu diesen Erkenntnissen:

Die körperliche und seelische Realität der Gebärmutter

- Das Frauen-Organ ist ein Hohlmuskel, der Frauen ihre Identität und ihren Lebensrhythmus gibt, ein Organ mit einer eigenen Biografie innerhalb der Biografie der Frau. Frauen können ihre Gebärmutter als den Ort des Zwei-in-Einem erleben, in der sich Schöpfung und Tod ereignen können.
- Die Gebärmutter ist Objekt der medizinischen Forschung und der Manipulation. Wirtschaftliche Machtansprüche und Heils-Verheißungen der Wissenschaften prägen heute den Umgang mit der Gebärmutter.
- Die Gebärmutter ist die Heimat und Herkunft jeder neuen Generation von Menschen, sie prägt auch das spätere seelische Erleben.

Die kulturelle Bedeutung der Gebärmutter

- Gebärmuttererfahrungen sind Grundlage für archetypische und mythische Ur-Bilder.
- Die Gebärmutter findet symbolischen Ausdruck in Weltbildern alter Kulturen und Ethnien.
- In Kunst und Dichtung wird die Sehnsucht nach der Gebärmutter, leidvolle Erfahrungen mit ihr und selten auch die Würdigung dieses Frauenorgans gestaltet.
- Philosophen fällen extrem abwertende, heute auch wieder wertschätzende Urteile über die Gebärmutter.

Die theologische Bedeutung der Gebärmutter

- Die Gebärmutter wurde in der Theologie der abendländischen Kirchengeschichte mit wenigen Ausnahmen verteufelt.
- In den Büchern der Bibel, wenn sie nicht durch die Sicht griechischer Philosophen interpretiert sind, werden Gebärmuttererfahrungen ernst genommen und als spirituelle Erfahrungen erlebt.
- Bei zeitgenössischen Theologinnen wird sie wertgeschätzt.

Die Bedeutung der Gebärmutter für eine Spiritualität der Postmoderne

- Die Erfahrung, in der Gebärmutter geborgen, geschützt und genährt, aber auch abgelehnt, gefährdet und verängstigt gewesen zu sein, kann als erste Transzendenzerfahrungen des pränatalen Kindes gedeutet werden.
- Die Erfahrungen von Frauen und Kindern, auch von Männern, mit der Gebärmutter sind psychisch, sozial, existentiell und spirituell tief greifend und vielschichtig. Es geht um Ergriffenheit, um Schöpfung und um Beziehung, um Lebensentwürfe mit Scheitern und Erfüllung.
- Wenn Gott geglaubt wird als tragender Grund des Seins, schützen, nährend und gebärend, kann die Gebärmutter symbolwürdig sein für das Göttliche. Die menschliche und göttliche Liebe wird als das Beständige, Tragende und Nährende erfahren. Diese Spiritualität bildet ein Gegenkonzept zur medizinisch-technischen Manipulation und wirtschaftlichen Ausbeutung der Gebärmutter.

Literaturverzeichnis

Bibelzitate aus: Dr. Ulrike BAIL / Frank CRÜSEMANN / Marlene CRÜSEMANN (Hrsg.), Bibel in gerechter Sprache © 2006, Gütersloher Verlagshaus, Gütersloh, in der Verlagsgruppe Random House GmbH

Koranzitate aus: Der Koran in der Übersetzung von Max Henning, Stuttgart 1960

ABT, Regina, BOSCH, Irmgard, MacKRELL, Vivienne: Traum und Schwangerschaft. Eine Untersuchung von Träumen schwangerer Frauen, Einsiedeln 1996

ARENDT, Hannah: Vita Activa - oder Vom tätigen Leben, München [11]1999

ARENDT, Hannah: Vom Leben des Geistes, München 1998

ASSMANN, Jan: Ägyptische Hymnen und Gebete, Fribourg, Göttingen [2]1999

BELLI, Gioconda: Wenn du mich lieben willst, Peter Hammer Verlag Wuppertal, Neuausgabe 2000

BERGENGRÜN, Werner: Gesammelte Gedichte, Zürich 1978

BERGMANNN, Claudia D.: Childbirth as a Metaphor for Crisis: Evidence from the Ancient Near East, the Hebrew Bible, and 1QH XI, 1-18, Berlin u. a. 2008

BERGER, Teresa: Sei gesegnet meine Schwester. Frauen feiern Liturgie, Würzburg 1999

BERGER, Teresa: Von Fruchtwasser und Taufwasser, in: Evangelische Frauenarbeit in Württemberg: Ins Leben eintauchen! Feministisch-theologische Beiträge zur Taufe. edition akademie 8, Bad Boll 2004

BERGER, Teresa: Fragments of Real Presence. Liturgical Traditions in the Hands of Women, NY 2005

BÖHM, Andrea: Wenn Frieden Männersache ist. Gegen die Frauen im Kongo wird immer noch Krieg geführt, DIE ZEIT Nr. 50, 7.12.2006, 12

BRENTANO, Clemens von: Gedichte, Bd I, Berlin

BRECHT, Bert: Lebenslauf des Mannes Baal, Stücke I, Frankfurt/M 1989, 139-173

BUSE, Gunhild: „…als hätte ich ein Schatzkästlein verloren." Hysterektomie aus der Perspektive einer feministisch-theologischen Medizinethik, Münster 2003

CANAS, Mercedes: In Frauen wächst das Leben, in: Bärbel Fünfsinn, Christa Zinn, Das Seufzen der Schöpfung, Hamburg 1998, 85-90

CARDOSO PAREIRA, Nancy: Maria und Elisabet, in: Freddy Dutz u.a., Wir tragen die Farbe der Erde. Neue theologische Beiträge aus Lateinamerika, Hamburg, 2004

CAVARERO, Adriana: Platons Töchter. Frauengestalten der antiken Philosophie, Hamburg 1997

CLEMENS von Alexandrien, Teppiche, übersetzt von Otto Stählin, in: Bibliothek der Kirchenväter (2. Reihe Bd XVII), München 1936, Kapitel 14, 101,2; 102,2f; 103,1319f.

DUDEN, Barbara: Der Frauenleib als öffentlicher Ort. Vom Missbrauch des Begriffs Leben, Hamburg 1991

ELIADE, Mircea: Das Heilige und das Profane: Vom Wesen des Religiösen, Frankfurt/M 1990

ENSEL, Angelica: Nach seinem Bilde. Schönheitschirurgie und Schöpfungsphantasien in der westlichen Medizin, Bern 1996

ENSEL, Angelica: Hebammen im Konfliktfeld der Pränatalen Diagnostik. Zwischen Abgrenzung und Mitleiden, Hebammengemeinschaftshilfe e.V., Karlsruhe 2002

ENSEL, Angelica: Vertrauen und Macht. Ethische Implikationen für die Kommunikation im Kontext von Pränataldiagnostik, aus: Hebammeninfo, Verbandszeitschrift des BfHD e.V., Bund freiberuflicher Hebammen Deutschlands, Frankfurt/M, Heft 6, 2007, 17-21

EPHRAEM, der Syrer: De Virginitate 7, in: Jones, Simon: The womb and the Spirit in the baptismal writings of Ephrem the Syrian / Simon Jones. – In: Studia liturgica. – 33. 2003

EVERTZ, Klaus: Der Ursprung der Bilder – Pränatale Wahrnehmung, Ästhetik und Kunst, in: Int. Journal of Prenatal and Perinatal Psychology and Medicine, Vol. 10 (1998), No. 3, 365-392

EVERTZ, Klaus: Psychodynamische Aspekte von Schwangerschaftskonflikten in Bildern, – Kunstpsychotherapeutische Erfahrungen, in: LINDER, Rupert (Hg.): „Liebe, Schwangerschaft, Konflikt und Lösung – Erkundungen zur Psychodynamik des Schwangerschaftskonflikts“, Heidelberg 2008, 115-152

FISCHER, Irmgard: Das Buch Jesaja. Das Buch der weiblichen Metaphern, in: SCHOTTROFF, Luise, WACKER, Maria Therese (Hg.): Kompendium Feministische Bibelauslegung, Gütersloh 1998, 248-257

FRANZ, Marie-Luise von: Die Visionen des Nikolaus von Flühe, Einsiedeln 2010

FRAUENKIRCHENKALENDER, hrg. von Brigitte Enzner-Probst, Hanna Strack, Gertraud Ladner, Pinnow 2004

GEBARA, Ivone: „Steh auf und geh!“ Vom Weg lateinamerikanischer Frauen, in: VOß-GOLDSTEIN, Christel: Schwestern über Kontinente. Aufbruch der Frauen: Theologie der Befreiung in Lateinamerika und feministische Theologie hierzulande, Düsseldorf 1991, 55-80

GEBARA, Ivone: Der Körper: neuer Ausgangspunkt für die Theologie. FAMA. Feministisch-theologische Zeitschrift, Basel, Heft 4, 1997, 14-15

GIMBUTAS, Marija: Die Sprache der Göttin. Das verschüttete Symbolsystem der westlichen Zivilisation. Mit einem Vorwort von Josef Campbell, Frankfurt/M 1995

GÖSSMANN, Elisabeth: Hildegard von Bingen. Versuch einer Annäherung, Archiv für philosophie- und theologiegeschichtliche Frauenforschung, Sonderband München 1995, 203-224

GOTTLIEB, Lynn: She who dwells within. Feminist Vision of a Renewed Judaism, HarperCollins NY, ³1996

GRABRUCKER, Marianne: Vom Abenteuer der Geburt. Die letzten Landhebammen erzählen, Frankfurt 1991

GRASSHOFF/MALIKAM, Malika: Am Anfang: Die Frau. Mütter und Vormütter bei den Berbern Nordafrikas am Beispiel der Kabylinnen, in: MADEISKY, Uschi (Hg.): Die Ordnung der Mutter – Wege aus dem Patriarchat. Dokumentation des Internationalen MutterGipfels 2008, Rüsselsheim 2010

GREGOR von NYSSA: Gespräch mit Makrina über Seele und Auferstehung. Bibliothek der Kirchenväter 2. Bd. 56, München 1927

GROF, Stanislav: Geburt, Tod und Transzendenz. Neue Dimensionen in der Psychologie, Reinbek 1998

GROHMANN, Marianne: Fruchtbarkeit und Geburt in den Psalmen, Tübingen 2007

GRONLIEN ZETTERVIST Kirsten: Att vara kroppssubjekt. Ett fenomenologiskt bidrag till feministisk teori och religionsfilosofi, Stockholm 2002

GRÜNWALD, Stephan: Deutschland auf der Couch. Eine Gesellschaft zwischen Stillstand und Leidenschaft, Frankfurt/NY 2006

GÜNTER, Andrea: Die Symbolische Ordnung der Mutter und das Subjekt der Fülle. Menschsein-in-Verschiedenheit als Voraussetzung für ein anderes Verständnis von Tausch und Gerechtigkeit, in: GÜNTER, Andrea, PRAETORIUS, Ina, WAGENER, Ulrike (Hg): Weiberwirtschaft weiter-denken. Feministische Ökonomiekritik als Arbeit am Symbolischen, Edition Exodus Luzern 1998, 119-144

GÜNTER, Andrea: Die weibliche Hoffnung der Welt. Die Bedeutung des Geborenseins und der Sinn der Geschlechterdifferenz, Gütersloh 2000

HANSMANN, Doris: Die Tötung des Weiblichen im männlichen Schöpfungsmythos. Zu den „Toten Müttern“ bei Egon Schiele, in: MÖHRMANN, Renate: Verklärt, verkitscht, vergessen. Die Mutter als ästhetische Figur, Stuttgart-Weimar 1996, 170-192

HÄUSL, Maria: Bilder der Not. Weiblichkeits- und Geschlechtermetaphorik im Buch Jeremia, Freiburg 2003
HILDEBRANDT, Sven: Ambivalenz beim Umgang mit Schwangerschaftsverhütung, in: LINDER, Rupert (Hg.): Liebe, Schwangerschaft, Konflikt und Lösung. Erkundungen zur Psychodynamik des Schwangerschaftskonflikts, Heidelberg 2008, 29-40
HILDEGARD VON BINGEN: Welt und Mensch. Das Buch „De operatione Dei“, aus dem Genter Kodex übersetzt und erläutert von Heinrich Schipperges, Salzburg 1965
HILDEGARD VON BINGEN: Wisse die Wege - SCIVIAS, übertragen und bearbeitet von Maura Böckeler, 10. Aufl. Salzburg 1996
HILDEGARD VON BINGEN: Der Mensch in der Verantwortung. Das Buch der Lebensverdienste, nach den Quellen übersetzt von Heinrich Schipperges, Salzburg 1972
HILDEGARD VON BINGEN: Heilkunde. Das Buch von dem Grund und Wesen und der Heilung der Krankheiten, nach den Quellen übersetzt und erläutert von Heinrich Schipperges, Salzburg ^{4}1957
HILDEGARD VON BINGEN: Briefwechsel. Nach den ältesten Handschriften übersetzt und nach den Quellen erläutert von Adelgundis Führkötter OSB, Salzburg 1990
HILDEGARD VON BINGEN: Lieder, nach den Handschriften herausgegeben von Pudentiana Barth OSB/M. Immaculata Ritscher OSB und Joseph Schmidt-Görg, Salzburg 1969
HILLMANN, James: Die Suche nach Innen: Psychologie und Religion, Zürich 1981
HOFFSÜMMER, Willi: 70 Ansprachen mit Symbolen. Für Trauergottesdienst und Beerdigung, Mainz 2011
IRIGARAY, Lucy: Speculum. Spiegel des anderen Geschlechts, Frankfurt/M 1980
IRIGARAY, Lucy: Genealogie der Geschlechter, Freiburg/Br. 1989
IRIGARAY, Lucy: Der Atem von Frauen, Rüsselsheim 1997
JANTZEN, Grace M.: Becoming Divine. Towards a feminist philosophy of religion, Manchester 1998
JANUS, Ludwig: Wie die Seele entsteht. Unser psychisches Leben vor und nach der Geburt, Heidelberg 1997
JANUS, Ludwig: Der Seelenraum des Ungeborenen. Pränatale Psychologie und Therapie, Düsseldorf 2000
KAHLO, Frida: Das Gesamtwerk, Frankfurt/M 1988
KAMPMANN, Irmgard: Vom Gebären Gottes. Ein uraltes Symbol der Religionsgeschichte, sein Weg durch die christliche Theologie und sein neuer Ort in

feministischer Spiritualität, in: Katechetische Blätter, München 121 (1996), 404-409

KANT, Immanuel, Kritik der reinen Vernunft, Werkausgabe Bd. IV, W. Weischedel (Hrsg.), Frankfurt 1986

KASCHNITZ, Marie Luise: Der Alte Garten, in: Gesammelte Werke in sieben Bänden, Frankfurt/M 1981, Bd 1, 367-567.

KASCHNITZ, Marie Luise: „Im Mutterleib", in: Die Gedichte, Insel Verlag Frankfurt/M 1985, Bd 5. Alle Rechte bei und vorbehalten durch Insel Verlag Berlin

KASSEL, Maria: Traum, Symbol, Religion. Tiefenpsychologie und feministische Analyse, Freiburg 1991

KATZ ROTHMAN, Barbara: Schöne neue Welt der Fortpflanzung. Texte zu Schwangerschaft, Geburt und Gendiagnostik, hrg. von Hildburg Wegener, Frankfurt/M 2012

KEEL, Othmar: Studien zu den Stempelsiegeln aus Palästina, Israel, Freiburg/Schweiz 1994

KNIPPING, Burckhard R.: Die Kinder als Lehrmeister der primordialen Spiritualität, in: Ulrich Dickmann, Kees Waaijman (Hg.): Felderkundungen Laienspiritualität: Geburt (Band 2). Beiträge der Katholischen Akademie Schwerte und des Titus Brandsma Instituut Nijmegen, Schwerte 2010, 141-158

KOHLER-WEIß, Christiane: Schutz der Menschwerdung. Schwangerschaft und Schwangerschaftskonflikt als Themen evangelischer Ethik, Gütersloh 2003

KOHLER-WEIß, Christiane: Von der Gnade, geboren zu werden – eine kleine Theologie der Schwangerschaft, in: ESSER, Annette – GÜNTER, Andrea – SCHEEPERS, Rajah (Hg.), Kinder haben – Kind sein – Geboren sein: Philosophische und theologische Beiträge zu Kindheit und Geburt, Königstein/Taunus 2008, 220–236

KOHLER-WEIß, Christiane: Das perfekte Kind. Eine Streitschrift gegen den Anforderungswahn, Freiburg/Br. 2009

KOLLWITZ, Käthe: Blätter über den Bauernkrieg, 31 Tafeln, hg. von Harri Nündel, Leipzig 1975

KRISTOF, Nicholas D./WUDANN, Sheryl: Die Hälfte des Himmels. Wie Frauen weltweit für eine bessere Zukunft kämpfen, bpb, Bonn Schriftenreihe Band 1109, 3. Aufl. 2010

KUFNER, Lore: Getaufte Götter. Heilige zwischen Mythos und Legende, München 1992

KULAWIK, Cornelia: Die Erzählung über die Seele, (Nag-Hammadi-Codex II, 6), neu herausgegeben, übersetzt und erklärt, Berlin, New York 2006

LADNER, Gertraud: FrauenKörper in Theologie und Philosophie. Feministisch-Theologische Zugänge, Münster – Hamburg – London, 2003

LAING, Ronald D.: Die Tatsachen des Lebens, Köln 1978

LINDER, Rupert (Hg.): Liebe, Schwangerschaft, Konflikt und Lösung. Erkundungen zur Psychodynamik des Schwangerschaftskonflikts, Heidelberg 2008

LINDER, Rupert: Der Schwangerschaftskonflikt in der gynäkologisch-psychotherapeutischen Praxis, in: The international Journal of Prenatal and Perinatal Psychology and Medicine. hrg von Peter G. Fedor-Freybergh Vol 20 Nummer 1/2 2008, Heidelberg, 4-11 (Englisch), 81-89 (Deutsch)

McFAGUE, Sally: Models of God. Theology for an Ecological, Nuclear Age, Philadelphia 1987

METTERNICH, Ulrike: „Sie sagte ihm die ganze Wahrheit". Die „Blutflüssige" – feministisch gedeutet, Mainz 2000

MILLER, Henry: The Wisdom of the Heart, New York 1960

MOLTKE, Helmuth James und Freya von: Abschiedsbriefe Gefängnis Tegel. September 1944 – Januar 1945, München 2011

MOLTMANN-WENDEL, Elisabeth: Mein Körper bin ich. Neue Wege zur Leiblichkeit, Gütersloh 1994

MOLTMANN-WENDEL, Elisabeth: Antonia von Württemberg, 1613-1679, Kabbalistin und Mäzenatin. Ein Altar weiblicher Heilsgeschichte, in: dies.: Das Leben lieben – mehr als den Himmel, Gütersloh 2005, 125-141

MORGENSTERN, Christian: Lyrik 1906-1914, Werke und Briefe II, Stuttgart 1992

MURGIA, Michela: Accabadora. Roman, Berlin 2010

MURARO, Luisa: Der Gott der Frauen. Aus dem Italienischen von Angelika Dickmann und Gisela Jürgens, Berlin 2009

NAG HAMMADI, Schriften aus Nag Hammadi. Erste deutsche Gesamtübersetzung durch Gerd Lüdemann, Martina Janßen, Stuttgart 1997

NAURATH, Elisabeth: Art. Geburt. In: FECHTNER, Kristian/GERMOR, Gotthard/ POHL-PATALONG, Uta/ SCHROETER-WITTKE, Harald (Hg.): Handbuch Religion und Populäre Kultur, Stuttgart 2005, 82-88

NEUMANN, Erich: Die große Mutter. Eine Phänomenologie der weiblichen Gestaltung des Unbewussten, Olten und Freiburg/Br., 1989

OBERHOFF, Bernd: Das Fötale in der Musik. Musik als „Das Große Bewegende" und „Die Göttliche Stimme", in: JANUS, Ludwig, EVERTZ, Klaus: kunst als kulturelles bewusstsein vorgeburtlicher und geburtlicher erfahrungen, Heidelberg 2008, 213 - 228

ODENT, Michel: Die Wurzeln der Liebe. Wie unsere wichtigste Emotion entsteht, Düsseldorf, 2001

ODUYOYE, Mercy Amba: Armut und Mutterschaft, in: CONCILIUM 25, Mainz 1989, Heft 6, 470-475

OHLER, Annemarie: Mutterschaft in der Bibel, Würzburg 1992

ONUKI, Takashi: Le Monde comme Matrice. Aspect sexuel de la Nature et Ascétisme chez les Gnostiques, in: Apocrypha: revue internationale des litteratures apocryphes, Bd 11/2000, 123-145

PARACELSUS (Theophrastus Bombastus von Hohenheim): Propädeutischen Schriften: Paragranum, Volumen und Opus Paramirum mit Appendix, in: Sämtliche Werke in zeitgemäßer Kürzung Band V, hrg. von J. Strebel, St. Gallen 1947

PEIKERT-FLASPÖHLER, Christa: Du träumst in mir, mein Gott. Frauen beten, Limburg 1990

PELKNER, Eva: Gott-Gene-Gebärmutter. Anthropologie und Frauenbild in der evangelischen Ethik zur Fortpflanzungsmedizin, Gütersloh 2001

PLATH, Sylvia: Drei Frauen. Ein Gedicht für drei Stimmen, Frankfurt 1999

PLATO: Sämtliche Werke, Hamburg 1957

PRAETORIUS, Ina: Das Ungedachte. Zwei in Einer. Ein Essay zur Theologie der Schwangerschaft, in: Dies., Zum Ende des Patriarchats. Theologisch-politische Texte im Übergang, Mainz 2000, 29-34

PRAETORIUS, Ina: Immer wieder Anfang. Texte zum geburtlichen Denken, Mainz 2011

PRAETORIUS, Ina/ STÖCKLI, Rainer: Wir kommen nackt ins Licht, wir haben keine Wahl. Das Gebärenerzählen, das Geborenwerden. 150 Szenen aus der Schönen Literatur zwischen 1760 und 2011, Appenzell 2011

PREISIG, Ruth-Nunzia: Geburt und Kreativität. Den Übergang malend und gestaltend erleben. Diplomarbeit für IAC Integratives Ausbildungszentrum, Zürich, 3. überarbeitete Auflage 2003, www.mal-atelier.ch

RANK, Otto: Das Trauma der Geburt und seine Bedeutung für die Psychoanalyse, Frankfurt/M 1923, 1988

RAPP, Ursula: Weibliche Unreinheit und die Verwerfung der Gleichgültigkeit. Religionskritik an, in und mit der Geburtstora in Lev 12, in: KÜGLER, Joachim/BECHMANN, Ulrike (Hg.): Biblische Religionskritik. Kritik an, in und mit biblischen Texten. Beiträge des IBS 2007 in Vierzehnheiligen, bft 9, Münster 2009, 182-199

REITER, Alfons: Das Vorgeburtliche im Bildnerischen Ausdruck, in: JANUS, Ludwig, EVERTZ, Klaus (Hg): kunst als kulturelles bewusstsein vorgeburtlicher und geburtlicher erfahrungen, Heidelberg 2008, 265-282

REITZENSTEIN, Richard: Hellenistische Mysterienkulte, Darmstadt 1956

RENGGLI, Franz: Der Ursprung der Angst: Antike Mythen und das Trauma der Geburt, Düsseldorf-Zürich 2001

RENGGLI, Franz: Ursprung des Seelenlebens, in: T. HARMS (Hg.) Auf die Welt kommen, Berlin 2000, 13-37

RENGGLI, Franz: Der Sonnenaufgang als Geburt eines Babys. Der pränatale Schlüssel zur ägyptischen Mythologie. Eine Hommage an den holländischen Religionshistoriker Bruno Hugo Stricker, in: Int. J. Prenatal and Perinatal Psychology and Medicine, Vol. 12 No. 2, Heidelberg 2000, 365-382

RENZ, Monika: Spiritualität und die Frage was heilt. Wesen, Wirkung und Inhalte spiritueller Erfahrungen, in: A. REITER, A. BUVHER (Hg.) Psychologie – Spiritualität – interdisziplinär, Eschborn /Frankfurt/M 2008, 188-203

RENZ, Monika: Zwischen Urangst und Urvertrauen. Aller Anfang ist Übergang. Musik, Symbol und Spiritualität in der therapeutischen Arbeit, erw. u. aktual. Ausgabe, Paderborn 2009

RIEDEL-PFÄFFLIN, Ursula: Art. „Mutter / Mütterlichkeit", in: GÖSSMANN, Elisabeth, u.a. (Hg.) Wörterbuch der Feministischen Theologie, Gütersloh 2. Aufl. 2002

RIEMANN, Fritz: Grundformen der Angst. Eine tiefenpsychologische Studie, [36]München Basel 2003

RILKE, Rainer Maria: Duineser Elegien. Die Sonette an Orpheus. Nach den Erstdrucken von 1923 kritisch herausgegeben von Wolfram Groddeck, Stuttgart 1997

ROCKENSCHAUB, Gebären ohne Aberglaube, Fibel und Plädoyer für die Hebammenarbeit, Wien 2001

SACHS, Nelly: Fahrt ins Staublose. Die Gedichte der Nelly Sachs, Frankfurt 1961

SCHLIENTZ, Gisela: Bevormundet, enteignet, verfälscht, vernichtet. Selbstzeugnisse württembergischer Pietistinnen, in: HOLDENRIED, Michaela (Hg.): Geschriebenes Leben. Autobiographik von Frauen, Berlin 1995, 61-79

SCHNIERING, Susanne: Ich trage Dich in meinem Herzen. Gedenkstätte für nichtbeerdigte Kinder auf dem Ohlsdorfer Friedhof, Pinnow/Schwerin 2001

SCHÖNE, Gerhard: cd *„ich bin ein gast auf erden"*, www.gerhardschoene.de, Zugriff 1.7.2012

SCHROER, Silvia /STAUBLI, Thomas: Die Körpersymbolik der Bibel, Darmstadt 1998

SCHUBART, Walter: Religion und Eros, München 1941

SCHÜCKING Beate: Geburt ist ein schöpferischer Prozess, Vortragsreihe des Zentrums für Gesundheit und Ökologie, eine Initiative der Schweisfurth-Stiftung. ISBN 3-89672-366-9, Komplett-Media GmbH, 82031 Grünwald, Tel 089/6492277

SCHÜES, Christina: Philosophie des Geborenseins, Freiburg-München 2008

SCHÜNGEL-STRAUMANN, Helen: Die Frau am Anfang. Eva und die Folgen, Münster 1997

SCHWAGER, Raymund: Erbsünde und Heilsdrama. Im Kontext von Evolution, Gentechnologie und Apokalyptik, Münster 1997

SCHWEITZER, Albert: J. S. Bach, Leipzig ^{5}1922

SEXTON, Anne: Berühmte Frauen Kalender 1989, erstellt von Luise F. Pusch, Frankfurt/M 1988, Original: Anne Sexton: 1985. No Evil Star: Selected Essays, Interviews, and Prose. Hg. Steven E. Colburn. Michigan

SIDDUR NASHIM. A Sabbath Prayer Book for Women, translated and supplemented with original and traditional material by Naomi Janowitz and Maggie Wenig, Providence, RI, 1976

SLOTERDIJK, Peter: Der Zauberbaum. Die Entstehung der Psychoanalyse im Jahr 1785, Frankfurt/M 1985

SLOTERDIJK, Peter: Zur Welt kommen, Frankfurt/M 1988

SLOTERDIJK, Peter: Weltfremdheit, Frankfurt/M 1993

SLOTERDIJK, Peter: Sphären. Mikrosphärologie Band I Blasen, Frankfurt/M ^{5}2000

SLOTERDIJK, Peter: Negative Gynäkologie und transindividuelle Immunität, in: JANUS, Ludwig, EVERTZ, Klaus (Hg): kunst als kulturelles bewusstsein vorgeburtlicher und geburtlicher erfahrungen, Heidelberg 2008, 35-48

SPRENGER, Jakob, INSTITORIS, Heinrich (Hg): Der Hexenhammer. Malleus maleficarum, fotomechanischer Nachdruck der ersten deutschen Übersetzung von J. W. R. Schmidt 1906, München 1987

STOPCZYK, Annegret: Nein danke, ich denke selber, Berlin 1996

STOL, Marten: Birth in Babylonia and the Bible. Its Mediterranean Setting, Groningen 2000

STRACK, Hanna: Die Frau ist Mit-Schöpferin. Eine Theologie der Geburt, Rüsselsheim 2006

STRACK, Hanna: „O Stunde der Geburten". Das Sprachbild „Geburt" in Gedichten von Nelly Sachs, in: ESSER, Annette / GÜNTER, Andrea / SCHEEPERS, Rajah (Hg): Kinder haben - Kind sein - Geboren sein: Philosophische und theologische Beiträge zu Kindheit und Geburt, Königstein 2008, 237-250

STRACK, Hanna / VOGT, Johanna: In jeder Geburt ist der Schöpfungsakt sichtbar. Die positiven Kräfte der Geburt, in: ECKOLT, Margit, PEMSEL-MAIER, Sabine (Hg.): Unterwegs nach Eden. Zugänge zur Schöpfungsspiritualität, Mainz 2009, 155-162

STRACK, Hanna / NIENKERK, Gunhild: Guter Hoffnung sein. Ein spiritueller Begleiter für Schwangerschaft und Geburt, Innsbruck 2013

STRITTMATTER, Eva: Sämtliche Gedichte, Berlin 2006

SUTTER REHMANN, Luzia: Geh, frag die Gebärerin. Feministisch-befreiungstheologische Untersuchungen des Gebärmotivs in der Apokalyptik, Gütersloh 1995

SUTTER REHMANN, Luzia: Vom Mut, genau hinzusehen. Feministisch-befreiungstheologische Interpretation der Apokalyptik, Luzern 1998

SUTTER REHMANN, Luzia: Sich dem Leben in die Arme werfen, Gütersloh [3]2006

TASHAEV, Shamil: Pre- and Pernatal Imprint Influence on the Postnatal Life of the Person, in: The World Congress „Prenatal Child and Society ... Moscow, 2007, May 20-24, Academia, Band II, 254-264

THICH Nhat Hanh: Lächeln im Bauch der Mutter, aus: „Returning Home," in: Shambhala Sun (March 2006), Parallax Press, Berkeley, CA 2006

TUWERE, Ilaitia S.: Land – eine Fidschi-Perspektive, in: CONCILIUM 43. J. 2, Mainz 2007, 190-196

ULRICH-ESCHEMANN, Karin: Vom Geborenwerden des Menschen. Theologische und philosophische Erkundungen, Münster u.a. 2000

VINCENZO, Ahmad: Das Buch, das vom Himmel kam, München 2008

VONESSEN, Franz: Signaturen des Kosmos. Welterfahrung in Mythen, Märchen und Träumen, Witzenhausen 1992

VOSS, Jutta: Das Schwarzmond-Tabu. Die kulturelle Bedeutung des weiblichen Zyklus, Stuttgart 1988

WARTENBERG-POTTER, Bärbel: Die Reise der Pachamama, Stuttgart 1989

WARTENBERG-POTTER, Bärbel: Mit-Leidenschaft. Geistliche Mut-, Mahn-, und Trost-Reden einer ökumenischen Bischöfin, Stuttgart 2010

WEIL, Simone: Entscheidung zur Distanz, München 1988

WESSEL, Jens: Gebärmütter, in: Photomed, Zeitschrift für Photographie und audiovisuelle Medien in Medizin und Biowissenschaften 4. Jg. Nr. 4 Nov 1991, Berlin, 281f

WIESEMANN, Claudia: Von der Verantwortung, ein Kind zu bekommen. Eine Ethik der Elternschaft, München 2006

ZUCKMAYER, Carl: Abschied und Wiederkehr. Gedichte 1917-1976, Frankfurt 1976

Eine Sammlung von Namen, Ausdrücken und Zuschreibungen für die Gebärmutter ist einzusehen unter:
http://www.hanna-track.de/category/geburtskultur/historisches/

Verzeichnis der Abbildungen

Abb. 1 Gefunden in: Annemarie Ohler, Mutterschaft in der Bibel, Würzburg 1992, 28

Abb. 2 „eine geht – eine kommt – seid willkommen", Skulptur von Eva-Gesine Wegner, Terrakotta 1987, aus: Bei den Steinen angekommen. Als Bildhauerin im Dialog mit Camille Claudel, Rüsselsheim 1998, Foto: Burkhard Florian Langer

Abb. 3 Tongefäß aus Mittelgriechenland, aus: Marija Gimbutas, Die Sprache der Göttin, 259, Abb. 405, aus: Ruckert, A., Frühe Keramik Böotiens, Beiheft zur Halbjahresschrift *Antike Kunst*, 10, Bern: Franke, 1976

Abb. 4 Die Herrin der Geburt, Altbabylonisches Terrakottarelief der Ninchursanga, aus: Othmar Keel: Die Welt der altorientalischen Bildsymbolik und das Alte Testament am Beispiel der Psalmen, Göttingen [5]1996, 182 Abb 277a; Zeichnung: H. Keel-Leu

Abb. 5 Terrakottafigur aus Revadim in Israel, 1500-1300 v. Chr., aus: Othmar Keel /Christoph Uehlinger: Göttinnen, Götter und Gottessymbole. Neue Erkenntnisse zur Religionsgeschichte Kanaans und Israels aufgrund bislang unerschlossener ikonographischer Quellen (QD 134), Freiburg u.a. [3]1995, 85 Abb. 82; Zeichnung Ines Haselbach

Abb. 6 Isis (Demeter?) auf einem Schwein, aus: Erich Neumann: Die Große Mutter, 140

Abb. 7 Scherenschnitt aus Chile, aus: Bärbel Fünfsinn, Christa Zinn: Das Seufzen der Schöpfung, 84

Abb. 8 Mural San Francisco, Ausschnitt aus dem Wandbild „Las Lechugeras" von Juanan Alicia SFO 1983, /www.juanaalicia.com/photos/album/las-lechugeras/

Abb. 9 Geburt, Steinskulptur von Colleen Madamombe, Zimbabwe (1964-2009), Foto: Susanne Schniering, http://www.zimsculpt.com/artist.php?id=5, Zugriff 17.11.2012

Abb. 10 „Fruchtbarkeitsgöttin", Farbholzschnitt im Handabrieb. 240 x 120 cm, aus dem Kunstprojekt „Weiblichkeit-Sinnlichkeit-Fruchtbarkeit" von Sabine Kunz /www.kunz-art.de. Foto: Jörg Riemke

Abb. 11 Charlotte Kollmorgen: Hitze, www.kollmorgen-painter.com, Zugriff 1.7.2012

Abb. 12 Lucy D'Souza-Krone: Glorious Visitation, © Privatbesitz Vie Bekkers

Abb. 13 Otto Dix: Geburt 1914, Tuschfederzeichnung über Bleistift, aus: Retrospektiv-Ausstellung anlässlich des 75. Geburtsjahres Otto Dix, Köln 1966, Kat. Nr. 7.

Abb. 14 Frida Kahlo: Moses oder Schöpfungskern, 1945 aus: Frida Kahlo, Das Gesamtwerk, 155. © Banco de México Diego Rivera Frida Kahlo Museum Trust/VG Bild-Kunst, Bonn 2012

Abb. 15 Egon Schiele: Tote Mutter I, 1910. Wien, Leopold-Museum, Privatstiftung

Abb. 16 Käthe Kollwitz: Vergewaltigt, Blatt 2 aus dem Zyklus Bauernkrieg, Radierung 1907/08

Abb. 17 und 18 Ruth-Nunzia Preisig: Geburt und Kreativität. Den Übergang malend und gestaltend erleben, 56f

Abb. 19 Klaus Evertz: Psychodynamische Aspekte von Schwangerschaftskonflikten in Bildern, 141

Abb. 20 Die Säule der 10 Monate Pränatalzeit, ca 210 n. Chr., Foto: Privat

Abb. 21 Zyklus Marienleben, Kirche vom Heiligen Kreuz, Pelendri auf Cypern, Ausschnitt, 14. Jhdt. Foto: Privat

Abb. 22-26 sind entnommen aus: Hildegard von Bingen, Wisse die Wege, Scivias © Otto Müller Verlag, 10. Aufl., Salzburg 1996

Abb. 22 „Die Seele und ihr Zelt" Tafel 5

Abb. 23 „Die Synagoge" Tafel 8

Abb. 24 „Mutterschaft aus dem Geiste und dem Wasser" Tafel 12

Abb. 25 „Der mystische Leib" Tafel 14

Abb. 26 „Das Ende der Zeiten" Tafel 32

Abb. 27 „Der Kosmosmensch" aus: Hildegard von Bingen, Welt und Mensch © Otto Müller Verlag, 2. Aufl., Salzburg 1981

Trotz Recherche konnte ich nicht alle Rechteinhaber ermitteln. Ich bitte deshalb, ggf. sich zu melden: www.hanna-strack.de.